国家职业教育城市轨道交通专业教学资源库配套教材

城市轨道交通接触网维护与检修

主　编　张灵芝　李经智
副主编　李春生　罗　勇　李先笔　韩　雪
主　审　杨　凯

人民交通出版社股份有限公司
北　京

内 容 提 要

本教材为国家职业教育城市轨道交通专业教学资源库配套教材。其主要内容包括：供电系统概述，接触网相关基础理论，接触网结构，接触网专业识图，接触网常用工、器具及仪表，接触网零部件安装，接触网设备维护与检修，接触网设备的维护与检修管理制度，共计8个模块共26个单元。

本教材以"1+X"证书中的《城市轨道交通接触网维护职业技能等级标准》为主要参考，充分体现"校企合作，理实一体"，紧密围绕地铁实际设备，采用丰富图片和视频资源辅助教学，配套实训活页方便读者学习。

本教材可作为城市轨道交通供配电技术、铁道供电技术、供用电技术、电力系统自动化技术、电机与电器技术、电气自动化技术、铁道工程技术、高速铁路综合维修技术、城市轨道交通工程技术、城市轨道交通通信信号技术、城市轨道交通机电技术等中高职相关专业学生的学习教材，也可供接触网检修工从业人员培训参考。

* 本书配套多媒体教学课件、课程标准等丰富教学资源，任课教师可通过加入"职教轨道教学研讨群"获取(教师专用QQ群号:129327355)。

图书在版编目(CIP)数据

城市轨道交通接触网维护与检修/张灵芝,李经智主编.—北京:人民交通出版社股份有限公司,2021.8
ISBN 978-7-114-17369-1

Ⅰ.①城… Ⅱ.①张… ②李… Ⅲ.①城市铁路—轨道交通—接触网—检修—职业教育—教材 Ⅳ.①U239.5

中国版本图书馆 CIP 数据核字(2021)第 109583 号

国家职业教育城市轨道交通专业教学资源库配套教材
Chengshi Guidao Jiaotong Jiechuwang Weihu yu Jianxiu

书　　名:	城市轨道交通接触网维护与检修
著 作 者:	张灵芝　李经智
责任编辑:	司昌静　杨　思
责任校对:	席少楠
责任印制:	张　凯
出版发行:	人民交通出版社股份有限公司
地　　址:	(100011)北京市朝阳区安定门外外馆斜街3号
网　　址:	http://www.ccpcl.com.cn
销售电话:	(010)59757973
总 经 销:	人民交通出版社股份有限公司发行部
经　　销:	各地新华书店
印　　刷:	北京虎彩文化传播有限公司
开　　本:	787×1092　1/16
印　　张:	17.5
字　　数:	421 千
版　　次:	2021年8月　第1版
印　　次:	2024年6月　第3次印刷
书　　号:	ISBN 978-7-114-17369-1
定　　价:	49.00元

(有印刷、装订质量问题的图书由本公司负责调换)

前　言

【编写背景】

"城市轨道交通接触网维护与检修"是城市轨道交通供配电技术专业的专业核心课程，同时，也是城市轨道交通企业接触网岗位的必修课程。接触网是向轨道交通电力或者动车车辆提供电能的供电设备，一旦出现故障必将影响行车运营，因此，接触网检修人员的综合素质直接影响行车安全和服务质量。随着轨道交通行业的大发展，接触网工岗位要求日益提高，须强化接触网工从业人员对相关基础理论知识与专业概念的认知，为提高接触网运营保障和检修维护水平奠定基础。

【教材主要内容】

本书针对"1＋X"证书中的"城市轨道交通接触网维护"职业技能等级对应的工作领域、工作任务及职业技能要求，以《城市轨道交通接触网维护职业技能等级标准》为主要内容，在收集行业发展需求的基础上，以城市轨道交通接触网检修工成长过程中的典型工作单元为线索，根据接触网工工作领域的要求，按照从易到难的所涉及的知识建构发展阶段，设计了八个模块共26个单元，从对城市轨道交通整体系统的认知以及掌握电工、钳工、机械和力学相关基础理论着手，逐步引入接触网工专业岗位有关要求，学习专业有关图纸如接触网平面图、供电分区图、设备安装图和二次回路图的识图，接触网常用工器具、仪表的作用和使用方法、标准等，完成了对接触网典型设备结构的认知，介绍了架空柔性接触网、架空刚性接触网和接触轨三种类型的接触网的结构，并重点讲解了支柱与基础、支持装置、定位装置、接触悬挂、补偿装置、中心锚结、分段绝缘器、锚段关节、刚柔过渡部件等接触网零部件的作用和结构，针对性开展典型接触网零部件的检修与维护训练，最后还对接触网检修及周期、作业方式和程序、生产管理制度和安全工作相关知识进行了简要介绍。

【教材特色】

（1）本教材编写思路上，按照"1＋X"城市轨道交通接触网维护职业技能等级证书配套教材进行编写，既能应用于职业院校的学历教育，也能适用于职业技能证书培训。将《城市轨道交通接触网维护职业技能等级标准》和"城市轨道交通接触网维护与检修"课程教学标准相结合，将证书培训内容有机融入教材，优化教材结构和教学内容；为学生强化岗位技能学习，尽快适应岗位需求打下基础。

（2）教材在编写过程中充分发挥校企合作优势，编写团队均既有经验丰富的职业院校老师，也有资深企业专家。教材内容密围绕实际地铁现场接触网维护与检修岗位典型工作任务进行介绍。教材使用的图片、资料和考评表格等均来自于地铁企业现场，在总体内容上，注重理实结合、图文并茂，结合地铁企业接触网维护与检修工作实际，大力提高教材的实用性和可读性。

（3）本教材配有实训工单、图片、案例、动画、微课、单元自测习题等丰富的数字化资源，视频类资源可通过扫描书中二维码在线观看,学习者也可登智慧职教MOOC学院搜索课程"城市轨道交通接触网维护课程"进行在线学习,力求满足职业院校和企业员工进行接触网工相关岗位的学习和培训要求。通过学习本教材,可以使学习者完成对接触网工岗位的整体了解,达到城市轨道交通变电检修职业技能等级证书初、中、高级工的理论考核要求,并能初步了解相关技能操作流程。

（4）本教材的课程思政元素以轨道交通行业"大国工匠"精神为指引,运用贴合行业现场、社会生活的的题材和内容,全面提高教材使用者的精细检修、安全运维的专业素质和职业道德,配合开展专业课程的思政元素挖掘及教学案例设计,并在智慧职教MOOC学院"城市轨道交通接触网维护课程"课程中配有思政案例视频资源。

【教材读者对象】

本教材可用于职教院校中城市轨道交通供配电技术、铁道供电技术、供用电技术、电力系统自动化技术、电机与电器技术、电气自动化技术、高压输配电线路施工运行与维护、铁道工程技术、高铁综合维修技术、城市轨道交通工程技术、城市轨道交通通信信号技术、城市轨道交通机电技术等中高职相关专业学生的学习教材,也可供城市轨道交通企业接触网工岗前理论培训、订单班教学及在岗理论培训、或供其他相关人员学习参考。

【教材编写分工】

本教材由湖南铁路科技职业技术学院张灵芝和北京交通职业技术学院李经智两位老师担任主编,长沙市轨道交通运营有限公司李春生、中国铁路广州局集团有限公司长沙供电段罗勇、中国铁路广州局集团有限公司深圳供电段李先笔三位现场技术专家和湖南铁路科技职业技术学院专业教师韩雪副教授担任副主编。张灵芝负责模块一、三、五、六、七的内容、李经智负责全书内容的统稿,罗勇负责实训活页内容编写,李先笔编写考核标准,李春生负责全书的专业技术内容、规章制度和工艺标准的把控和校核,韩雪负责全书的思政元素案例设计。全书由承担"城市轨道交通接触网维护职业技能等级证书"培训评价组织的南京地铁运营有限责任公司供电分公司总经理、高级工程师杨凯担任主审。

长沙市轨道交通运营有限公司彭定波、翟固洲、邓新杰、唐汇一、罗永俊、何杨、万义鸿等人参编,负责全书现场资料的提供。罗海云（昆明铁路职业技术学院）、金丽斯（哈尔滨铁路职业技术学院）、张建（呼和浩特铁路职业技术学院）三位老师负责课件资源建设。长沙市轨道交通运营有限公司彭定波负责模块四和模块八的内容编写。湖南铁路科技职业技术学院龚事引负责模块二内容编写,韩雪负责全书课后自测习题内容编写和全书的思政元素案例设计,李倩负责考核标准编写,易鸣、赵丽颖负责附件编写。

【致谢】

本教材在编写过程中得到了各院校老师与企业专家的大力支持和帮助,在此表示衷心感谢！由于编者水平有限,不妥之处在所难免,恳请广大读者批评指正。

编　者

2020年12月

目 录

课程拓展资源	I
模块一　供电系统概述	**1**
单元1.1　城市轨道交通牵引供电系统	1
单元1.2　城市轨道交通牵引变电所	5
单元1.3　供电系统各接口专业介绍	11
单元1.4　城市轨道交通接触网	25
单元1.5　城市轨道交通接触网工程案例介绍	29
模块二　接触网相关基础理论	**33**
单元2.1　电工基础知识	33
单元2.2　机械和力学基础知识	42
模块三　接触网结构	**51**
单元3.1　架空柔性接触网结构	51
单元3.2　架空刚性接触网结构	62
单元3.3　接触轨式接触网结构	67
模块四　接触网专业识图	**75**
单元4.1　接触网平面图识图	75
单元4.2　接触网供电分区识图	89
单元4.3　接触网安装图识图	92
单元4.4　接触网隔离开关电气识图	95
模块五　接触网常用工、器具及仪表	**103**
单元5.1　接触网常用工、器具	103
单元5.2　接触网常用仪器、仪表	114
模块六　接触网零部件安装	**119**
单元6.1　架空柔性接触网典型零件安装	119
单元6.2　架空刚性接触网典型零件安装	129
单元6.3　接触轨式接触网典型零件安装	135
模块七　接触网设备维护与检修	**143**
单元7.1　架空柔性接触网维护与检修	143
单元7.2　架空刚性接触网维护与检修	161
单元7.3　接触轨式接触网维护与检修	171

模块八　接触网设备的维护与检修管理制度 ················· 179
 单元 8.1　接触网检修组织及周期 1+X ··························· 179
 单元 8.2　接触网检修作业方式及程序 1+X ······················ 187
 单元 8.3　接触网安全工作知识 ································· 192
 单元 8.4　接触网生产管理制度 ································· 201
附录 1　轨道交通接触网系统相关名词定义 ······················· 206
附录 2　教材思政案例设计 ··································· 207
参考文献 ··· 208
《城市轨道交通接触网维护与检修》配套实训活页 ···················· 209
 实训 1.1　城市轨道交通牵引供电系统认知 ······················ 209
 实训 1.2　城市轨道交通牵引变电所认知 ························ 211
 实训 1.3　供电系统各接口专业认知 ···························· 213
 实训 1.4　城市轨道交通接触网认知 ···························· 215
 实训 1.5　城市轨道交通接触网工程案例分析 ···················· 217
 实训 2.1　电工基础知识考核 ·································· 219
 实训 2.2　机械和力学基础知识考核 ···························· 223
 实训 3.1　架空柔性接触网的结构认知 ·························· 225
 实训 3.2　架空刚性接触网的结构认知 ·························· 227
 实训 3.3　接触轨式接触网的结构认知 ·························· 229
 实训 4.1　接触网平面图识图 ·································· 231
 实训 4.2　接触网供电分区识图 ································ 235
 实训 4.3　接触网安装图识图 ·································· 237
 实训 4.4　接触网隔离开关电气识图 ···························· 239
 实训 5.1　接触网常用工、器具操作 ···························· 241
 实训 5.2　接触网常用仪器、仪表操作 ·························· 243
 实训 6.1　架空柔性接触网典型零件的安装 ······················ 245
 实训 6.2　架空刚性接触网的典型零件的安装 ···················· 247
 实训 6.3　接触轨式接触网典型零件的安装 ······················ 249
 实训 7.1　架空柔性接触网的维护与检修 ························ 251
 实训 7.2　架空刚性接触网的维护与检修 ························ 253
 实训 7.3　接触轨式接触网的维护与检修 ························ 255
 实训 8.1　接触网检修组织以及周期认知 ························ 257
 实训 8.2　接触网检修作业方式及程序认知 ······················ 261
 实训 8.3　接触网安全工作知识考核 ···························· 265
 实训 8.4　接触网生产管理制度认知 ···························· 269

课程拓展资源

序号	资源名称	资源	序号	资源名称	资源
1	"城市轨道交通接触网维护"在线课程		9	定位支座零件图识图	
2	"接触网维护检修"在线课程		10	电分段及电连接、汇流排、中心锚结介绍	
3	认知接触网系统		11	定位支撑装置检修内容及标准	
4	支持、定位装置的分类		12	供电分区示意图的识图	
5	认知架空刚性接触网		13	中间柱安装图识图	
6	认知柔性架空接触网		14	接触网平面布置图	
7	认知接触轨系统		15	旋转腕臂安装曲线图的识图	
8	认知牵引电网及接触网		16	补偿装置 a、b 值识图	

续上表

序号	资源名称	资源	序号	资源名称	资源
17	定位装置零部件识别		24	承力索、接触线、吊弦介绍	
18	定位支撑装置现场检修		25	支持装置检修	
19	城市轨道交通供电系统图识图		26	工作票签发原则	
20	设备布置图识图		27	分段绝缘器的检修	
21	定位支撑装置检修作业流程和工器具实物		28	工作票签发	
22	牵混所主接线图识图		29	地铁接触网直流1500V挂接地线作业流程	
23	城市轨道交通降压所主接线识图		30	接触网送电	

更多资源可通过访问 https://mooc.icve.com.cn/，进入 MOOC "城市轨道交通接触网维护"课程展开学习；也可访问 www.icve.com.cn，进入城市轨道交通国家资源库"接触网维护检修"课程展开学习。

模块一　供电系统概述

导读:本模块通过对城市轨道交通供电系统理论知识的讲解,使学生全面了解城市轨道交通供电系统相关知识。本模块详细介绍了城市轨道交通供电系统的组成和供电方式,同时介绍了与供电系统相关的其他专业(如信号、线路及城市轨道交通车辆等)基础知识,为后续专业知识的学习提供了理论指导。

单元1.1　城市轨道交通牵引供电系统

单元导入

我们在日常乘坐地铁时,有没有想过牵引着地铁车辆运行的电动列车是从哪里获得电能的?下面让我们一起来了解城市轨道交通牵引供电系统吧!

本单元是对城市轨道交通牵引供电系统的介绍,通过本单元的学习,能了解城市轨道交通牵引供电系统的基本理论知识,为后续学习奠定理论基础。

学习目标

1. 知识目标
(1)熟悉城市轨道交通牵引供电系统的组成。
(2)知道城市轨道交通牵引供电系统各部分功能。
(3)理解城市轨道交通供电系统的主要功能。
(4)知道城市轨道交通供电系统对电源的基本要求。
2. 能力目标
(1)能理解城市轨道交通供电系统工作过程。
(2)能区分城市轨道交通供电系统各组成部分的功能。
3. 素质目标
(1)养成安全运维的职业素养。
(2)爱岗敬业,能认真学习专业理论知识。
(3)钻研业务,具有独立思考能力。

基础知识

一、城市轨道交通供电系统的组成

城市轨道交通作为城市电网的用户之一,一般直接从城市电网获取电能。城市轨道交

通供电系统由电源系统、牵引供电系统、动力照明供电系统和电力监控系统组成。其中牵引供电系统包括牵引变电所和牵引网两大部分。

牵引变电所或牵引降压混合变电所（为便于叙述，以下统称为牵引变电所）和接触网系统共同向城市轨道交通列车输送电能。

牵引变电所是牵引供电系统的核心，一般由进出线单元、变压变流单元及馈出单元构成。其主要功能是将中压环网的交流（AC）35kV 或 AC10kV 电源经变压变流单元转换为城市轨道交通列车所需的电能并分配到上下行区间供列车牵引用。

在城市轨道交通牵引供电系统中，电能从牵引变电所经馈电线、接触网输送给电动列车，再从电动列车经钢轨（称轨道回路）、回流线流回牵引变电所。由馈电线、接触网、轨道回路及回流线组成的供电网络称为牵引网。牵引供电系统由牵引变电所和牵引网组成，其中牵引变电所和接触网是牵引供电系统的主要组成部分。

城市轨道交通牵引供电系统组成如图1-1所示，其中各部分功能简述如下：

(1) 牵引变电所：供给城市轨道交通一定区域内牵引电能的变电所。

(2) 接触网（接触轨）：经过电动列车的受电器向电动列车供给电能的导电网。接触网按其结构可分为架空式和接触轨式，架空接触网分为柔性和刚性架空接触网。

(3) 馈电线：从牵引变电所向接触网输送牵引电能的导线，它把经牵引变电所变换成符合牵引制式用的电能馈送给接触网。

(4) 回流线：用以供牵引电流返回牵引变电所的导线。

(5) 电分段：为便于检修和缩小事故范围，在纵向或横向将接触网从电气连接上互相分开的装置。

(6) 轨道回路：利用列车走行轨作为牵引电流回流的电路。在采用跨座式单轨电动车组时，需沿线路专门敷设单独的回流线。

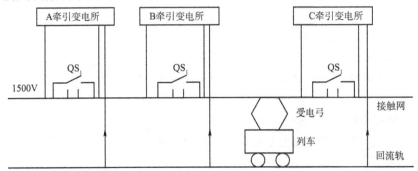

图1-1 城市轨道交通牵引供电系统组成

城市轨道交通牵引供电系统采用直流供电制。我国大部分城市轨道交通如上海、南京等采用直流（DC）1500V。

牵引变电所的数量、容量和设置的距离是根据牵引计算的结果，再进行经济技术比较确定的。它们一般设置在城市轨道交通沿线若干车站及车辆段附近。每个牵引变电所按其所需容量设置两组牵引整流机组并列运行，沿线任一牵引变电所故障解列，由两侧相邻的牵引变电所共同承担该区段的全部牵引负荷。

牵引变电所的容量和设置的距离一般需考虑以下设计原则和技术条件：

（1）正线任一牵引变电所故障时，其相邻牵引变电所应采用越区供电方式，负担起该区段的全部牵引负荷，此负荷应满足远期高峰小时负荷。

（2）牵引变电所的数量及其在线路上的位置，应确保在事故情况下越区或单边供电时，接触网的电压正常。

（3）在任何运行方式下，接触网最高电压不得高于最高值，高峰小时负荷时，全线任一点的电压不得低于最低值。

二、城市轨道交通供电系统的主要功能

（1）接收、分配电能。主变电所将从电力系统引入的 AC110kV 高压电降压为 AC35kV 中压电供给 AC35kV 中压环网，中压环网将电能分配到相应车站内的牵引变电所和降压变电所。AC110kV 输电线路、主变电站、中压环网完成接收和分配电能。

（2）整流及牵引网直流电能传输和受电。牵引变电所将 AC35kV 中压电整流为 1500V 直流电，1500V 直流电从沿线架设的接触网供给电动列车，驱动列车运行。牵引变电所、接触网（或接触轨）完成整流及牵引网直流电能传输和受电。

（3）降压及动力配电。降压变电所将 AC35kV 中压电降为 AC380V/220V 低压电，向车站和区间的各种动力及照明设备供电。降压变电所及其跟随所，以及环控电控柜、各类配电箱和配电用电线、电缆完成降压及配电。

（4）五遥。"五遥"是电力系统中对调度自动化遥测、遥信、遥控、遥调和遥视的简称。供电系统各级供电电压网络应具有在正常运行情况下的保护、控制、测量、监视和计量等功能，以及正常运行方式和事故运行方式下的安全操作联锁、闭锁功能。综合监控系统电力调度子系统、变电所综合自动化系统、继电保护完成供电系统远方和当地的监视、控制、测量和保护。

（5）照明。各类照明灯具完成城市轨道交通车站、车辆段、停车场、控制中心、区间的正常照明、应急照明和景观照明。

（6）接地。供电系统在车站敷设综合接地网，并在区间设置贯通地线，为城市轨道交通的各系统提供接地保护。

（7）杂散电流防护。供电系统设置杂散电流防护和监测系统，减少杂散电流对城市轨道交通、城市的地下金属管线和建筑结构中钢筋的腐蚀危害。

（8）无功补偿和滤波。城市轨道交通供电系统产生的无功和谐波对电力系统和城市轨道交通供电系统是有害的，为减少供电系统的无功和谐波，供电系统设置了必要的无功补偿和滤波装置。

（9）列车供电。接触网是为车辆受电的单元，接触网应保证在车辆最高运行速度条件下受流质量良好，正线接触网载流能力应满足远期高峰时段最不利条件下的持续最大电流值，在当地最恶劣的环境条件下应能确保车辆的正常运行。

三、供电方式

牵引供电系统是城市轨道交通系统中重要的基础设施，其功能是为城市轨道交通中的各种用电设备提供电源，确保城市轨道交通车辆和各种机电设备系统的正常运行。根据功能不同，城市轨道交通供电系统一般划分为以下几个部分：外部电源、主变电所、牵引网、动

力照明系统、电力监控系统和杂散电流防护系统。

1. 外部电源引入供电方式

地铁外部电源引入供电方式如图1-2所示。

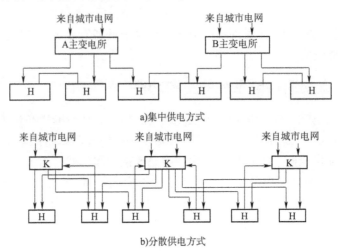

图1-2 地铁外部电源引入供电方式示意图

外部电源是供给主变电所的来自城市电网的电源。供电形式有集中式供电[图1-2a)]、分散式供电[图1-2b)]和混合式供电。

主变电所将来自城市电网的AC110kV电压降压为AC35kV电压。每座主变电所从城市电网引入两路独立可靠的110kV电源,经主变压器降压后通过中压供电网络向地铁沿线的牵引变电所和降压变电所供电。

牵引供电系统将AC35kV通过牵引变电所降压、整流变为DC1500V输送到接触网,为电动列车提供牵引动力。

动力照明系统为车站机电系统、照明系统以及其他用电设备提供AC400V的电源。

电力监控系统对变电所、接触网等主要用电设施的运行状态进行实时监视、控制、数据采集及处理,实现整个供电系统设备运行的自动化调度管理,确保牵引供电系统和全线的电力变配电系统安全可靠经济运行,同时实现对变电所、接触网电气事故分析和供电设备维护、维修的调度管理。

杂散电流防护系统包括"堵、排、测"三方面的内容。①堵:隔离、控制所有可能的杂散电流泄漏途径,减少杂散电流进入地铁系统的主体结构、设备及沿线附近的相关设施。②排:杂散电流的收集网为杂散电流从钢轨上泄漏后遇到的第一道电阻较小的回流通路,可将杂散电流尽量限制在本系统内部,防止杂散电流继续向本系统以外泄漏。③测:建立杂散电流监测系统,监测杂散电流的大小,为运营维护提供依据。

2. 牵引变电所向牵引网供电方式

牵引变电所向牵引网供电方式如图1-3所示。

在牵引供电系统中,牵引网在每个牵引变电所附近断开,分成两个供电分区,每个供电分区称为一个供电臂。如列车只从所在供电臂上的一个牵引变电所获得电能,这种供电方式称为单边供电,如图1-3a)所示;如一个供电臂同时从相邻两个牵引变电所获得电能,则称为双边供电,正常运行时,正线牵引网采用双边供电,如图1-3b)所示。AC1500V侧采用单母线接线方式,牵引整流器正极通过电动隔离开关接正母线、负极通过手动隔离开关接负母线。

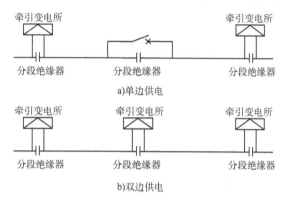

图1-3 牵引变电所向牵引网供电方式示意图

采用双边供电时,当某一牵引变电所故障退出运行时,该段接触网就成了单边供电。当相邻两个牵引变电所都不能向某一区段供电时,则可通过闭合故障牵引变电所处接触网的联络隔离开关(越区隔离开关)实施越区供电。在越区供电方式下,供电末端的接触网电压降低,电能损耗较大,因此,要视情况适当减少同时处在该供电区段的列车数量;另外,一旦接触网发生短路故障,其保护灵敏度降低。因此,越区供电只是在不得已的情况下,短时采用的一种运行方式。

四、城市轨道交通供电系统对电源的基本要求

一般工厂企业用电多集中在一个地方,而城市轨道交通用电则在沿线路几十千米的范围内,这是城市轨道交通与其他用户不同的地方。城市轨道交通作为城市电网的重要用户,属于一级负荷。城市轨道交通供电系统的主变电所、牵引变电所、降压变电所,都要求能获得两路电源。城市轨道交通供电系统对电源的基本要求如下:

(1)两路电源要求来自不同的变电所或同一变电所的不同母线。
(2)每个进线电源的容量应满足变电所全部一、二级负荷的要求。
(3)两路电源应分列运行,互为备用,当一路电源发生故障时,由另一路电源恢复供电。
(4)为便于运营管理和减少损耗,要求集中式供电的主变电所的站位和分散式供电的电源点,尽量靠近城市轨道交通线路,减少引入城市轨道交通的电缆通道的长度。

任务实施

请完成"实训1.1 城市轨道交通牵引供电系统认知",见本教材配套实训活页。

单元1.2 城市轨道交通牵引变电所

单元导入

我们已经知道牵引供电系统是城市轨道交通运行的"大动脉",那么它的"心脏"又是什么呢?电能是怎么从外部电网引入牵引供电系统并转换、分配、输送给车辆的呢?这就需要

了解城市轨道交通牵引变电所。

牵引供电系统一般分为牵引变电所和接触网两部分。为全面了解城市轨道交通牵引供电系统，本单元对城市轨道交通牵引变电所相关内容做总体介绍。

学习目标

1. 知识目标
(1) 熟悉城市轨道交通牵引变电所的概念。
(2) 熟悉城市轨道交通牵引变电所的分类。
(3) 理解城市轨道交通牵引变电所电气主接线和各部分的功能。
(4) 知道牵引变电所内与接触网有关的保护装置。

2. 能力目标
(1) 能理解城市轨道交通牵引变电所的工作过程。
(2) 能区分城市轨道交通牵引变电所各组成部分的功能。

3. 素质目标
(1) 养成安全运维的职业素养。
(2) 爱岗敬业，能认真学习专业理论知识。
(3) 钻研业务，具有独立思考能力。

基础知识

一、牵引变电所的分类

城市轨道车辆本身仅携带蓄电池作为控制和信号电源，不携带牵引电源，所以，必须依靠外部电源经过牵引供电系统降压、整流后供给其牵引电能。城市轨道车辆是以一定速度沿区间运行的，供给一定区段内牵引电能的变电所称为牵引变电所。牵引变电所从城市轨道交通供电系统中的主变电所获得电能，经过降压、整流后变成车辆所需的直流电。

城市轨道交通供电系统分为110kV、35kV、DC1500V、400V/230V 四个电压等级。

110kV 高压电源供电系统包括110kV 电力电缆、110/35kV 主变电所（简称主所）。

35kV 环网中压变配电系统包括35kV 环网电力电缆和35kV 牵引降压混合变电所（简称混合所）、35kV 降压变电所（简称降压所）和跟随降压变电所（简称跟随所）的35kV 开关设备。

DC1500V 供电系统包括混合所的整流机组、1500V 直流开关、1500V 直流电力电缆及接触轨和回流网。

400V/230V 动力照明供电系统包括混合所、降压所、跟随所的35kV/0.4kV 动力变压器、低压动力照明配电系统。

牵引变电所具体可分为以下四类。

1. 主变电所

主变电所的功能是将外部电源引入的220kV 或110kV 三相交流电降压为牵引供电系统和变配电系统所需要的35kV 三相交流电，通过35kV 的环网向牵引供电系统和变配电系统供电。环网供电方式下的主变电所如图1-4 所示。

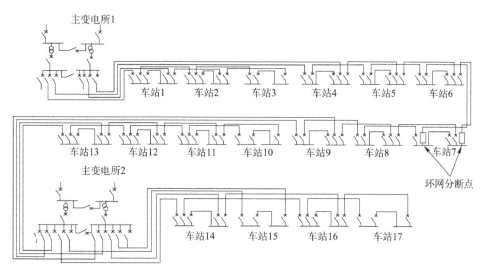

图 1-4　环网供电方式下的主变电所

2. 牵引降压混合变电所

从 35kV 的环网取电,并能通过两套牵引整流机组经降压整流为 1500V 的直流电供给接触轨。同时,通过两台动力变压器(简称"动力变")将 35kV 三相交流电降为 400V 的三相交流电,负责车站和相邻半个区间的供电。

3. 降压变电所

从 35kV 的环网取电,通过两台动力变压器将 35kV 三相交流电降为 400V 的三相交流电,负责车站和相邻半个区间的供电。

4. 跟随所

跟随所主要设在车站电力负荷相对较大而集中的地方,从本车站的变电所 35kV 分段母线分别引两路馈线,经跟随所的 35kV/0.4kV 动力变压器和低压配电柜为下级用户供电。

二、牵引变电所的电气主接线

牵引变电所的电气主接线(图 1-5)是指在牵引供电系统中,为满足向车辆输送预期的功率而设计的、表明高压电气设备之间相互连接关系的传送电能的电路。牵引变电所的电气主接线以从外部电源引入电源进线和向接触网馈送电能的引出线为两端,以母线为中间环节,构成电能变换等级、输送和分配电路。

牵引变电所从主变电所(或区域变电所)获得电能,两路 35kV 进线接入牵引变压器。牵引变压器一般采用三线圈变压器,两个二次线圈和整流器组成多相整流,可以获得比较平滑的直流电,并可减少交流正弦波形畸变和谐波干扰问题。整流器输出的直流电正极(+)经直流高速空气开关接到直流侧的正母线上(图 1-5 中 +1500V),负极(−)经开关接到负母线上。接在正母线上的馈线经直流高速开关将电送到隔离开关后再送到接触网(轨)上。负母线经开关与回流线和走行钢轨接通。城市轨道车辆的受流器与接触网(轨)接触滑行时,即获得直流电。

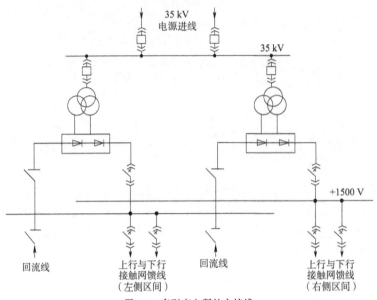

图 1-5 牵引变电所的主接线

三、牵引变电所的整流机组

牵引变电所内的主要设备是牵引整流机组，其功能是把中压交流电源降压、整流后提供给接触网，再通过接触网提供给车辆作为牵引动力。采用两套 12 脉波整流机组并列运行构成一套 AC35kV/DC1500V 等效 24 脉波整流机组。

一套 12 脉波整流机组包括一台整流变压器、一台整流器，以及完整的辅助、控制回路和必要的配件等。单机组 12 脉波整流电路由两个三相全波整桥并联组成，每台整流变压器的二次绕组有一个星形绕组和一个三角形绕组，分别向两个三相整流桥供电，如图 1-6 所示。

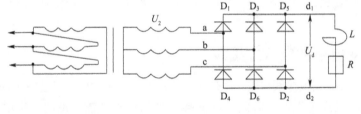

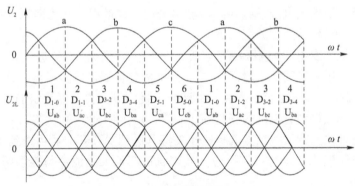

图 1-6 单套整流机组

由于整流变压器二次侧采用了星形绕组和三角形绕组两种不同的接线方式,其对应的各相线电压相位错开30°,经过两个三相整流桥整流后并联,即可得到一个12脉波的直流电源。单组牵引变压器整流机组输出直流电流为两个并联桥整流电流之和。

脉波数是指一个周期内 U_d 整流变压器输出电压所包含的波头数,单相半波的脉波数为1,单相桥式的脉波数为2,三相桥式的脉波数为6。脉波数越多,输出直流电压纹波系数越小,电压更趋近平整。单套整流机组如图1-6所示。

当两套12脉波整流机组的整流变压器高压网侧并联的绕组分别采用±7.5°外延三角形连接时,两套整流机组即可输出24脉波直流电源。

四、城市轨道交通牵引变电所各部分功能

牵引供电系统组成如图1-7所示。

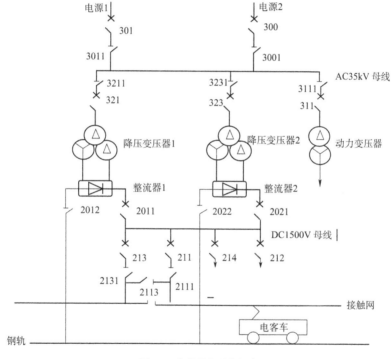

图1-7 牵引供电系统组成

城市轨道交通牵引变电所各部分功能具体如下。

(1)110kV电缆(电源1):将城市电网110kV变电所的电能引入城市轨道交通主变电所。

(2)110kV开关柜(GIS):实现110kV电能分配及线路保护功能。

(3)110kV/35kV主变压器(降压变压器):将电压从110kV变为35kV。

(4)35kV开关柜(GIS):实现电能分配及输电线路的保护。

(5)35kV电缆(AC35kV母线):传输35kV等级电能线路的电缆。

(6)35kV/400V动力变压器(动力变):将35kV电压降为400V电压,主要作为变电所内生活用电。

(7) 整流变压器:将35kV电压降为适合整流器工作的电压,并具备移相功能。

(8) 整流器:将交流电转换成直流电,供给城市轨道车辆。

(9) 1500V直流电缆(DC1500母线):实现1500V直流电能传输。

(10) 断路器(图1-7中321):主要负责接通或断开电路的开关设备。

(11) 隔离开关(图1-7中3211):主要负责配合断路器进行倒闸操作,形成明显的断开或闭合点。

(12) 电分段(图1-7中2113):主要负责将电路分隔成两部分,便于电路的灵活分段操作。

五、牵引变电所内与接触网有关的保护装置

1. 直流开关柜内所设保护装置

1) 直流电流速断保护(对接触网的保护)

直流馈线断路器本体设大电流脱扣保护(直流母线短路保护),又叫直流速断保护。较大的短路电流会对线路造成巨大的损坏,因此,应在其到达电流峰值之前立即切断。直流电流速断保护由直流快速断路器自带的电流脱扣装置实现,其整定值应躲过高峰运行时馈线可能出现的最大电流。

直流母线短路由直流进线断路器本体的大电流脱扣保护实现,当电流达到保护整定值时瞬时动作。

2) 直流短路电流变化率及增量保护

利用馈线电流的变化,区分短路电流和列车启动电流,使馈线开关在线路发生最小短路电流时跳闸,而列车启动时保护不动作。直流短路电流变化率及增量保护是直流馈线保护的后备保护,它既能切除近端短路电流,也能切除大电流保护,但不能切除电流较小的远端故障。实际运用中这两种保护的启动条件都是同一个预定的电流上升率。在启动后,两种保护进入各自的延时阶段,互不影响,哪个保护先达到动作条件就由它来动作。一般情况下,电流变化率主要针对中远距离的非金属性短路故障,电流增量主要针对中近距离的非金属性故障。

3) 定时限过电流保护

作为电流速断保护和直流短路电流变化率及增量保护的后备保护,在保护控制单元预先整定最大电流值和时限值,当通过直流馈线断路的电流值在预先设定的时间内超过最大整定电流值时,过电流保护装置动作,使直流馈线断路器跳闸切除故障。最大电流整定值应小于大电流脱扣保护装置的整定值,同时可以设定正、反方向的整定值,以避免列车制动时反送电,或越区供电情况下线路故障时较大的反向电流通过直流断路器。

4) 接触网导线热过负荷保护

接触网导线热过负荷保护作为电流上升率保护的后备保护,当直流线路处于过负荷状态时,即使没有任何断路故障发生,接触网或进线电缆的温度也会上升,当热过负荷电流流过时,该电流虽不至于引起巨大的损坏,但持续时间较长时,产生的热量会超过某些薄弱环节所允许的发热量,造成设备不同程度的损坏。

接触网导线热过负荷保护主要根据接触网的电阻率、电阻率修正系数、长度、横截面积、电流计算出接触网的发热量,再根据接触网和空气的比热容等热负荷特性及通风量等环境

条件,根据经验公式给出接触网的温度,当测量的温度超过规定值时便发出报警或跳闸命令,从而达到保护接触网的目的。

5)双边联跳保护

直流双边联跳保护是为了更加安全地向接触网供电,在故障情况下确保相邻牵引变电所可靠跳闸而增设的辅助保护——同一供电臂两侧牵引变电所的馈线开关实现双边联跳。在越区供电时,该功能同样具备。

6)断路器失灵保护

当断路器拒动、保护装置和监控装置失去作用时,则自动分闸并上传信息。

2. 直流设备线路检测及自动重合闸功能

在馈线开关合闸前,检测线路是否存在短路故障,如有故障则馈线开关不能合闸,无故障时才允许馈线开关合闸。使用重合闸的目的是在瞬时故障消除后使线路重新投入运行,在最短的时间内恢复整个系统的正常运行状态。

当发生故障断路器保护跳闸后,断路器每隔一段时间(可以调节,一般为 10s)重合一次,如果重合闸的次数超过预定次数(1~3 次)合闸仍不成功,则认为是永久接地,重合闸回路将闭锁,需要人工恢复。

3. 直流设备框架漏电保护

直流设备框架泄漏保护用来保护直流设备正极碰壳或对地绝缘损坏,其内部设有电压动作元件和电流动作元件,电压元件既用于报警也用于跳闸,电流元件用于跳闸。直流设备框架漏电保护主要具有以下功能。

1)漏电流监视

分流器一端接地(保护地),另一端接设备框架,通过隔离放大器测量漏电流在其两端产生的电压。当超出保护整定值,将使牵引整流机组中压侧开关及变电所内所有直流断路器跳闸,同时发出联跳信号,联跳相邻牵引变电所对应的馈线开关。

2)漏电压监视

通过隔离放大器测量牵引供电系统回流轨与直流开关设备框架之间的电位差,并设置不同电压整定值触发动作或报警。框架泄漏电压元件保护分为框架泄漏电压报警和框架泄漏电压动作两种情况。

  任务实施

请完成"实训 1.2 城市轨道交通牵引变电所认知",见本教材配套实训活页。

单元 1.3 供电系统各接口专业介绍

单元导入

城市轨道交通系统中哪些专业与牵引供电系统有联系呢?

本单元是对牵引供电系统相关接口专业的介绍,通过本单元的学习,学生能了解与城市轨道交通牵引供电系统作业相关的其他专业的基本理论知识,为后续牵引供电系统作业项目开展中可能涉及的相关专业提供理论基础。

学习目标

1. 知识目标
(1) 了解城市轨道交通其他相关专业的主要工作内容。
(2) 熟悉城市轨道交通其他相关专业的概念。
2. 能力目标
(1) 能理解城市轨道交通其他相关专业的工作内容。
(2) 能区分城市轨道交通其他相关专业的功能。
3. 素质目标
(1) 养成安全运维职业素养。
(2) 爱岗敬业,能认真学习专业理论知识。
(3) 钻研业务,具有独立思考能力。

基础知识

一、城市轨道交通系统其他相关专业

下面以某城市轨道交通运营企业为例,介绍与城市轨道交通牵引供电系统相对接的其他相关专业。

1. 通信专业

通信系统是城市轨道交通运营调度、企业管理、服务乘客、治安反恐、应急指挥的网络平台,为城市轨道交通工作人员提供内外联络,为列车运营、电力供应、日常维修、防灾救护、票务管理等提供专业通信工具。专用通信系统共包含 12 个子系统,分别为传输系统、电源系统、无线系统、专用电话系统、视频监控系统(CCTV)、公务电话系统、时钟系统、安防系统、集中告警系统、乘客信息系统(PIS)、广播系统和信息管理系统。

2. 信号专业

信号系统是保证列车运行安全,实现行车指挥和列车运行现代化,提高运输效率的关键系统设备。信号系统通常由列车自动控制系统(简称 ATC)组成,包括 3 个子系统:列车自动监控子系统(简称 ATS)、列车自动防护子系统(简称 ATP)和列车自动运行子系统(简称 ATO)。3 个子系统通过信息交换网络构成闭环系统,构成一个以安全设备为基础,集行车指挥、运行调整及列车驾驶自动化等功能于一体的列车自动控制系统。

3. 线路专业

线路专业主要巡视线路、保持线路设备完整和质量均衡,使列车能以规定速度安全、平稳、不间断地在轨道线路上运行,并尽量延长线路设备使用寿命。

4. 结构专业

结构专业工作人员主要从事线路桥隧工程的施工、维护工作,面向轨道交通施工、监理、养护及运营管理部门,主要在轨道、交通和土建领域从事施工、监理、质检、管理等工作。

5. 房建专业

房建专业主要包括各车站(含风亭及出入口)、车辆段房屋建筑设施及其内部的装饰装

修工程。建筑装饰装修主要包括地面工程、抹灰工程、门窗工程、吊顶工程、轻质隔墙工程、饰面板工程、玻璃幕墙工程、涂饰工程、裱糊与软包工程及细部工程等。

6. 通风空调专业

通风空调系统的主要作用是对城市轨道交通的环境进行处理,在城市轨道交通正常运行期间为乘客提供一个舒适良好的乘车环境,并为工作人员提供必要的安全、卫生、舒适的工作环境,同时,对车站各种设备和管理用房按工艺和功能要求提供满足要求的环境条件,为列车及设备的运行提供良好的工作条件。当城市轨道交通内发生火灾、毒气等事故时,环控系统能提供新鲜空气、及时排除有害气体,为人员撤离事故现场创造条件。

7. 给排水专业

城市轨道交通给排水专业主要是满足车站及车辆段的生产、生活、消防用水对水量、水质和水压的要求,保证车站和车辆段排水畅通,对车站和车辆段内的生活污水和生产污水进行收集和处理,使其达到排放标准。给排水专业主要分为给水系统、排水系统、消防水系统。

8. 低压照明专业

低压配电系统在城市轨道交通供电系统起承上启下的作用。它将系统上部由动力变压器转换的400V交流电承接,通过低压系统的重新分配,将电能输送至系统下部所带的各类负载中。低压系统承担了除给车辆供电以外给所有低压负荷提供电能的重要单元。

9. 站台门专业

站台门是安装于城市轨道交通车站站台边缘,将站台候车区与轨行区隔离,与列车车门对应,可多级控制开启与关闭的连续屏障。某城市轨道交通运营企业29个站中,其中27个地下站使用全高全封闭站台门,2个高架站使用半高半封闭站台门。站台门主要由门体(滑动门、应急门、端门、固定门、侧盒、各种立柱等)、门机(电机、减速器、驱动机构、接线盒、控制器、皮带等)和电源系统(驱动电源、控制电源、电池等)组成。

10. 电扶梯专业

1) 电梯

电梯是指服务于建筑物内若干特定的楼层,其轿厢运行在至少两列垂直于水平面或与铅垂线倾斜角小于15°的刚性轨道上的永久运输设备。电梯按速度可分为低速电梯(4m/s以下)、快速电梯(4~12m/s)和高速电梯(12m/s以上)。电梯由以下八大系统组成:曳引系统、导向系统、轿厢系统、门系统、质量平衡系统、电力拖动系统、电气控制系统和安全保护系统。

2) 自动扶梯

自动扶梯是带有循环运行阶梯的一类扶梯,是用于向上或向下倾斜运送乘客的固定电力驱动设备。我们平常说的自动扶梯包括自动扶梯及自动人行道。自动扶梯由梯路和两旁的扶手组成,其主要部件有梯级、牵引链条及链轮、导轨系统、主传动系统、驱动主轴、梯路张紧装置、扶手系统、梳齿板、扶梯骨架和电气系统等。梯级在乘客入口处做水平运动后逐渐形成阶梯;接近入口处阶梯逐渐消失,梯级再度做水平运动。这些运动都是由梯级主轮、辅轮分别沿不同的梯级导轨行走来实现的。

11. 综合监控专业

城市轨道交通综合监控系统是一个面向调度和车站操作人员的大型计算机集成系统,

集成和互联多个子系统,如电力监控系统、消防报警系统、环境与设备监控系统、站台门系统等。综合监控系统围绕行车指挥、乘客服务、防灾安全等展开设计,可以轻松地实现信息共享和各种跨系统的联动功能,提高城市轨道交通整体的自动化水平。灾害情况下,系统不但可根据实际情况实现一系列自动和半自动联动功能,还能为调度及值班人员提供决策支持系统,使防灾、救援和事故处理简单、方便、明了。另外,系统的人机接口(HMI)为所有操作员提供了通用统一的显示操作风格,对屏幕显示布局、图符号、颜色定义统一规定。操作员通过树形图从最高层开始到目标层依次做选择,以达到实际监控相关页面。

12. 火灾自动报警专业

为了尽早发现火灾、实行消防救灾,设置火灾自动报警系统(FAS)。FAS 按中央、车站两级调度管理,中央、车站、就地三级监控的方式设置,对城市轨道交通全线及各建筑进行火灾探测、报警和控制。FAS 负责实现火灾探测、向车站控制室及运营控制中心(OCC)发出火灾警报、报告火灾区域,与综合监控系统(ISCS)配合或独立实现对消防设备的联动控制。FAS 主要由火灾报警控制器、感烟探测器、感温探测器、手动报警按钮、输入/输出模块、工作站等组成,与综合监控、给排水、电梯等系统或设备有接口关系。平时由火灾报警控制器提供独立的报警子回路来监视各防护区的火灾状态,在发生火灾时能自动报警,并按预先设定的程序启动管网子系统,达到扑救防护区火灾的目的。

13. 环境与设备监控专业

环境与设备监控系统(BAS)是对全线所有地下车站、高架站、车辆段、停车场、区间隧道内设置的各种正常运营保障设施(包括通风空调设备、给排水设备、照明设备、自动电扶梯等)和事故紧急防救灾设施进行实时的监控管理,并确保以上系统安全可靠运行,特别是在地下车站发生火灾事故的情况下,BAS 系统接收 FAS 系统传来的火灾模式指令,使有关救灾设施按照设计工况及时有效地运行,从而保障人身安全。典型地下车站监控对象主要包括车站通风空调系统、给排水及消防系统、动力照明系统、综合监控系统、UPS(不间断电源)、电梯及自动扶梯等系统设备。

14. 门禁专业

门禁系统又称出入口控制系统,在何时允许某些人进出、拒绝某些人进出,什么情况下要发出警报,记录人员出入情况等是门禁系统最基本的功能。门禁系统是对建筑物中的重要通道进行管理,在门口、电梯等人员来往频繁或重要的地方安装控制装置。人员要想进入,必须有卡且输入正确密码,增强了安全性。

15. 站务专业

站务中心为城市轨道交通运营分公司车务部的下级组织,在车务部领导和综合部门的指导下,履行对所辖中心的生产行政工作进行统一指挥和管理的职责。车站目前的岗位有站务员、客运值班员、行车值班员、值班站长、副站长、站长。涉及的作业多且复杂,涵盖行车、票务、服务、安全、培训等多个专业。

16. 乘务专业

乘务专业负责车辆段及停车场行车调度指挥、段场施工现场管理,严格执行施工作业令和现场施工请销点制度,做好相关监督检查工作,负责工程车和所属设备管理。

17. 车辆专业

车辆部是城市轨道交通运营分公司主要生产部门之一,也是负责对城市轨道交通车辆及相关车辆检修进行专用设备、通用设备日常维护和定期维护的生产管理部门。按照管辖设备设施类型主要分车辆、检修两个专业。

18. 自动售检票专业

自动售检票系统(AFC)是集计算机技术、信息收集和处理技术、机械制造于一体的自动化售票、检票系统,具有很强的智能化功能。

二、城市轨道交通系统其他相关概念

1. 城市轨道交通线路有关概念

1) 正线

城市轨道交通正线是指供列车运行的线路,大多数线路为全封闭。

城市轨道交通系统的正线均采用上下行分行,一般实施右侧行车惯例,以便与城市地面交通的行车规则相吻合(世界上除了日本等部分国家外,绝大部分国家城市道路交通实行右侧行车规则)。

城市轨道交通列车运行方向原则如下:

在一条线路上,往北(两个终点站的比较)为上行,反之为下行。对于环线:广州城市轨道交通是右侧行车,外环为上行、内环为下行;上海4号线是内环为上行、外环为下行。

城际地铁和轻轨以开往城市方向为上行,反之为下行。

2) 折返线

折返线是指在线路两端终点站,或者准备开行折返列车的区间站,供运营列车往返运行时掉头而设置的线路。

城市轨道交通线路一般都较长,全线的客流分布不太均匀,这时可组织区段运行。区段运行是指列车根据运行调度要求,在尽端站与中间站或中间站与中间站之间进行列车折返掉头,故在这些地方需要设置折返线。折返线的形式应能满足折返能力的要求。折返线除了供运营列车往返运行时掉头转线使用外,有些也可以作为夜间存车使用。

折返线形式很多,根据不同的折返方法可分为环形折返线和尽端折返线两种。

(1) 环形折返线:将端点折返作业转化为沿一个环形单线区段运行的作业。一般适用于线路较短、线路延伸可能性较小且该端点站又往往在地面的情况。环形折返线如图1-8所示。

优点:取消了折返过程,变为区间运行,有利于列车运行速度发挥,是一种对提高运营效率有利的折返方法。

图1-8 环形折返线

缺点:环线占地面积较大,尤其是在地下修建难度更大,投资较高;环线折返丧失了一端停车维护检查的机动线路,对车辆技术要求、运行组织要求更高;线路机动性下降,线路延伸可能性甚微。

(2) 尽端折返线:可分为单线折返、双线折返和多线折返等不同布置办法,如图1-9所示。

尽端折返线弥补了环形折返线的不足,使端点站既可有效组织折返(如双折返线可明显降低折返时间),也可备有停车线供故障停车、检修、夜间停车等作业使用,对于线路延伸也十分方便。

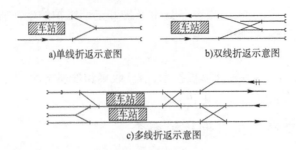

图1-9　尽端折返线

尽端折返线适合于地下结构的端点站，线路较长或有延伸可能、土地不宜多占用的情况。

3）临时停车线

临时停车线一般设置在端点站，专门用于停车，进行少量检修作业的尽端线。城市轨道交通线路运输量大，列车运行间隔较密，在运营过程中，列车可能会发生故障，为了不影响后续列车运行，一般在线路沿线每隔3～5个车站的站端加设渡线或临时停车线。渡线的作用是使离开车辆段的故障列车能及时掉头返回车辆段，临时停车线的作用则是临时停放事故列车。

4）联络线

联络线按其布置形式可分为单线联络线、双线联络线和联络渡线。

十字交叉单线联络线平面示意图如图1-10所示。

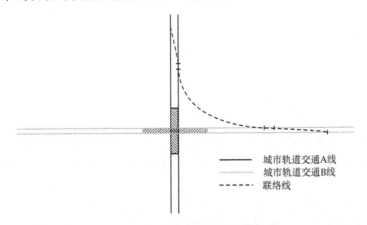

图1-10　十字交叉单线联络线平面示意图

5）渡线

渡线（图1-11）是指用道岔将线路上行线、下行线及折返线连接起来的线路。渡线有单渡线和交叉渡线两种。渡线单独设置时，用来临时折返列车，增加运营列车调度的灵活性。渡线与其他辅助线合用时，能完成或增强其他辅助线的功能。

6）停车线

停车线一般设置在端点站，专门用于停车，进行少量检修作业的尽端线。车辆基地拥有众多的专用停车线，供列车夜间停止运营后停放。需要进行检修作业的停车线设有地沟。

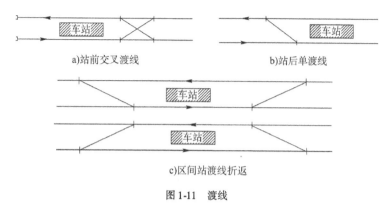

a)站前交叉渡线　　　　b)站后单渡线

c)区间站渡线折返

图1-11　渡线

7)检修线

检修线设在车辆基地检修库内,是专门用于检修城市轨道交通车辆的作业线,设有地沟,配有架车设备、检修设备(如行车等)。

8)试验线

试验线设在车辆基地,是用于对检修完毕的城市轨道交通车辆进行运行状态检测的线路。为达到必要的运行速度,试验线需有一定长度标准和平纵断面特点。

9)安全线

安全线是进路隔开设备之一,是防止列车进入另一列车进路而发生冲突的一种尽头式线路,其有效长度一般不少于50m。

10)出入库线

出入库线是车辆基地与正线车站的联系线路,专供列车进出车辆基地。一般分为入库线和出库线。

2.城市轨道交通线路的组成

城市轨道交通线路的基本组成如图1-12所示。

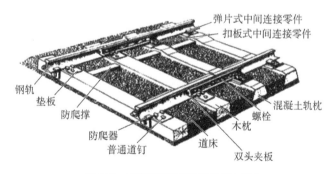

图1-12　城市轨道交通线路的基本组成

传统轨道结构由钢轨、轨枕、道床、连接部分(扣件)、道岔、附属设备等组成。

1)整体道床

一般道床与整体道床如图1-13所示。在城市轨道交通中,为了避免维修、减少工作量,在某些轨道结构中为了加强轨道结构强度,使用了整体道床、板式轨道,即将轨枕和道床浇筑成一体的轨道结构。

a)一般道床　　　　　　　　　b)整体道床

图 1-13　一般道床与整体道床

2）道岔

道岔是一种使轨道车辆从一股道转入另一股道的线路连接设备,也是轨道的薄弱环节之一,通常在车站、编组站大量铺设。道岔在轨道交通线路上起着重要作用。有了道岔,可以充分发挥线路的通过能力。即使是单线铁路,铺设道岔,修筑一段大于列车长度的叉线,就也可以对开列车。

道岔可分为单开道岔、双开道岔、三开道岔和交分道岔,分别如图 1-14~图 1-17 所示。

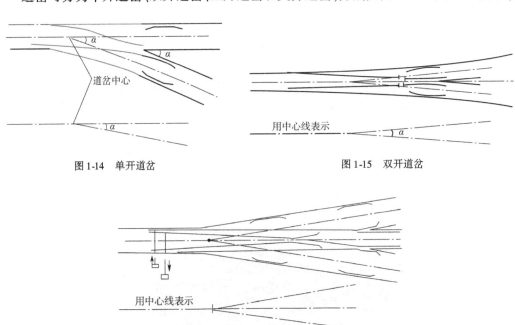

图 1-14　单开道岔　　　　　　　　　图 1-15　双开道岔

图 1-16　三开道岔

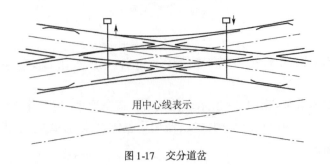

图 1-17　交分道岔

3. 城市轨道交通信号有关概念

信号是保证行车安全的设备,是指示列车及调车作业的命令,行车有关人员必须熟知信号的显示方式,按照信号显示要求进行行车及调车作业。

1) 地面信号机

信号机是铁路及城市轨道交通的轨旁基础设备,以地面信号为主体信号的铁路信号系统,要求司机必须按照信号机的显示运行。城市轨道交通以车载信号为主体信号,正线区段基本不设信号机,只在道岔区段,因调车作业需要才设置地面信号机。

2) 信号机颜色及其表示意义

各色信号机如图 1-18 所示。

(1) 基本颜色。

① 红色:停车信号,禁止越过该信号机(信号熄灭或显示不明时,也应视为停车信号)。

② 绿色:允许信号,信号处于正常开放状态,可按规定速度通过该信号机。

③ 黄色:允许信号,信号处于有限开放状态,要求列车注意或减速运行。

(2) 辅助颜色。

① 月白色:用于指示调车作业时,表示允许越过该信号机调车;用于指示正线列车作业时,同时显示一个红灯信号,构成引导信号,表示准许列车越过显示红灯的信号机,并随时准备停车。

② 蓝色:用于调车信号机,表示禁止越过该信号机调车。

需要说明的是,我国城市轨道交通的信号系统没有对地面信号的显示方式和显示意义进行统一规定,因此信号显示存在一定差异。例如,有的城市轨道交通企业采用一个红色灯光和一个黄色灯光构成引导信号,具体情况需要参照各企业的相关规定。

3) 轨道电路

轨道电路(图 1-19)是利用钢轨线路和钢轨绝缘构成的电路,用来监督线路的占用情况,将列车运行与信号显示等联系起来,即通过轨道电路向列车传递行车信息。

图 1-18 各色信号机

图 1-19 轨道电路

轨道电路工作原理如下:

(1) 当轨道电路设备、线路完好,又没有列车、车辆占用时,轨道电路的电流从电源正极经钢轨、轨道继电器线圈回到负极构成闭合回路,继电器处于吸起状态,信号机显示绿灯,表示轨道区段内无车占用,此状态称为轨道电路的调整状态。

轨道电路组成如图 1-20 所示。

无车辆时的轨道电路如图 1-21 所示。

(2) 当轨道电路设备、线路完好,但是有列车、车辆占用时,因为车辆的轮对电阻比轨道继电器线圈电阻小,所以轨道电路被轮对分路后,流经继电器线圈的电流急剧变小,不足以使衔铁保持吸起状态,致使继电器失磁落下,信号机显示红灯,表示轨道区段有车占用,此状态称为轨道电路的分路状态。

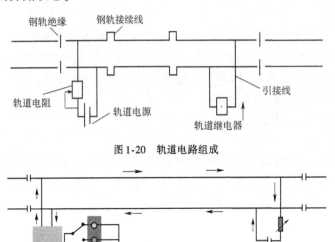

图 1-20　轨道电路组成

图 1-21　无车辆时的轨道电路

有车辆时的轨道电路如图 1-22 所示。

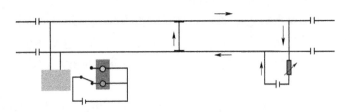

图 1-22　有车辆时的轨道电路

4. 牵引回流系统有关概念

地铁直流牵引供电及回流系统示意图如图 1-23 所示。直流牵引与交流牵引相比具有辐射干扰低、绝缘防护要求等级低、运行方式易调整、供电连续可靠、保护设置相对简单、可实现高品质再生制动,以及不存在分相问题等优点,因此,在国内外城市轨道交通行业得到广泛应用。直流牵引系统可简单划分为牵引电源、牵引负荷和牵引回流 3 个子系统。牵引电源部分包括整流变压器(RCT)、整流器(RC)、正极直流母排(B+)和负极直流母排(B-),牵引负荷主要指列车,牵引回流系统由回流钢轨(R)、回流电缆、钢轨电位限制装置(RVLD)、单向导通装置(DT)、排流柜(DR)及隧道结构钢筋等组成。各部分相辅相成,共同构成了牵引电流的回流通路,保证牵引电流常规情况和故障情况下都能顺利回流到电源负极。

1) 牵引回流系统

列车受电弓从接触网取流后,电流要通过回流系统回流到牵引变电所,从而形成电流的回路,保证列车的正常运行。

(1) 常规情况。

直流牵引电经整流器输出至牵引所正极直流母排(B+),再经馈线开关和上网刀闸将牵引电输送至接触网;列车经受电弓从接触网上引入直流牵引供电,经列车内主逆变器负极流出至列车的轮对;列车车轮对再将主逆变器负极的电传至与其直接接触的回流钢轨;由于回流钢轨与道床之间有一层绝缘性能良好的橡胶垫,因此大部分回流都经过钢轨回流至牵引所负极直流母排(B-),只有一小部分回流通过绝缘不良的地方流入道床或隧道结构,这部分电流则形成了地铁杂散电流。杂散电流则经过具备单相导通功能的排流柜(DR)流回牵引所负极直流母排(B-),至此,完成一个完整的牵引回流过程。

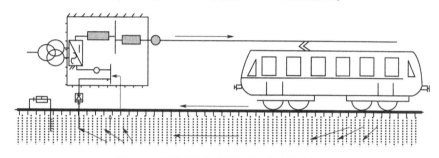

图 1-23　地铁直流牵引供电及回流系统示意图

(2)故障回流情况。

以下两种情况会引起牵引回流能力不足:①当城市轨道交通线路上行车密度超过设计密度时;②回流电缆部分或全部由于某种原因不能导电。此时,大部分牵引电流仍将以常规回流的形式,流回牵引所负极直流母排(B-)。但由于回流通路不畅,从列车车轮对流至钢轨上的电荷将不断累积,从而引起钢轨电位抬升。当钢轨电位抬升至轨电位限制装置的整定值时,RVLD 内的接触器将会闭合将钢轨与变电所内接地网连通,将这部分无法顺利回流的电荷排入城市轨道交通接地系统,从而使钢轨电位下降至人体的安全电压以下。这两部分非常规回流最终都将再经杂散电流收集装置由排流柜(DR)回流至牵引所负极直流母排(B-),形成完整的牵引回流过程。

(3)牵引回流系统设备设置情况。

正线采用 60kg/m 钢轨,并焊接成长钢轨,钢轨接头电阻应小于 3m 长的回流钢轨阻值,以减少回流电阻。若采用短钢轨,用鱼尾板螺栓连接,则两根钢轨之间必须加焊 2 根截面积在 120mm² 以上的绝缘铜电缆。

连接上、下行钢轨至牵引变电所负母线的回流线采用截面积为 400mm² 的铜电缆,电缆根数根据回流电流值确定,但每回不少于 2 根。

在正线各车站两端或利用左右线联络通道设置上、下行钢轨间的均流线,每回均流线由 2 根截面积为 150mm² 的铜电缆组成。但在车站有回流线的一端,上、下行钢轨间可不再设均流线。另外,上行或下行两根钢轨每隔 200m 也应设置一处均流电缆。

电化线路中的道岔与辙岔的连接部位应设置铜连接引线,连接线采用 2 根截面积在 120mm² 以上的绝缘铜电缆,铜引线与钢轨间应可靠焊接,接头电阻不应超过 1m 长完整钢轨的电阻值。

为满足车辆段单轨回流系统对轨道回路压降的要求及尽量减少车辆段的杂散电流,应根据牵引网供电分段情况在多处设负回流点,并设置均流线。在停车库、月检库与车场线间、出入线与正线间设置单向导通装置。

2) 单向导通装置

在地铁(轻轨)轨道系统中,车场、车辆段、隧道、高架桥等特殊地段的轨道上需要设置绝缘接头,其目的是尽量减少杂散电流并缩小杂散电流影响的范围,从而减少杂散电流对结构钢筋的腐蚀。而在采用绝缘接头的钢轨部位,有车辆运行时,为保证回流电流的正常流动,必须采用单向导通装置,并接于地铁轨道设置的绝缘节处,用于连接绝缘接头两端的钢轨,使钢轨中电流只流向一个方向,而在另一个方向截止。

单向导通装置由整流二极管、保护装置、隔离开关及辅助检测单元等组成。其中主电路由二极管并联组成,在每个支路均串有一个带辅助接点的快速熔断器和一个电流传感器,以组成信号采集、分析和输出系统。

在正常情况下,隔离开关处于分闸位置,由于二极管的作用,电流只能在规定的方向流通,这时信号检测装置采集到的是正常信号。当二极管发生反向击穿或流过电流超过系统额定电流,使快速熔断器熔断时,检测系统检测到故障后,向主监测系统发出报警信号,以便及时检修。

当多个快速熔断器或二极管损坏时,合上高压隔离开关,使绝缘节两端钢轨短接,不影响列车的正常运行。

单向导通装置原理如图 1-24 所示。

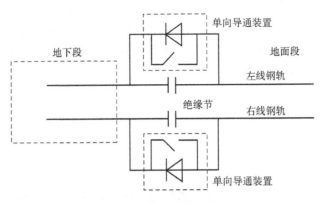

图 1-24　单向导通装置原理

3) 钢轨电位限制装置

在直流牵引系统中,操作电流和短路电流的存在可能会引起回流回路和大地间产生超过安全许可的接触电压。在此情况下,就需要在回流回路与大地间装设一套钢轨电位限制装置,以限制运行轨电位,避免产生超出安全许可的接触电压(此安全电压的规定参照 EN 欧洲标准)。

钢轨与大地之间的接触电阻如图 1-25 所示,标准规定,建筑物和轨道之间的电位差(接触电压)不允许较长时间超过 DC92V。若进行测量保护,允许轨道与大地接地短路,但由于存在杂散电流腐蚀管道的可能,所以测量保护时间必须受到限制。

钢轨电位限制装置的主要功能是不断地检测接地体和运行轨道之间的电位差。当发生超出安全许可的接触电压时,此装置就将钢轨与大地快速短接,自动进行短路保护,从而保证人员和设施的安全。

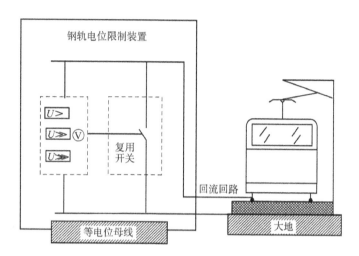

图1-25 钢轨与大地之间的接触电阻

钢轨电位限制装置接在车站回流轨和接地端子之间,用于在钢轨电位高于设定值后将回流轨接地,限制钢轨电位,保证旅客和工作人员人身安全。

接触网检修作业人员注意事项:在车辆段接触网进行停电检修作业前,必须先联系电力调度合上钢轨电位限制装置后,方可进行作业。

5. 杂散电流防护系统

1) 杂散电流的形成

城市轨道交通杂散电流主要是指采用直流供电牵引方式的列车在运行时泄漏到道床及其周围土壤介质中的电流。

直流牵引系统采用正极接触网,以走行轨兼作负回流线的回流通路直流牵引供电系统。由于受运营环境、经济及其他方面因素的限制,走行轨不可能完全绝缘于道床结构,因此,钢轨不可避免地向道床及车站、隧道结构泄漏电流,即杂散电流。

2) 杂散电流的危害

(1) 杂散电流对土建结构钢筋、钢轨、设备金属外壳及其他地下金属管线产生电腐蚀。

(2) 杂散电流对混凝土结构产生破坏。

(3) 杂散电流对钢轨及地下金属设施产生腐蚀。

(4) 杂散电流可造成人身伤害。

(5) 杂散电流影响通信设备。

3) 杂散电流防护

杂散电流防护设计应按照"以堵为主,以排为辅,堵排结合,加强监测"的原则进行。

堵:隔离、控制所有可能的杂散电流泄漏途径,减小杂散电流进入城市轨道交通的主体结构、设备、金属管线及其他相关设施的可能性,如增加轨道对地电阻、正线轨道的分段管理,车辆段轨道的绝缘隔离。

排:通过杂散电流的收集及排流系统,提供杂散电流返回牵引变电所的金属通路,以限制杂散电流向外泄漏,减少杂散电流对金属管线及金属构件的腐蚀。如增加回流轨的截面积,为回流提供一个连续的电气通路,减小变电所之间的距离等。

测:设计完备的杂散电流监测系统,监视、测量杂散电流的大小,为运营维护提供依据。

6. 电力监控系统

数据采集及监测控制(Supervisory Control and Data Acquisition,SCADA),也有人称其为PSCADA(POWER-SCADA),都是电力监控系统的英文简称,也常称远动系统。SCADA主要实现"四遥"功能,即遥控、遥调、遥信和遥测。

(1)遥控(DO):也称开关量输出,实现远程对供电的断路器、电动隔离开关等供电设备实施分/合闸控制,控制的方式又分为单独遥控、程序遥控、遥控试验、复归操作、模拟操作、闭锁及解锁操作、其他安全操作。

(2)遥调(AO):也称模拟量输出,遥调是实现保护整定值或者可调变压器的远程调整或调节,使用量相对较少。

(3)遥信(DI):也称开关量输入,利用开关量采集输入模块,采集各出线回路开关分/合闸状态、开关故障报警信号、失压报警信号、过压报警信号及框架式开关的位置等开关量,实现监控。

(4)遥测(AI):也称模拟量输入,主要遥测量包括电流、电压、功率因数。

7. 影响接触网检修的相关专业设备

1)车辆电气回路

车辆是输送旅客的载体,本身不带电源,主要依靠升起受电弓直接接触导线获取电能。每台车辆6节车厢,按照A车、B车、C车、C车、B车、A车编组,其中A、B、C车为一个编组,形成独立供电回路,其控制、操作、监控回路分别引到两端驾驶室。

在2节B车顶上分别设置一台受电弓,在A车上设置驾驶室,由司机操控其升降。

受电弓升起工作时,以100~120N的接触压力紧贴接触线摩擦滑行,将电能引入车辆主断路器,再经过逆变器后提供给牵引电动机,电动机通过齿轮传动驱动车辆运行。

车辆电气回路主要由主电路、控制电路、辅助电路和附属电路组成。

2)受电弓

某地铁车辆采用TSG18G1型受电弓,这是一种通过空气回路控制升降动作的铰接式机械构件。受电弓从接触网上集取电流,并传送到车辆电气系统。此受电弓主要应用于城市轨道交通车辆,通过支持绝缘子安装于车顶,并通过弓头上的碳滑板与供电网线接触。在"工作"位置上,受电弓在车顶的部分都处于带电状态,仅在对车顶的机械接口和气路接口处是电气绝缘的。

受电弓工作的最大特点是靠滑动接触获取电流。这就要求受电弓滑板与接触网导线可靠接触且磨耗小,为此将接触网设计成"之"字形。滑板运行中在有效范围内与导线滑动接触。

接触压力对弓网关系影响较大,一般要求受电弓在工作高度范围内大小不变,压力适中。接触压力太小时,接触电阻增大,功率损耗增加,同时运行时易产生离线和电弧,导致接触导线和滑板磨耗增加,停车时可能由于接触电阻大造成烧断接触网导线;接触压力太大时,加重机械摩擦,严重时还会使滑板局部拉槽,进而造成接触导线弹跳拉弧,甚至刮弓。

滑板材料对接触网也有影响,通常要求碳滑板硬度适中、导电性能好、接触电阻较小、质量轻,以保证导线滑动过程中同时具有较小的磨耗。硬度太大时接触网导线磨耗加剧,滑板磨耗减小;硬度太小时滑板磨耗加剧,接触网导线磨耗减小,同时滑板容易损坏。通常采用碳系列材料来制作滑板条,并添加微量元素,以保证滑板的硬度和电阻。

任务实施

请完成"实训1.3 供电系统各接口专业认知",见本教材配套实训活页。

单元1.4 城市轨道交通接触网

单元导入

通过前面的学习,我们知道了城市轨道交通系统由牵引变电所和牵引网组成,其中牵引网的主要设备是接触网,那它为什么叫"接触网"呢?

本单元是对城市轨道交通接触网有关基础知识的介绍。通过本单元的学习,能了解城市轨道交通接触网有关基础理论,为后续的技能学习奠定认知基础。

学习目标

1. 知识目标
(1)熟悉城市轨道交通接触网的概念、类型和组成。
(2)知道城市轨道交通接触网各部分的主要功能。
(3)理解城市轨道交通接触网的运用。
(4)知道城市轨道交通供电系统对电源的基本要求。
2. 能力目标
(1)能理解城市轨道交通供电系统工作过程。
(2)能区分城市轨道交通供电系统各组成部分的功能。
3. 素质目标
(1)养成安全运维的职业素养。
(2)爱岗敬业,能认真学习专业理论知识。
(3)钻研业务,具有独立思考能力。

基础知识

一、牵引网和接触网的概念

1. 牵引网

牵引网是牵引供电系统的重要组成部分,它是城市轨道交通供电系统中向电动列车(车辆)供电的直接环节。

牵引网由接触网、馈电线、回流线、电分段和钢轨回路(包括大地)等组成,如图1-26所示。

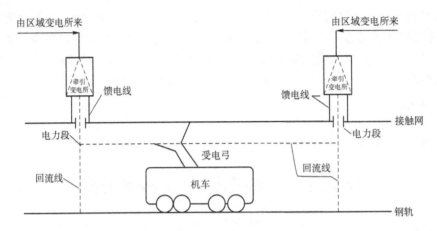

图1-26 牵引网的组成

(1)接触网:经过电动列车的受电器(受流器)向电动列车供给电能的导电网。
(2)馈电线:从牵引变电所向接触网输送牵引电能的导线。
(3)回流线:用以供牵引电流返回牵引变电所的导线。
(4)电分段:为便于检修和缩小事故范围,将接触网分成若干段,称为电分段。
(5)钢轨回路:在牵引网中,利用走行钢轨作为牵引电流回流电路的一部分。

2. 接触网

接触网系统是沿轨道线路架设的一组与轨道线路平行的特殊形式的架空输电线路。其通过从牵引变电所直流开关柜馈出电源,经上网隔离开关,将牵引用的 DC1500V 传送到接触网上。列车运行时,通过其受电弓与接触网滑动接触,将电能传送给列车。接触网是牵引网的一部分。接触网顾名思义就是通过与受电弓或集电靴(取流靴)接触获取电能。

接触网电流路径如图1-27所示。

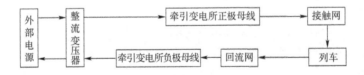

图1-27 接触网电流路径

牵引变电所通过接触网将电能输送给城市轨道交通列车,城市轨道交通列车在运行过程中通过回流网将电流流回牵引变电所。

我国城市轨道交通接触网分为接触轨(第三轨)、架空柔性接触网、架空刚性接触网三种方式,电压分为 DC750V 和 DC1500V 两个等级。

接触网系统由接触网及回流网组成,接触网为正极,回流网为负极。

二、接触网的组成

地面架空式接触网(图1-28)是架设在走行轨道上部的接触网,由车辆顶部伸出的受电弓与接触网线接触取得电能。接触轨式接触网是顺走行轨道沿线的地面架设的,由车辆底部伸出的集电靴与接触轨接触取得电能。

由于接触轨式接触网的第三轨与地面距离较近,绝缘和安全难度大,限制了电压的提高,在城市轨道交通发展过程中接触网转而向架空线式发展。1955年开通的罗马地铁率先采用了DC1500V架空线式接触网。20世纪90年代以来,我国大多数开通地铁的城市采用的都是DC1500V架空线式接触网。

1. 架空柔性接触网

架空柔性接触网由接触悬挂、支持装置、定位装置、支柱与基础及附加导线等部分组成。

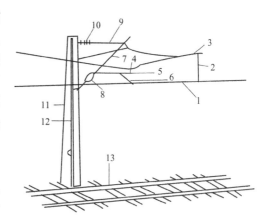

图1-28 地面架空式接触网

1-接触线;2-吊弦;3-承力索;4-弹性吊弦;5-定位管;6-定位器;7-腕臂;8-棒式绝缘子;9-拉杆;10-悬式绝缘子;11-支柱;12-接地线;13-钢轨

（1）接触悬挂：包括承力索、吊弦、接触线。

（2）支持装置：包括腕臂、拉杆和绝缘子。其作用是支持接触悬挂,将其负荷传给支柱或其他建筑物的结构。

（3）定位装置：包括定位器和定位管,作用是保证接触线与受电弓的相对位置在规定范围内。

（4）支柱与基础：用以支撑接触悬挂和支持装置,并将接触悬挂固定在规定高度。一般地面架空式接触网属于柔性接触悬挂,其特点是弹性好。

（5）附加导线：包括供电线、加强线、回流线、正馈线及保护线等。

2. 架空刚性接触网

架空刚性接触网有两种典型代表：以日本为代表的T形结构和以法国、瑞士等国为代表的Π形结构,如图1-29所示。刚性接触网广泛用于地下轨道交通供电,可大大减小空间,节省建设投资,零部件少,维护、维修成本低。

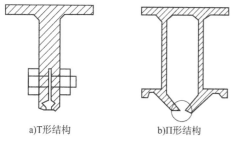

a)T形结构　　b)Π形结构

图1-29 两种典型的刚性接触网结构形式

刚性接触网由架空刚性汇流排、接触线、支持定位装置、绝缘部件及架空地线等部分组成。接触悬挂主要由汇流排、接触线、膨胀元件、接头、中心锚结组成。回流网一般由回流电缆、均流电缆、回流铜排、均流排、钢轨、负极隔离开关及附属物组成,主要为牵引电流提供回路。

3. 架空刚性接触网与架空柔性接触网的比较

架空刚性接触网与架空柔性接触网的比较见表1-1。

架空刚性接触网与架空柔性接触网的比较　　表1-1

项目	架空刚性接触网	架空柔性接触网
原理	架空刚性接触网没有张力补偿装置	需要张力补偿装置
	线岔处汇流排为平行排列	线岔处接触导线多为交叉布置
	汇流排不需要抬高	下锚处接触导线必须抬高
	汇流排允许大电流通过,可取消加强线	必要时须设加强线

续上表

项目		架空刚性接触网	架空柔性接触网
维护		由于架空刚性接触网系统汇流排无张力,维修时间可适当延长	大量的接触网零部件和补偿装置要求巡视,维修频繁
		较少的导电器件使安全性能更好	事故的风险较高
		各段更换不会影响相邻的分段	耗费时间长,需要保持补偿张力恒定
		因为没有机械张力,即使一段被烧断的接触网导线也无须立即更换,可以等到无列车运行时间进行,但更换时需要进行整锚段更换	烧断的接触网导线需要立即更换,但可以部分更换
		磨耗均匀	每个悬挂定位点为一个"硬点",使得磨损不均匀
		允许磨耗为接触导线的50%	当正常磨损30%以上时,接触网需要调整或更换
安全性和可靠性		当列车运行时,断裂或烧损的接触导线无须立即更换	断裂或烧损的接触导线将危及人或设备的安全,必须停止列车运行
		承受短路电流能力强	闪络或短路易引起接触网故障,承受短路电流能力弱
		线岔平行线路安装,无相互干扰	线岔处接触导线交叉设置,正线、站线相互干扰
		系统出现故障的概率很小	大量的零部件和保持恒定补偿张力增加了故障出现的概率

4. 第三轨式接触网

接触轨是沿着走行轨道一侧平行铺设的附加第三轨,故又称第三轨式接触网。接触轨结构如图 1-30 所示。

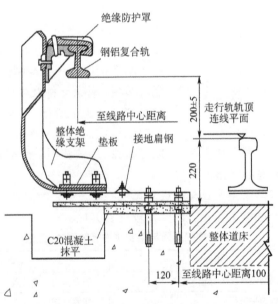

图 1-30 接触轨结构(单位:mm)

我国的标准电压为 DC750V 和 DC1500V 两种。国内大部分第三轨式接触网电压为 DC750V,广州地铁 4 号线采用 DC1500V 第三轨式接触网。

接触轨的优点是电动列车受电靴与第三轨接触面较大且对其磨损极小,故维护简单;另外,修建地下线可降低净空,减小开挖土方;对地面城市景观没有影响,适用于电压较低的制式。接触轨的缺点是车辆不能脱离电源;电压偏低,对大运量的车辆供电时要求牵引变电所的距离较近。

接触轨是一种传统的刚性接触网,采用电导率较高的钢轨制成。但若采用 DC750V 电压,输点距离有限,为弥补这一缺陷,可采用钢铝复合接触轨代替低碳钢接触轨。

接触轨有上部接触、下部接触和侧面接触三种受流方式,如图 1-31 所示。

a) 上部接触　　b) 下部接触　　c) 侧面接触

图 1-31　接触轨的三种受流方式

三、接触网系统的特点及要求

接触网担负着把从牵引变电所获得的电能直接输送给城市轨道交通列车使用的功能,因此,接触网的质量和工作状态直接影响着城市轨道交通列车的运行状态。由于接触网没有备用,线路上的负荷又是随着城市轨道交通列车的运行而沿接触线移动和变化的,工作环境苛刻,因此,对接触网设备的状态要求较高,主要表现在以下几个方面:

(1) 在机械结构上具有良好的稳定性。要求在高速运行和恶劣的气候条件下,能保证城市轨道交通列车取流质量良好。

(2) 接触网设备及零件具备互换性。

(3) 接触网设备及零件有足够的耐磨性(尤其是接触线)和抗腐蚀能力,以延长设备的使用寿命。

(4) 要求接触网对地绝缘良好,安全可靠。

(5) 结构尽量简单,以便于施工及运营维修;同时,在事故情况下,便于抢修和迅速恢复送电。

(6) 尽可能地降低成本,尤其要节约有色金属及钢材的使用。

总的来说,要求接触网无论在任何条件下,都能保证供给城市轨道交通列车电能,使城市轨道交通列车在线路上安全、高速运行。同时,尽可能地应用新技术并节省投资、方便检修。

任务实施

请完成"实训 1.4　城市轨道交通接触网认知",见本教材配套实训活页。

单元 1.5　城市轨道交通接触网工程案例介绍

单元导入

你们想了解城市轨道交通接触网工程的实际情况吗?来吧,让我们一起去了解接触网工程案例。

本单元是对实际地铁接触网工程的介绍，通过本单元的学习，能了解接触网施工的基本概况，为后续的技能学习奠定认知基础。

学习目标

1. 知识目标
(1) 了解城市轨道交通接触网工程案例的具体情况。
(2) 熟悉城市轨道交通接触网工程特点。
2. 能力目标
能理解城市轨道交通接触网工程案例的特点。
3. 素质目标
(1) 养成安全运维的职业素养。
(2) 爱岗敬业，能认真学习专业理论知识。
(3) 钻研业务，具有独立思考能力。

基础知识

一、实际地铁接触网系统概况

城市轨道交通 1 号线为贯通南北向的核心线路，与 2 号线形成线网的"十"字形核心骨架，是该市轨道交通线网中最重要组成部分。其一期工程范围为开福区政府站（北）至尚双塘站（南），二期工程将从开福区政府站向北延伸，分阶段分步实施。一期工程线路全长约23.627km，其中地下线为 22.278km，高架线为 1.139km，过渡段为 0.21km。全线共设 20 座车站，其中地下站 19 座，高架站 1 座，换乘站 8 座。设计列车行车最高速度为 80km/h，初、近、远期均采用 B 型车六辆编组，采用 DC1500V 接触网供电。在开福区政府站、铁道学院站附近分别设置 1 座主变电站。控制中心设于杜花路站附近，与 2 号线合用。在线路南端设尚双塘车辆段，出入段线于尚双塘站南端接轨引出。在五一广场站东北象限设联络线。线路平面曲线最小半径区间正线为 350m，辅助线为 200m，线路纵断面最大坡度区间正线为29‰，辅助线为 4‰。1 号线一期工程供电系统采用 110kV/35kV 的集中供电方式，35kV 环网采用大环网、大分区的供电网络，全线共设置牵引降压混合变电所 10 座，降压变电所 11 座，跟随所 5 座。牵引网采用 DC1500V 的供电方式。

1、2 号线一期接触网工程采用了低净空隧道架空刚性接触悬挂＋地面段架空柔性接触悬挂的形式。工程按区段分为隧道段、高架段、地面段（车辆段）三部分。隧道段的正线、渡线、折返线、联络线、区间停车线采用架空 Π 形刚性悬挂，出入段线、地面高架段和试车线接触网采用全补偿简单链形悬挂，车场线接触网采用全补偿简单悬挂。接触网导线距轨面的垂直高度隧道内为 4040mm；地面高架段工作支接触悬挂点与轨面连线之间的高度由洞口的 4040mm 过渡至 4600mm；车辆段库外车场线及试车线导线高度为 5000mm；停车列检库、双周/三月检库、静调库、洗车库端洗区的库内导线高度为 5300mm。其中，出入段线（高架段）及试车线采用带补偿链形悬挂，其余车场线采用带补偿简单悬挂。接触网的悬挂类型见表 1-2。

接触网的悬挂类型　　　　　　　　　　表1-2

线路类别		悬挂类型	导线组成
地下段	正线	架空Π形刚性悬挂	1根汇流排+1根接触线+单架空地线 1(PAC110)+1(CTA150)+1(JT120)
	渡线、存车线、折返线、联络线	架空Π形刚性悬挂	1根汇流排+1根接触线+单架空地线 1(PAC110)+1(CTA150)+1(JT120)
高架段	正线	全补偿简单链形悬挂	双承力索+双接触线+单架空地线 2(JT150)+2(CTA150)+1(JT120)
车辆段	出入段线、试车线	全补偿简单链形悬挂	双承力索+双接触线+单架空地线 2(JT150)+2(CTA150)+1(JT120)
	车辆段渡线	全补偿简单链形悬挂	单承力索+单接触线+单架空地线 1(JT150)+1(CTA150)+1(JT120)
	车场线、库线	弹性补偿简单悬挂	单接触线+补偿吊索+单架空地线 1(CTA150)+1(JT120)

架空柔性悬挂线材(承力索、接触线、架空地线)额定张力为12kN。

接触网额定电压为DC1500V,允许波动范围为1000～1800V;全补偿简单链形悬挂正线的接触网导体总截面需满足持续3000A的载流量需求。带电体对接地体的绝缘距离,静态为150mm,动态不小于100mm。各类绝缘子泄漏距离不小于250mm。

接触网定位设计:线路隧道内刚性定位跨距为8m,接触网拉出值直线±250mm,曲线不大于±300mm。

线路条件:轨距1435mm;正线、车辆段试车线、出入段线采用钢轨类型为60kg/m,车场线采用钢轨类型为50kg/m。

二、接触网系统供电方式

该城市轨道交通采用了DC1500V供电电压,由于电能在输电线路和接触网中产生电能损耗,导致接触网供电臂末端电压降低。为了使接触网末端电压能满足城市轨道交通列车的最低电压要求,两个牵引变电所之间的间距一般约为2.5km。

通常在牵引变电所的位置设置电气分段,这样两个牵引变电所之间形成一个接触网供电分区(也称供电臂)。该地铁供电方式示意图如图1-32所示。

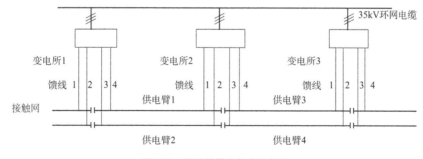

图1-32　该地铁供电方式示意图

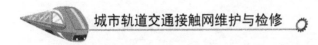

城市轨道交通接触网正常供电方式为双边供电(车辆段一般为单边供电),即由某一供电臂两侧变电所同时提供电能。如图1-32中供电臂1分别由变电所1的馈线4和变电所2的馈线1同时供电,供电臂2则由变电所1的馈线3和变电所2的馈线2同时供电。这种供电方式可以提高整个供电臂电压水平,同时能减少电能损耗。

在某一变电所故障退出运行时,采用越区供电的大双边供电方式。这时需要闭合故障变电所处接触网上电气分段的越区供电开关,把相邻的两个供电臂连接起来,再由故障变电所相邻的两个变电所提供电能。如图1-32所示,如果变电所2因为故障退出运行,就可以利用越区开关把供电臂1和供电臂3连接起来,由变电所1和变电所2提供电能维持车辆运行。大双边供电增大了相邻两个变电所主变压器的负荷,对电气设备安全和供电质量影响较大,是一种避免中断运输的临时性措施。

任务实施

请完成"实训1.5 城市轨道交通接触网工程案例分析",见本教材配套实训活页。

模块二　接触网相关基础理论

导读：本模块主要以掌握接触网相关基础理论知识为学习目标，围绕接触网涉及的有关电工、机械和力学等方面展开论述。通过学习，能掌握与接触网相关的电工电路、机械与力学、仪器仪表等知识，为以后从事接触网工工作奠定基础。

单元2.1　电工基础知识

单元导入

城市轨道交通接触网实质是一种特殊的供电线路，所以，要求作业人员掌握一定的电工基础理论和技能。

本单元学习接触网作业过程中涉及的电工基础知识，通过本单元的学习，能掌握电工基础理论，为后续的技能学习奠定认知基础。

学习目标

1. 知识目标
(1)熟悉城市轨道交通接触网作业涉及的电工基础概念。
(2)理解直流电路和交流电路，三相交流电路的基本理论。
(3)熟悉电磁与电感、电工材料等相关知识。
2. 能力目标
(1)能将电工基础概念对应用于城市轨道交通接触网系统具体现象。
(2)能运用直流电路和交流电路，三相交流电路基本理论分析城市轨道交通接触网实际运营过程。
3. 素质目标
(1)养成安全运维的职业素养。
(2)爱岗敬业，能认真学习专业理论知识。
(3)钻研业务，具有独立思考能力。

基础知识

一、电工基础概念

1. 电场、电场力、电场强度

两个带电体并没有直接接触，却有相互作用力，是因为带电体周围存在着一种特殊物质,叫作电场。

电场是物质存在的一种形式,其相互作用力叫电场力。

单位正电荷(1库)在电场中某点所受到的力称为该点的电场强度。电场强度是矢量。

2. 导体、绝缘体和半导体

容易导电的物质叫导体。

不易导电的物质叫绝缘体。

导电能力介于导体和绝缘体之间的物质叫半导体。

3. 电流、电压、电位、电势、电源、电路、电阻和电导

电流即电荷有规律地定向移动,规定正电荷运动的方向为电流方向,1s内通过导体某一截面的电荷的多少叫电流,电流用符号 I 表示。电流的计算公式为

$$I = \frac{Q}{t}$$

式中:I——电流(A);

Q——通过某一截面的电荷量(C);

t——电荷量 Q 通过导体所用的时间(s)。

电压是指电路中 a、b 之间的电位差(简称为电压),其大小等于单位正电荷因受电场力作用从 a 点移动到 b 点所做的功。电压是衡量单位电荷在静电场中由于电势不同所产生的能量差的物理量。电压的单位为伏特(V)。

电压的方向规定为从高电位指向低电位。

$$A_{ab} = FL_{ab}$$

式中:A_{ab}——电荷做的功;

F——电场力;

L_{ab}——a、b 两点距离。

a、b 两点间电压(用 U_{ab} 表示)为

$$U_{ab} = \frac{A_{ab}}{q_0} = \frac{FL_{ab}}{q_0}$$

在电路中任选一个点作参考点(或叫零电位点),则电路中某一点到参考点的电压就叫作这一点的电位(电场力将单位正电荷 q_0 从某点移到参考点所做的功)。

a、b 两点的电位分别为

$$\varphi_a = \frac{A_{ao}}{q_0}, \varphi_b = \frac{A_{bo}}{q_0}$$

a、b 两点之间的电位差,叫作 a、b 两点之间的电压。

$$U_{ab} = \varphi_a - \varphi_b$$

注意

(1)参考点是任意的,电位随参考点变化而变化。一般把参考点叫作零电位点。

(2)两点间电位之差(电压)与参考点无关,其方向从高电位指向低电位。

我们知道,电气设备接到电源上就能工作(灯亮、电炉发热等),证明有电流流过设备。

电流是电位差(电压)引起的,而电源就是把其他形式的能转换成电能而产生电位差的设备。不同的电源产生电位差的原因不同,如电池是电解液与极板的化学作用,发电机是电磁作用等。但它们都有一个共同的特点,即内部存在一种力(非静电力),使负电荷向两极运动,形成电场,而出现电位差。非静电力将单位正电荷从电源负极移到正极所做的功称为电源的电动势,简称电势,用 E 表示,单位是伏特(V)。

电势是衡量电源做功能力的物理量,和电压类似。电势的方向为从电源负极指向电源正极。

电路即电流所流经的路径,主要由四个基本部分组成:电源、负载(负荷)、连接导线和开关。电源是将其他形式的能量转换成电能而供给负载,负载是转换或消耗电能的设备,如电池、发电机、电灯、电炉、电动机等。连接导线和开关是连接和控制用的设备。

电路有通路、断路和短路三种状态。

通路电源通向负载的两根导线无断开时,叫作通路;当电源通向负载的两根导线断开时,叫作断路;当电源通向负载的两根导线不经过负载而互相接通时,叫作短路。

不同的材料对电流有不同的阻碍作用,电阻即表示对电流的阻碍作用,电阻 R 的大小与导电系数 ρ 成正比,与导体截面积 S 成反比,与导体长度 L 成正比,与所加电压无关。电阻的计算公式为

$$R = \rho \frac{L}{S}$$

我们把加在导体两端的电压和通过导体的电流的比值叫作电阻,用 R 表示,电阻的单位是欧姆,用 Ω 表示。

电阻的倒数叫电导,用 G 表示,单位为西门子(S):

$$G = \frac{1}{R}$$

4. 电功率、电能

电功率是指电场力单位时间内所做的功,用 P 表示:

$$P = \frac{A}{t}$$

式中:P——电功率(W);

A——电场力(电源)移动电荷所做的功(J);

t——电场力(电源)移动电荷所用的时间(s)。

电能是一段时间内电场力(电源)做的功,用 W 表示,单位为千瓦时(kWh),俗称"度":

$$W = P \cdot t$$

5. 电容器

两块金属导体中间,由不导电的绝缘材料隔开,就形成一个电容器,金属板叫作极板,绝缘材料叫作介质。

电容器接直流电源,两极板上带有数量相等、符号相反的电荷,加在两极板上的电压越高,储电荷越多(电容是储存电荷的容器)。所以,极板上的电荷与加在极板上的电压成正比,即

$$C = \frac{Q}{U_c}$$

比例常数 C 叫作电容器的电容量，简称电容，单位为法拉（F）。

串联电容器总电容的倒数等于各电容器的电容量倒数之和，其特点是各电容极板上电荷相同。当电容器的电容量不够时，需并联使用，其特点是各电容器上端电压相同。

衡量电容器的标准除电容量外，还有耐压（电容器所能承受的最高电压）、介质损耗、温度系数、绝缘电阻和误差范围等。

二、直流电路基础

1. 欧姆定律

当电阻两端有电位差（电压）时，电阻中就有电流通过，那么电流的大小和电压的高低有什么关系呢？

在电阻电路中，电流的大小与电阻两端的电压成正比，与电阻值成反比，这就是欧姆定律。它是电路中一个很重要的基本定律，用符号 U 表示电压，单位为伏（V）；用 I 表示电流，单位为安（A）；用 R 表示电阻，单位为欧（Ω），则有：

$$I = \frac{U}{R}$$

2. 基尔霍夫第一定律（节点电流定律）

支路：没有分支的电路，只有一个电流。

节点：3 条或 3 条以上支路的交汇点。

流入节点的电流等于流出该节点的电流，这就是基尔霍夫第一定律。如定义流入节点电流为正，流出节点电流为负，则电路在任一节点上流过节点的电流的代数和恒等于零。这是基尔霍夫第一定律的又一表达式。

$$\sum I_i = \sum I_o$$

3. 基尔霍夫第二定律（回路电压定律）

回路：电路图中任一闭合的路径。箭头表示电压方向和回路方向，用"+"表示高电位，用"-"表示低电位。

从回路任意一点出发，沿回路循行一周，电位升的和应该等于电位降的和，这就是基尔霍夫第二定律。回路中电动势（电位升）的代数和等于电阻上电压降（电位降）的代数和，这是基尔霍夫第二定律的又一表达式，但要注意回路方向、电动势方向和电压降的方向。基尔霍夫第二定律也适合假想回路。

列回路电压方程方法如下：

（1）选一回路方向（任意）。

（2）电势与回路方向一致时取正号，反之取负号。电阻上的压降（由电流方向定）与回路方向一致时取正号，反之取负号。

4. 电阻的连接

将几个电阻首尾依次连接起来，在几个电阻中通过的是同一个电流，这种连接方式称为电阻的串联。

1) 串联电路特点

各处电流相等,即

$$I_1 = I_2 = I_3 = I_n$$

电路两端总电压等于各电阻两端电压之和,即 $U = U_1 + U_2 + U_3 + \cdots + U_n$。

总电阻等于各串联电阻之和,即 $R = R_1 + R_2 + R_3 + \cdots = R_n$。

各电阻上电压与阻值成正比,即 $U_1 : U_2 : U_3 : \cdots : U_4 = R_1 : R_2 : R_3 : \cdots : R_n$。

将几个电阻的两端分别接到两个节点上,每个电阻所承受的电压为同一值,这种连接方式称为电阻的并联。

2) 并联电路特点

各电阻两端电压相等,且等于电路两端总电压,即 $U = U_1 = U_2 = U_3 = \cdots = U_n$;总电流等于各支路电流之和,即 $I = I_1 + I_2 + I_3 + I_4 + \cdots + I_n$。

因此,总电阻(等效电阻)的倒数为各电阻倒数之和,即

$$\frac{1}{R} = \frac{1}{R_1} = \frac{1}{R_2} = \frac{1}{R_3} = \cdots = \frac{1}{R_n}$$

显然并联电路的总电阻比任何一个并联的电阻阻值都小。

并联电路中各支路分得电流与支路电阻阻值成反比,即

$$I_n = \frac{R}{R_n} \cdot I (分流公式)$$

5. 功率和电能的计算

电源的功率等于电源的电动势和电流的乘积,即

$$P_1 = EI$$

负载功率等于负载两端的电压和通过负载的电流的乘积,即

$$P_2 = UI$$

根据欧姆定律可知,$U = IR$,所以负载功率也可以写成:

$$P_2 = IU = I^2 R = \frac{U^2}{R}$$

由上述可知,电功率等于电压和电流的乘积,即 $P = UI$,但在计算电阻 R 上的功率时用 $P = I^2 R$ 更方便些。计算时可先计算各单独负载上的功率,然后相加得总功率,也可先求总电阻、总电压、总电流,然后再计算总功率。

6. 复杂电路的分析计算

复杂电路不能用电阻串、并联方法简化为无分支电路的电路,这样的电路的分析方法很多,如支路电流法、电压源和电流源的等效变换、叠加原理、等效电源定理等,这些分析计算方法的依据仍然是欧姆定律和基尔霍夫定律。

1) 支路电流法

支路电流法是计算复杂直流电路的基本方法,它是以支路电流为待求量,用基尔霍夫两个定律列支路电流和同路电压方程,然后联立求解,得出各支路电流,然后再根据要求解电压、功率等量。

为保证方程是独立的,列出的电流方程应比节点数少1,列出的回路电压方程中必须有一个其他方程中没有的支路电压。

计算出各支路电流后就可以计算电压、功率等量了,这种方法适合于需计算电路中所有未知量的电路。

2)等效电源定理

等效电源定理是戴维南定理和诺顿定理的总称。当一个电路中只需求一条支路的电流、电压或功率时,使用此定理十分方便。

(1)戴维南定理。

戴维南定理即求出相对于被求支路的一个等效电动势 E' 和一个内阻 R'_o。

第一步,将电路中待求支路断开。

第二步,求有源两端网络的开路电压 $U = E'$。

第三步,将电源归零(电压源短路,电流源开路保留内阻)求等效内阻 R'_o。

第四步,将求出的 E'、R'_o 接到待求支路中计算。

(2)诺顿定理。

诺顿定理即前面戴维南步骤中求出的 E'、R'_o 转换成电流源的方法。

三、交流电路基础

正弦交流电是由交流发电机产生的一种大小、方向随时按正弦规律变化的电能。

周期 T——正弦量完成一次循环所需时间;

频率 f——正弦量在一秒钟内交变的次数;

角频率 ω——正弦量每秒转过的弧度,又叫角速度。

三者之间关系如下:

$$\omega = \frac{2\pi}{T} = 2\pi f$$

1. 相位、初相位、相位差

正弦量的变化规律可用函数表达式表示,其中"sin"后面的角度叫正弦的相位。$t=0$ 时正弦量的相位叫初相位,两个同频率的正弦量在相位上的差别叫相位差。

最大值、角频率、初相位是正弦量的三要素。

2. 正弦量的有效值和平均值

一个交变电流的热效应、机械效应与多大直流电流等效,就把这个直流电流 I 叫作交流电流的有效值。电流、电势的有效值类似,分别用 I、U、E 表示。

一个正弦量在数值上的平均值 I_p、U_p、E_p 与最大值 I_m、V_m、E_m 的关系为

$$I_p = \frac{2}{\pi} I_m, U_p = \frac{2}{\pi} U_m, E_p = \frac{2}{\pi} E_m$$

四、三相交流电路

1. 三相电源和负载的连接

1)电源连接(对称)

三相交流发电机有三相对称绕组,产生三相对称交流电势,对称即最大值相等,角频率相同,相位互差120°。

发电机三相绕组的接法对供电方式、电压有影响。一般有星形连接(符号Y)和三角形连接(符号△)两种接法。

(1)星形连接。

将发电机三组线圈末端连在一起的点叫中点(O 点),由中点引出的线叫中性线,3 个首端引出的线叫相线(A、B、C),这种接法叫三相四线制。

(2)三角形连接。

将发电机 3 组线圈首末依次连在一起,接点处引出 3 条相线向外送电,得到 3 个电压,线电压与相电压相等,即 $U_A = U_B = U_C = U_{AB} = U_{BC} = U_{CA}$,所以:

$$U_\varphi = U_L$$

这种接法,三相发电机绕组接成闭合回路,3 个感应电势相量和为零,回路中没有电流;若一相接反,则变成回路中有 2 倍相电势,将产生很大回路电流,会烧坏发电机。

2)负荷的连接

电力系统的负荷有单相和三相之分,三相电源有三相三线和三相四线之分。

(1)单相负荷的连接。

单相负荷只能接到三相四线制电源上,用一根相线和一根中性线连接。

每相所接负荷对称或接近对称,则三相负荷为对称负荷,这时 3 个电流有效值相等,相位互差 120°。一般每相负荷的电流为相电流,用 I_φ 表示,端线电流(输电线电流)为线电流,用 I_L 表示,采用这种接法时 $I_L = I_\varphi$。

(2)三相负荷的连接。

负荷星形连接时:线电压等于相电压的 $\sqrt{3}$ 倍,线电流等于相电流。

负荷对称时:3 个相电流大小相等,相位互差 120°;3 个线电流也相等,相位互差 120°;线电流在相位上滞后相应相电流 30°。

负荷三角连接时:相电压等于线电压,线电流等于相电流的 $\sqrt{3}$ 倍。

负荷对称时:3 个相电流与 3 个线电流大小、相位关系与星接时相同。

负荷不对称时:电源电压也是对称的,负荷电流的计算可分相进行。

2. 三相功率的计算

三相电路对称时(电压、电流、阻抗都相等)各相功率相等,三相总功率等于 3 倍的单相功率:

$$P_{总} = 3P = 3U_\varphi I_\varphi \cos\varphi$$

当三相电路对称时,不论负荷接成星形还是三角形,三相总功率计算方法完全相同,需要注意的是 φ 角为相电压与相电流间夹角。

如三相电路不对称,可分相计算各相功率,然后叠加即为三相总功率。

五、电磁与电感基础

1. 磁场

1)磁铁的磁场

磁铁的周围存在着磁场,一般用磁力线来描述。磁力线是闭合的曲线,在磁铁外部从 N 极到 S 极,在磁铁内部从 S 极到 N 极,且不中断、不相交。

2)通电导体周围的磁场

通电导体周围有磁场,其方向用右手螺旋定则判断:伸出右手,四指握住导体,拇指伸直所指为电流方向,四指所指的方向为磁力线方向。

3)载流线圈所产生的磁场

通电线圈周围有磁场,其方向用线圈右手定则判断:伸出右手,四指握住线圈且指向线圈中电流流向,拇指指的方向为磁力线方向(N极)。

4)磁场对载流导体的作用力

带电流的导体周围有磁场,当把带电导体放到磁场中后会受到力的作用,且磁场对载流导体作用力的方向与电流的方向有关,其方向用电动机左手定则判断:平伸左手,拇指与四指垂直,让磁力线垂直穿过手心,四指所指为电流方向,拇指所指的方向即为载流导体受力方向。

两个平行带电导体之间也有相互作用力,即流过同方向电流的平行导体之间有相互吸引力,流过相反方向电流的平行导体之间有相互排斥力。

在分析电磁感应现象和分析磁路时,有时要考虑某一截面上的磁场情况。我们把磁感应强度 B 和垂直于磁场方向的面积 S 的乘积,叫作通过这块面积的磁通,用符号 Φ 表示,即

$$\Phi = BS$$

2. 电磁感应

1)导体切割磁力线产生感应电势方向和大小

(1)方向。导体与磁场有相对运动,导体就切割磁力线,产生感应电势,其方向用右手定则判断:平伸右手,拇指与其余四指垂直,让磁力线垂直穿过手心,拇指所指为导体运动方向,四指所指为感应电势方向。

注:磁场运动时,拇指所指为磁场运动反方向。

(2)大小。在均匀磁场中,导体在与磁力线垂直方向上运动,产生感应电势 E 的大小与导体有效长度 L、运动速度 v 和磁感应强度 B 成正比,即

$$E = BLv$$

2)线圈中磁场变化产生的感应电势方向和大小

(1)方向。线圈中感应电动势的方向,即原磁通增加时,感应电流产生的新磁通反抗原磁通增加(磁通方向相反);原磁通减少时,感应电流产生的新磁通反抗原磁通减少(磁通方向相同),这一规律叫楞次定律。

所以,当穿过线圈中的磁通变化时,根据楞次定律,线圈中感应电势的方向应用线圈的右手定则判断。

(2)大小。线圈中感应电动势的大小和线圈内磁通变化的速度(单位时间内磁通变化的数值 Φ 的变化率)成正比。

3)自感电势和互感电势

线圈自身电流变化引起磁通变化而在线圈中产生的感应电势,叫自感电势。其大小由电磁感应定律确定。

当一个线圈产生的变化的磁通穿过其他线圈时,在其他线圈中也会产生感应电势,这种现象叫作互感,由互感现象产生的电势叫作互感电势。

其方向由磁通的增减及线圈的绕向决定。制造时标出"＋""※""."的一端叫作同名端。

六、电工材料

电气工程中,电工材料按用途可分为五大类,即绝缘材料、导电材料、半导体材料、超导材料和磁性材料。

1. 绝缘材料

绝缘材料是一种导电性能很差的材料,在直流电压作用下,有极其微弱的电流流过,一般情况下可忽略,认为其不导电。工程上把这类物质称为绝缘材料。绝缘材料的电阻率一般在 $10^6 \sim 10^{18} \Omega \cdot m$。

绝缘材料的主要功用是隔离电位不同的导体,改善高压电场中的电位梯度,保障人身安全等。绝缘材料如变压器绕组间、绕组与铁芯间、导线的外塑套,输电线路接触网上的绝缘子,等。在某些情况下,绝缘材料还起支承、固定、灭弧、防潮、防霉、散热、防辐射、防电晕、保护导体等作用。绝缘材料的种类很多,一般有气体,如空气、氮气、二氧化碳、六氟化硫等;液体,如变压器油、断路器油、电容器油、电缆油等;固体,如橡胶、塑料、树脂、云母、陶瓷、漆、纸、胶等。

当施加于电介质的电场强度高于临界值时,会使通过电介质的电流急剧增加,使电介质完全失去绝缘性能,这种现象称为电介质的击穿。气体击穿一般是由电子碰撞电离所导致的电击穿,工程上常采用高真空或高气压两种方法来提高气体介质的电击穿强度,如真空断路器、六氟化硫气体断路器和充气电缆等;液体电介质的击穿与它的纯净程度有关,因此,对液体电介质的纯化、脱水、脱气,并在使用过程中尽量减少杂质掺入是十分重要的;固体电介质击穿的因素很多,如环境温度过高、介质受潮、电压的作用时间增加,绝缘材料内部的气泡和杂质、场强不均匀等。

电气设备中的绝缘材料在运行过程中,由于各种因素的长期作用,会发生一系列不可逆的物理、化学变化,从而导致其电气性能和力学性能下降,称为老化。影响绝缘材料老化的因素很多,主要有热、电、光照、氧化、机械作用、辐射、微生物等,导致老化的因素是互相联系,彼此影响的,在实际工作中要具体问题具体分析,分清主次,采取相应措施,以延缓绝缘材料的老化过程。

随着科学技术的发展,今后的绝缘材料将朝着耐高压、耐高温、耐低温、阻燃、无毒无害、节能、复合绝缘、提高工艺水平及提高绝缘质量和可靠性等方向发展。

2. 导电材料

自然界中有些物质能让电流顺利通过,这种物质称为导体,又称导电材料。其主要功用是传导电流,还可以用来制成控制电能以及产生热、光、磁、化学效应等的器件或装置。其电阻率一般为 $1 \times 10^{-8} \Omega \cdot m$。主要有银、铜、铁、锡、铝等金属,其中铜、铝应用最多。

导电材料的特点是:对导体的主要技术要求是电阻率小,可降低输电损耗;抗拉强度适中,便于施工;导热性良好,利于散热;密度较小,减轻材料质量;线胀系数小,以适用不同季节的温度变化;难氧化、耐腐蚀,延长使用寿命;易加工、焊接,便于施工和节省加工费;资源丰富、价格较低。

导电材料主要用来制作电气设备的电磁线、电力电缆、信号通信电缆等。

3. 半导体材料

半导体材料的导电能力介于导电材料和绝缘材料之间。半导体材料按其成分可分为元素半导体、化合物半导体、固溶体半导体、有机半导体、玻璃半导体等。

半导体材料的主要功用是制作半导体整流器、可控硅整流元件、晶体管、集成电路、半导体热电元件、光电元件、压敏元件、气敏元件、温敏元件、红外探测器等器件。

4. 超导材料

近年来,科学工作者发现某些物质的电阻随温度的下降而逐渐减少,温度降到接近绝对零度(-273.15℃)时,其电阻突然消失,这种现象称为超导现象。具有这种特性的物质称为超导材料。

电阻消失和完全抗磁性是超导体互相独立的两个基本特征。超导技术的应用,是科技现代化的重要标志之一,目前专家们正努力寻找临界温度较高的超导材料,以扩大其应用范围。

5. 磁性材料

磁性物质按导磁性能(μ_r的大小)可分成三大类:

(1) 抗磁性物质($\mu_r < 1$);

(2) 顺磁性物质($\mu_r \geqslant 1$);

(3) 强磁性物质($\mu_r \gg 1$)。

由于抗磁性物质和顺磁性物质的磁性表现微弱,不能作为磁性材料使用。因此,电气工程上的磁性材料均指强磁性材料。本书讨论的磁性材料,也均指强磁性材料。

任务实施

请完成"实训2.1　电工基础知识考核",见本教材配套实训活页。

单元2.2　机械和力学基础知识

单元导入

虽然接触网是一种特殊的供电线路,但为什么又没有发现有关接触网作业的相关报道或图片中,看到的却大多是与机械性的安装检修作业呢?

本单元学习接触网作业过程中涉及的机械和力学基础知识,通过本单元的学习,能掌握机械和力学有关基础理论,为后续的技能学习奠定认知基础。

学习目标

1. 知识目标

(1) 熟悉城市轨道交通接触网有关的机械传动相关概念。

(2) 熟悉城市轨道交通接触网有关的力学基础相关概念。

2. 能力目标

(1) 能运用机械传动相关理论分析城市轨道交通接触网中的机械传动工作过程。

(2)能运用机械传动相关理论完成城市轨道交通接触网的几何受力分析。

3.素质目标

(1)养成安全运维的职业素养。

(2)爱岗敬业,能认真学习专业理论知识。

(3)钻研业务,具有独立思考能力。

基础知识

一、机械传动有关概念

机械传动的作用:传递运动和力。

常用机械传动系统的类型:带传动、链传动、齿轮传动和蜗轮蜗杆传动。

1.带传动

带传动的组成:主动带轮、从动带轮、传动带和机架。

带传动的工作原理:当主动轮转动时,通过带和带轮之间的工作表面摩擦力或啮合作用,驱动从动轮转动并传递动力。

优点:

(1)有过载保护作用。

(2)有缓冲吸振作用。

(3)运行平稳无噪声。

(4)适于远距离传动。

(5)制造、安装精度要求不高。

缺点:

(1)有弹性滑动,使传动比不恒定。

(2)张紧力较大(与啮合传动相比)、轴上压力较大。

(3)结构尺寸较大、不紧凑。

(4)另打滑,带寿命较短。

2.链传动

链传动由装在平行轴上的主动链轮、从动链轮和绕在链轮上的链条组成。工作时,靠链条链节与链轮内的啮合带动从动轮回转并传递运动和动力。

传动链用于一般机械中传递运动和动力,通常工作速度为 $v \leqslant 15\mathrm{m/s}$。传动链有齿形链和滚子链两种形式。

特点:

(1)由于链传动属于带有中间挠性件的啮合传动,所以可获得准确的平均传动比。

(2)与带传动相比,链传动预紧力小,所以链传动轴压力小,而传递的功率较大,效率较高;链传动还可以在高温、低速、油污等情况下工作。

(3)与齿轮传动相比,两轴中心距较大,制造与安装精度要求较低,成本低廉。

(4)链传动运转时不能保持恒定的瞬时传动比和瞬时链速,所以传动平稳性较差,工作时有噪声且链速不宜过高。

链传动适用于中心距较大,要求平均传动比准确的场合。传动链传递的功率一般在100kW以下,最大传动比 $i=8$,链速不超过15m/s。

3. 齿轮传动

齿轮传动的分类依据主要是有两个:①齿轮两轴的相对位置和轮齿的方向;②齿轮的工作条件。齿轮传动根据前者方式可分为圆柱齿轮传动、锥齿轮传动和交错轴斜齿轮传动;而根据后者方式则可分为开式齿轮传动、半开式齿轮传动和闭式齿轮传动。

优点:

(1)传递的功率和圆周速度范围较大。

(2)传动比恒定,寿命长,工作可靠性高。

(3)能实现平行轴和不平行轴之间的传动。

缺点:

(1)制造成本高。

(2)不适用于远距离传动。

(3)低精度齿轮会产生有害的冲击、噪声和振动。

4. 蜗轮蜗杆传动

蜗杆传动机构由蜗杆和蜗轮组成,用于空间交错轴之间的传动。传动中,一般蜗杆是主动件,蜗轮是从动件。通常两轴交错角 $E=90°$,蜗杆传动广泛应用于各种机器和仪器中。

按蜗杆形状,蜗杆传动可分为圈柱蜗杆传动、环面蜗杆传动和锥蜗杆传动。圈柱蜗杆设计制造简单,应用十分广泛;环面蜗杆润滑性能较好,效率高,承载能力高,为普通蜗杆的2~4倍,但制造安装复杂,用在大功率的场合;锥蜗杆制造安装复杂,应用较少。

润滑对于蜗杆传动具有特别重要的意义。由于蜗杆传动摩擦产生的发热量较大,所以,要求工作时有良好的润滑条件,润滑的主要目的在于减摩与散热,以提高蜗杆传动的效率,防止胶合及减少磨损。蜗杆传动的润滑方式主要有油池润滑和喷油润滑。

蜗杆传动由于摩擦大,传动效率较低,所以工作时发热量较大。在闭式传动中,如不能及时散热,将因油温不断升高而使润油稀释,从而增大摩擦损失,甚至发生胶合。因此,对于连续工作的闭式蜗杆传动,需将箱体内的温升控制在许可范围内。

特点:

(1)传动平稳。蜗杆传动同时啮合的齿对数多,且蜗杆为连续的螺旋曲面,啮合过程是连续的,振动、冲击和噪声较小。

(2)具有自锁性。当蜗杆的导程角小于啮合摩擦角时,蜗杆传动具有自锁性。此时,只能蜗杆带动蜗轮,反之则不能转动。

(3)传动比大。单级传动可获得传动比为5~80,在分度机构中可达600甚至更大。和齿轮传动相比,实现相同的传动比时结构较紧凑。

(4)效率低,制造费用高。蜗杆传动过程中摩擦剧烈,易发热,易出现温升过高现象,效率低。为减少摩擦,一般采用青铜等贵重金属制造蜗轮,成本较高。

二、力学基础知识

1. 力的有关概念

(1)定义:力是物体间的相互机械作用。力可使物体运动状态发生变化,也可使物体发生变形。前者称为外效应,后者称为内效应。

(2)力的三要素:①力的大小;②力的方向;③力的作用点。

力对物体的作用效果取决于力的三要素,改变其中任何一种要素,力对物体的作用效果也随之改变。

(3)力的单位:我国统一实行的法定计量单位(以国际单立制SI为基础),力的单位为牛顿(N)或千牛顿(kN)(注:1kN = 1000N)。

(4)力的图示法:力是具有大小和方向的量,所以力是矢量。力的三要素可用一带箭头的线段来表示。线段的长度(按一定比例尺)表示力的大小,箭头的指向表示力的方向,线段的起点或终点表示力的作用点。

通过力的作用点,沿力的方向所画的直线称为力的作用线。

(5)平衡的概念:所谓物体的平衡,是指物体相对于地球保持静止或做匀速直线运动状态。

(6)刚体:在受力情况下,保持其几何形状和尺寸不变的物体。

2. 静力学基本公理

(1)力的平行四边形公理:作用于物体上同一点的两个力,可以合成为一个合力。合力也作用于该点。合力的大小和方向,用这两个力为邻边构成的平行四边形的对角线确定。

(2)二力平衡公理:刚体只受两个力作用而处于平衡状态时,要求这两个力的大小相等、方向相反,且作用在同一直线上。

需要强调的是,二力平衡公理只适用于刚体。二力等值、反向、共线是刚体平衡的必要和充分条件。对于非刚体,二力平衡条件只是必要的,而非充分的。只有两个着力点而处于平衡的构件,称为二力构件。当构件呈杆状时,则称为二力杆。

(3)作用与反作用公理:两个物体间的作用与反作用力总是成对出现,且大小相等、方向相反、沿着同一直线,但分别作用在这两个物体上。

(4)加减平衡力系公理:在作用着已知力系的刚体上,加上或减去任意的平衡力系,并不改变原力系对刚体的作用效果。

3. 约束与约束反作用力

一个物体的运动受到周围物体的限制时,这些周围物体就称为约束体。约束作用于物体上而阻碍其运动的力称为约束反作用力,简称约束反力。

工程中常见的约束有柔体约束、光滑面约束、铰链约束和固定端约束四种类型。约束反力的方向总是与该约束所能阻碍的运动方向相反。

工程中常见的几种约束及约束反力的定性确定:

(1)柔体约束。其约束反力作用于连接点,方向沿着绳索而背离物体。通常用符号"T"或"S"表示。

(2)光滑面约束。其约束反力通过接触点,方向总是沿着接触面的公法线而指向物体。通常用符号"N"表示。

(3)铰链约束。这种约束分为固定铰链约束和活动铰链约束两种。

①固定铰链约束:其约束反力作用线必定通过销钉中心,但其大小 R 和方向 a 均未知,需根据构件受力情况来确定。这个方向待定的约束反力常用相互垂直的两个分力 R_x 和 R_y

来代替。

②活动铰链约束:铰链约束是指由铰链构成的约束,只能限制物体在该平面内任意方向相对移动,而不能限制物体绕销钉的相对运动。

(4)固定端约束:这种约束反力为两种分量,即一个力 R 和一个力偶 M,其力的方向和力偶的转向由作用在构件上的主动力来确定。

4. 力矩与力偶

1)力矩

力矩是力对点之矩,是力与力臂的乘积,是度量物体在力的作用下转动效果的物理量。其计算公式为

$$M_O(F) = \pm F \cdot H$$

式中:O——力矩中心,简称矩心;

H——力臂,是 O 点到力 F 作用线的垂直距离。

通常规定:力使物体绕矩心做逆时针方向转动时,力矩为正;反之力距为负。

力矩的单位取决于力和力臂的单位,在国际单位制中常用牛·米(N·m)表示。

由力矩的定义可知,力矩在下列两种情况下等于零:

(1)力等于零;

(2)力的作用线通过矩心时,即力臂等于零。

2)力偶和力偶矩

大小相等、方向相反,作用线平行且不重合的二力组成的力系称为力偶。力偶中两力之间的垂直距离 d 称为力偶臂,力偶所在的平面称为力偶的作用面。

力偶对物体的转动效果取决于力偶矩的大小和力偶的转向。所谓力偶矩是力偶中的力与力偶臂的乘积,是度量物体在力偶作用下转动效果的物理量。其计算公式为

$$M = \pm F \cdot d$$

力矩的正、负号表示力偶的转向,即逆时针转向为正,顺时针转向为负。

力偶矩的单位与力矩的单位相同。在国际单位制中常用牛·米(N·m)表示。

力偶对物体的转动效应,取决于下列3个要素,即力偶矩的大小、力偶的转向和力偶作用面的方位。

力偶的基本性质:

(1)力偶中的两力在其作用面内任意坐标轴上投影的代数和等于零,因而力偶无合力,力偶不能用一力来代替,也不能用一力来平衡,力偶只能用力偶来平衡。

(2)力偶对其作用面任意点之矩恒等于力偶矩,与矩心的位置无关。

(3)力偶可在作用面任意移动和转动,而不改变它对物体的作用效果。

(4)同时改变力偶中力的大小和力偶臂的长短,只要保持力偶矩的大小和力偶的转向不变,就不会改变力偶对物体的作用效果。

5. 轴向拉伸和压缩

受轴向拉伸和压缩的构件大多数是等截面直杆,它们的受力特点是作用在杆端两外力(或外力的合力)大小相等、方向相反,作用线与杆的轴线相重合。其变形特点是杆件沿轴线方向伸长或缩短。这种变形称为轴向拉伸或轴向压缩。

分析过程包括以下内容。

(1)截开:沿欲求内力的截面处,假想把构件分成两部分。

(2)代替:取其中一部分为研究对象,画出受力图。在截面上用内力代替移去部分对留下部分的作用。

(3)平衡:列出研究对象的静力平衡方程,求出内力。

对于受轴向拉伸和压缩的构件,因为外力的作用线与构件的轴线重合,所以,分布内力的合力 N 的作用线也必须与构件的轴线重合,这种内力称为轴力。

6.内力与截面法

1)内力

构件受到外力作用而变形时,其内部材料的颗粒之间,因相对位置改变而产生的相互作用力,称为内力。内力是由外力而引起的,内力将随外力的变化而变化,外力增大,内力也增大;外力去掉后,内力将随之消失。

2)截面法

取构件的一部分为研究对象,利用静力平衡方程求内力的方法,称为截面法。

7.横截面上的正应力

1)应力的概念

如果内力在截面上是均匀分布,则截面上单位面积的内力称为应力。应力表达了构件截面上内力分布的密集程度。在国际单位制中,应力的单位是牛/米^2(N/m^2)[称为帕斯卡,简称"帕"(Pa)]或兆牛/米^2(MN/m^2)[称为兆帕(MPa)]。1MPa = 10^{6}Pa。

2)拉伸与压缩时截面上的正应力

拉伸和压缩时截面上产生的应力称为正应力,用符号"σ"表示,正应力在截面上均匀分布,其方向与截面相垂直。正应力的计算公式为

$$\sigma = \frac{N}{A}$$

式中:N——横截面上的轴力(N);

A——横截面的面积(m^2)。

8.拉伸压缩变形与胡克定律

1)绝对变形。

设等直杆原长为 L,在轴向拉力(或压力)的作用下,变形后的长度为 L_r,以 OL 表示杆沿轴向的伸长(缩短)量,则有:

$$\Delta L = L_r - L = OL$$

即杆的绝对变形。对于拉杆 ΔL 为正值,对于压杆 ΔL 为负值。

2)相对变形

绝对变形只表示了杆件变形的大小,但不能表示杆件变形的程度。为了消除杆尺寸对杆件变形的影响,通常以单位原长的变形来度量杆的变形程度,因此可得:

$$\varepsilon = \frac{\Delta L}{L}$$

式中:ε——相对变形(或线应变)。

3）胡克定律

试验表明,当杆的轴力 N 不超过某一限度时,杆的绝对变形 ΔL 与轴力 N 及杆长 L 成正比,与杆的横截面面积 A 成反比,这个关系式称为胡克定律,即

$$\Delta L = \frac{NL}{EA}$$

式中:E——材料的拉压弹性模量;

EA——杆的抗拉压刚度。E 的常用单位是吉帕(GPa)。

该公式表示应力未超过一定限度时,应力与应变成正比。许多实际材料,如一根长度为 L、横截面面积 A 的棱柱形棒,在力学上都可以用胡克定律来模拟——其单位伸长(或缩减)量(应变)在常系数 E(称为弹性模量)下,与拉(或压)应力 σ 成正比,即

$$F = -k \cdot x \text{ 或 } \Delta F = -k \cdot \Delta x$$

式中:F——弹簧给予物体的力(N);

k——常数;

x——长度变化量(m)。

9. 拉伸与压缩的强度计算

1）工作应力和危险应力

构件工作时,由荷载作用引起的应力称为工作应力。如前所述构件受轴向拉伸或压缩时,其截面上的工作应力为

$$\sigma = \frac{N}{A}$$

材料丧失正常工作能力时的应力,称为危险应力,用符号 σ_0 表示。为安全起见,应把危险应力除以一个大于 1 的系数,以 n 表示(安全系数)所得的结果称为许用应力,用符号 $[\sigma]$ 表示,即

$$[\sigma] = \frac{\sigma_0}{n}$$

2）拉伸或压缩的强度计算

所谓强度,是指构件在外力作用下抵抗破坏的能力,为了保证拉(压)构件不至于因强度不够而失去正常工作能力,必须使其工作应力不超过材料在拉(压)时的许用应力,即

$$\sigma = \frac{N}{A} \leqslant [\sigma]$$

此式称为拉伸(或压缩)的强度条件。利用强度条件可以解决工程中以下三类强度计算问题:

(1)强度校核;

(2)选择截面尺寸;

(3)确定许用荷载。

10. 剪切与挤压

1）剪切

机械中的连接体,如连接轴和齿轮的键,连接钢板的螺栓、铆钉、销钉等,都是受剪切的构件。这些构件的受力特点为作用在构件两侧面与构件轴线相垂直的外力可以简化成一对

力,其大小相等、方向相反,作用线相互平行,且相距很近。变形特点为在两力之间的一段杆,截面相对错动,使杆产生歪斜,矩形变成平行四边形。产生相对错动的截面称为剪切面。剪切面一般平行于外力作用线。

2) 剪力和剪应力

剪切时剪切面上的内力称为剪力,用符号"Q"表示。求剪力的方法仍用截面法。剪切时剪切面上的应力称为剪应力,用符号"τ"表示。剪应力在截面上的分布比较复杂,但在工程中,通常假定为均匀分布,其方向与截面相切。

剪应力的计算公式为

$$\tau = \frac{Q}{A_j}$$

式中:A_j——剪切面的面积(m^2)。

3) 剪切胡克定律

试验表明,当剪应力不超过材料的剪切比例极限时,剪应力 τ 与剪应变 γ 成正比,即

$$\tau = G\gamma$$

此式称为剪切胡克定律,其中 G 为剪切弹性模量。

剪切强度条件:

$$\tau = \frac{Q}{A_j} \leqslant [\tau]$$

应用此条件可解决工程中强度校核、选择截面尺寸、确定许用荷载问题。

4) 挤压

(1) 挤压的概念:机械中受剪切作用的连接件,在受到剪切作用的同时,往往还受到挤压作用。在传力的接触面上,由于局部承受较大的压力,而出现塑性变形,这种现象称为挤压。挤压和轴向压缩是两种性质完全不同的变形。

构件产生挤压变形的表面称为挤压面,挤压面就是两构件的接触面,一般垂直于外力作用线。

(2) 挤压应力:挤压作用引起的应力称为挤压应力,用符号"δ_{jy}"表示,挤压应力只分布于两构件相互接触的局部区域。挤压面上应力较大,在离开挤压面稍远的地方迅速减少。挤压应力在挤压面上的分布是很复杂的,在工程中可近似认为挤压应力在挤压面上均匀分布。

挤压应力的计算公式为

$$\delta_{jy} = \frac{P}{A_{jy}}$$

式中:P——挤压面上的挤压外力;

A_{jy}——挤压面的面积。

(3) 挤压面积的计算:关于挤压面积的计算,要根据接触面的具体情况确定。

(4) 挤压强度条件:

$$\delta_{jy} = \frac{P}{A_{jy}} \leqslant [\delta_{jy}]$$

应用此条件可解决工程中强度校核、选择截面尺寸、确定许用荷载等问题。

11. 物体的受力分析及受力图

对物体进行受力分析及画受力图时应注意以下几点：

(1)确定研究对象，并分析周围哪些物体对它有力的作用。

(2)画出作用在研究对象上的全部力，包括主动力和约束反力。画约束反力时应取消约束物体，而用约束反力来代替它的作用。

(3)研究对象对约束的作用力或者其他物体上受的力，在受力图中不应画出。

12. 平面力系平衡问题的解题要点

首先，选取适当的研究对象，并画出研究对象的受力图(受力图上应准确无误地画出主动力和约束反力)。固定铰链的约束反力可以分解为相互垂直的两个分力。固定端约束反力，可以简化为方向待定的一个力和一个力偶。

其次，根据受力图上各力所构成的力系，列出平衡方程，并求解未知量。为了简化计算，选取直角坐标轴时，应尽可能使力系中的多数力与坐标轴垂直或平行，而力矩中心应尽可能选在未知力的作用点或两未知力的交点上。

最后，画受力图时，如果无法判定未知力的方向，可以先假设，然后根据计算结果的正、负号确定该力的实际方向。如果所求得的结果为正号，说明此力的实际方向与受力图中假设的方向一致；如果求得的结果为负号，则此力实际方向与图中假设的方向相反。

请完成"实训2.2 机械和力学基础知识考核"，见本教材配套实训活页。

模块三　接触网结构

导读:本模块主要学习架空柔性接触网、架空刚性接触网和接触轨式接触网的结构,通过学习,能初步了解接触网相关结构和作用,为后续接触网维护与检修作业提供理论指导。

单元3.1　架空柔性接触网结构

单元导入

城市轨道交通接触网最初是架空柔性接触网,它由哪些结构组成? 与其他类型的接触网又有什么不同呢?

本单元是对架空柔性接触网设备结构的认知学习,要求掌握架空柔性接触网设备结构的作用和特点,为后续完成复杂的架空柔性接触网维护与检修作业奠定基础。

学习目标

1. 知识目标
(1)熟悉架空柔性接触网的结构。
(2)掌握架空柔性接触网各组成部分的作用。
2. 能力目标
(1)能独立认知架空柔性接触网的结构。
(2)能独立分析架空柔性接触网各组成部分的作用。
3. 素质目标
(1)遵守接触网检修规程、接触网作业安全规程及各项规章制度等有关规定。
(2)爱岗敬业,能认真完成架空柔性接触网的认知任务。
(3)钻研业务,具有良好的团队合作精神。
(4)严格执行柔性接触网的检调工作程序、工作规范。
(5)爱护设备及工具、仪器、仪表。
(6)保持工作环境清洁有序,文明生产、安全生产。

基础知识

一、架空柔性接触网的组成

架空柔性接触网是沿轨道线上空架设的向列车供电的特殊形式的输电线路,由接触悬挂、支持装置、定位装置、支柱与基础等部分组成,如图3-1所示。

1. 接触悬挂

接触悬挂包括接触线、吊弦、承力索等。接触悬挂通过支持装置架设在支柱上,其功用是将从牵引变电所获得的电能输送给列车。接触悬挂如图3-2所示。

图3-1 架空柔性接触网的组成

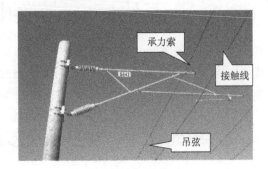
图3-2 接触悬挂

2. 支持装置

支持装置(图3-3、图3-4)用以支持接触悬挂,并将其负荷传给支柱或其他建筑物,根据接触网所在区间、站场和大型建筑物而有所不同。支持装置包括腕臂、拉杆、绝缘子,以及其他建筑物的特殊支持设备。

图3-3 支持装置

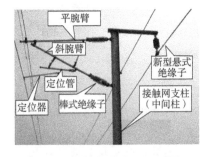
图3-4 典型接触网中间柱装配实物图

3. 定位装置

定位装置(图3-5)包括定位管、定位器、支持器,其功用是固定接触线的位置,使接触线在受电弓滑板运行轨迹范围内,保证接触线与受电弓不脱离,并将接触线的水平负荷传给支柱。

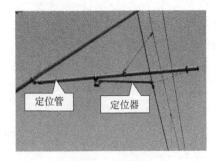
图3-5 定位装置

4. 支柱与基础

支柱与基础用以承受接触悬挂、支持和定位装置的全部负荷,并将接触悬挂固定在规定的位置和高度上。我国接触网中采用预应力钢筋混凝土支柱和钢柱,基础是对钢支柱而言的,即钢支柱固定在下面的钢筋混凝土制成的基础上,由基础承受支柱传给的全部负荷,并保证支柱的稳定性。预应力钢筋混凝土支柱与基础制成一个整体,下端直接埋入地下。

支柱是接触网中最基本、应用最广泛的支承设备,用来承受接触悬挂与支持设备的负荷。接触网支柱按其使用材质分为预应力钢筋混凝土支柱和钢支柱两大类,基坑混凝土支柱如图3-6所示,混凝土支柱如图3-7所示。

钢柱以角钢焊成架结构,具有支柱较轻、强度高、抗碰撞、安装运输方便等优点。根据安装使用地点不同,钢柱的型号、规格及外形结构也不同。接触网支柱布置如图3-8所示。

图3-6 基坑混凝土支柱

图3-7 混凝土支柱

支柱按其在接触网中的作用可分为中间支柱(图3-9)、转换支柱(图3-10)、中心支柱、锚柱(图3-11)、定位支柱、道岔支柱、软横跨支柱、硬横跨支柱及桥梁支柱等几种。

图3-8 接触网支柱布置

图3-9 中间支柱

图3-10 转换支柱

图3-11 锚柱

为了确保行车安全,规定了接触网支柱的侧面限界。接触网支柱的侧面限界是指支柱靠线路一侧至线路中心线的距离。支柱侧面限界任何时候都不得小于2440mm；列车走行线可降为2000mm；曲线区段适当加宽直线，中间支柱一般取2500mm；软横跨支柱一般取3000mm；位于基本站台时，取6000mm。

5. 承力索

接触网承力索的作用是通过吊弦将接触线悬挂起来，其还可承载一定电流来减小牵引网阻抗，降低电压损耗和能耗。承力索根据材质可分为铜承力索、钢承力索、铝包钢承力索等。接触网悬挂实物图如图3-12所示，承力索实物图如图3-13所示。

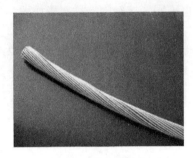

图3-12 接触网悬挂实物图

图3-13 承力索实物图

6. 吊弦

在链形悬挂中，接触线通过吊弦悬挂在承力索上。吊弦是链形悬挂中的重要组成部件之一，其按使用位置(跨距中、软横跨上或隧道内)不同有不同的吊弦类型。普通环节吊弦以直径4mm(一般称为8号铁线)的镀锌铁线制成，提速后采用不锈钢直吊弦。不锈钢直吊弦是一个整体吊弦，其减少了检修工作量，提高了接触悬挂的工作特性。接触网吊弦如图3-14所示。

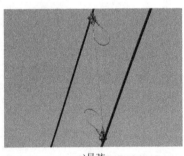

a)吊弦

b)吊弦线夹

图3-14 接触网吊弦

7. 接触线

接触线也是接触网中重要的组成部件之一。列车运行中其受电弓滑板直接与接触线摩擦，并从接触线上获得电能。性能、接触线截面积的选择应满足牵引供电计算的要求。接触网导线高度是指悬挂定位点处接触线距轨面的垂直高度。接触线实物如图3-15所示。

1) 接触网导线最低高度(此数据为参考数据)

(1) 区间、站场：一般中间站和区间不小于5700mm；编组站、区段站及配有调车组的大型中间站，一般不小于6200mm，确有困难时可不小于5700mm。

(2) 隧道内(包括按规定降低高度的隧道口外及跨线建筑物范围内)：正常情况(带电通

过 5300mm 超限货物）不小于 5700mm，困难情况（带电通过 5300mm 超限货物）不小于 5650mm，特殊情况不小于 5250mm。接触线高度的允许施工偏差为 ±30mm。

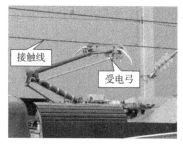

图 3-15　接触线实物图

接触网导高测量示意图如图 3-16 所示。

2）之字值和拉出值

定位器将接触线固定在正确的位置上叫作定位，定位器定位线夹与接触线固定处叫作定位点。定位点至受电弓中心运行轨迹的水平距离，在直线区段叫作之字值，在曲线区段叫作拉出值。之字值和拉出值的作用是使受电弓滑板工作均匀，并防止发生脱弓和刮弓事故。在直线区段受电弓中心与线路中心重和，接触线之字值沿线路中心对称布置，其标准为 ±300mm，提速后为 200~250mm；拉出值为 350~450mm。在曲线区段，拉出值和曲线半径大小有关。接触网之字值如图 3-17 所示。

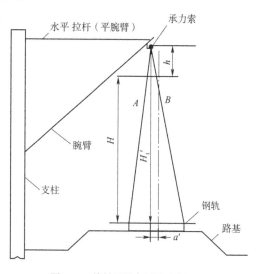

图 3-16　接触网导高测量示意图

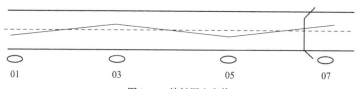

图 3-17　接触网之字值

8. 绝缘子

绝缘子用以悬挂并对接地体保持电气绝缘。接触网上使用的绝缘子按结构分为悬式绝缘子和棒式绝缘子两类；按绝缘子表面长度（泄漏距离）又可分成普通型和防污型两种。近年来，钢化玻璃悬式绝缘子被大量推广采用。接触网悬式绝缘子如图 3-18 所示。

图 3-18　接触网悬式绝缘子

9. 中心锚结

在锚段的适当位置将接触悬挂固定，这种固定装置称为中心锚结。在两端装有补偿器的锚段里，必须加设中心锚结，其布置原则是尽量使中心锚结两端张力相等。直线曲段中心锚结设在锚段中部，曲线曲段、曲线半径相同的整个锚段仍设在锚段中部，当锚段处于直线和曲线共有区段且曲线半径不等时，应设在靠曲线多、半径小的一侧。半补偿链形悬挂中心锚结如图 3-19 所示。

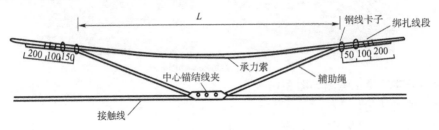

图 3-19　半补偿链形悬挂中心锚结（单位：mm）

中心锚结按结构可分为半补偿链形悬挂中心锚结、全补偿链形悬挂中心锚结、站场防串中心锚结等。全补偿链形悬挂中心锚结如图 3-20 所示。

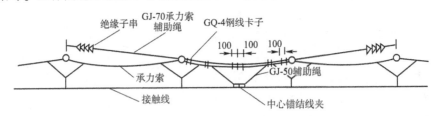

图 3-20　半补偿链形悬挂中心锚结（单位：mm）

中心锚结的作用：其一，在一个锚段实行两端补偿时可防止补偿器向一侧滑动，特别是在具有坡度的线路上，设置中心锚结尤为必要，其作用和效果也更加明显；其二，缩小事故范围，当中心锚结的一侧接触线发生断线时，不致影响另一侧的接触网，且容易排除事故、易于恢复正常运行。

10. 接触网线岔

列车在运行中，当运行到两条轨道线路交叉处，由一股道过渡到另一股道上运行时，要经过道岔设施完成转换。在轨道交通区段的站场内两个股道交叉处，为了使列车受电弓由一股道顺利过渡到另一股道，在两条轨道线路交叉的上空相应有两支交汇的接触线。在两支交汇接触线的相交处用限制管连接并固定的装置称为线岔，又称等空转辙器或空中转换器。接触网线岔如图 3-21 所示。

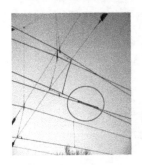

图 3-21　接触网线岔

线岔的作用：在转辙的地方，当一组接触悬挂的接触线被受电弓抬高时，另一组悬挂的接触线也能同时被抬高，从而使它与另一接触线产生高差 Δh。高差随着受电弓靠近始触点而缩小，到达始触点时，高差基本消除而使受电弓顺利交接，以使接触线不发生刮弓现象，使列车受电弓由一条股道上空的接触线平滑、安全地过渡到另一条股道上空的接触线上，从而使列车完成线路转换运行。

11. 锚段关节

为满足供电、机械方面的分段要求,将接触网分成若干一定长度且相互独立的分段,每一分段叫作锚段。两个相邻锚段的衔接部分称为锚段关节。非绝缘锚段关节只起机械分段作用。绝缘锚段关节既起电分段作用又起机械分段作用。锚段关节示意图如图3-22所示。

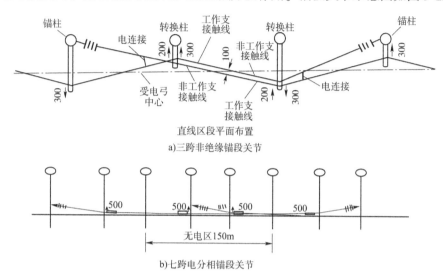

图 3-22 锚段关节示意图(单位:mm)

12. 补偿装置

补偿装置又称补偿器,其设在锚段两端,能自动补偿接触线或承力索内的应力,它是自动调整接触线或承力索张力的补偿器及其制动装置的总称,由滑轮和坠砣组成。补偿装置实物图(滑轮)如图3-23所示。

1) 补偿装置的组成

补偿装置(补偿器)由补偿滑轮、补偿绳、杵环杆、坠砣杆和坠砣组成。坠砣一般采用混凝土或灰口铸铁(HT10-26)制成,每块约重25kg,中间呈开口的圆饼状。滑轮补偿装置结构实物图如图3-24所示。

图 3-23 补偿装置实物图(滑轮)

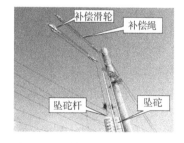

图 3-24 滑轮补偿装置结构实物图

2) 补偿装置的作用

温度变化时,线索受温度影响而伸长或缩短,由于补偿器坠砣的质量作用,可使线索沿线路方向移动而自动调整线索张力,使张力恒定不变,并借其保持线的弛度以满足技术要求。

13. 分段绝缘器

分段绝缘器用在轨道交通区段各车站的装卸线、列车整备线上及列车库线等地，为了保证工作人员的作业方便及人身安全，将接触网分成独立的区段，分段绝缘器实物图如图3-25所示。

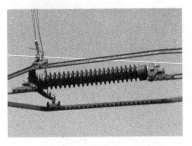

图3-25 分段绝缘器实物图

分段绝缘器安设在上述独立区段的两端，其结构既能保证供电的分段，又能使受电弓平滑地通过该设备。分段绝缘器大多配合隔离开关使用，以便使分段绝缘器两端的接触线当开关闭合时都能带电；当隔离开关打开时，独立的区段中则没有电，便于在该独立区段中进行装卸或停电作业。滑道式菱形分段绝缘器如图3-26所示。

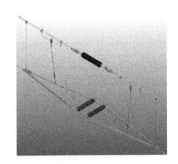

图3-26 滑道式菱形分段绝缘器

分段绝缘器的种类较多，但由于接触网设备及材料的发展，曾经广泛使用的三式、玻璃钢、环氧树脂分段绝缘器等，因结构笨重或耐脏污、耐电弧性能差，也有的易老化开裂或泄漏距离不足等原因，现已逐渐淘汰，被新型的C1200型高铝陶瓷分段绝缘器和引进的英国滑道式菱形分段绝缘器所代替。

14. 分相绝缘器

分相绝缘器的作用是将接触网上不同相位的电能隔离开，以免发生相间短路，并起机械连接作用，使接触网成为一个整体。分相绝缘器一般由两块、三块或四块相同的绝缘件组成。每块绝缘件长1.8m、宽25mm、高60mm，其底面制成斜槽，以增加表面泄漏距离，如图3-27所示。

由于分相绝缘器将接触网上不同相位的电能隔离开，如果设备工作未达标将发生相间短路现象，后果严重，目前我国高速铁路已经在线路上取消分相绝缘器。

图3-27 分相绝缘器

15. 隔离开关

在大型建筑物、车站两端，装卸线、专用线、列车库线、列车整备线均需要进行电的分段，凡需要进行电分段的地方（除上、下行渡线）都应设置隔离开关。另外，当供电线距上网点隔离过高时常需设置隔离开关，它是接触网设备之一，主要增加接触网供电的灵活性和可靠性。

16. 软横跨与硬横跨

软横跨是多股道站场接触悬挂的横向支持设备。还有一种硬横跨形式,即固定在位于电气化线路两侧支柱上实腹钢结构(硬横梁)上。客运专线站区及加速区等均设计采用硬横跨形式。软横跨如图3-28所示,硬横梁如图3-29所示。

图3-28 软横跨

图3-29 硬横梁

二、架空柔性接触悬挂的类型

架空柔性接触网的分类大多以接触悬挂的类型来划分。这里所讲的接触悬挂的分类是对接触网的每个锚段而言的。接触悬挂的种类较多,一般根据其结构的不同分为简单接触悬挂和链形接触悬挂两大类。简单接触悬挂(以下简称简单悬挂)是指由一根接触线直接固定在支柱支持装置上的悬挂形式。链形悬挂的接触线是通过吊弦悬挂在承力索上的。

接触悬挂的类型如图3-30所示。

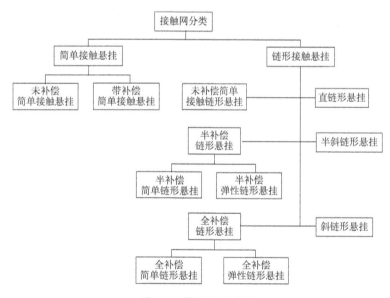
图3-30 接触悬挂的类型

1. 简单接触悬挂

简单接触悬挂按其线索的固定方式可分为以下两种:
(1)未补偿简单接触悬挂。
(2)带补偿接触悬挂。

2. 链形接触悬挂

1)链形接触悬挂按其线索的锚固方式分类

(1)未补偿简单链形接触悬挂:未补偿简单链形接触悬挂方式,其承力索和接触线在下锚处为硬锚(死固定),支柱定位点处的吊弦是普通吊弦。当温度变化很大时,承力索和接触线的张力及弛度变化也很大,造成列车受电弓取流不好,一般不建议采用。未补偿简单链形接触悬挂如图 3-31 所示。

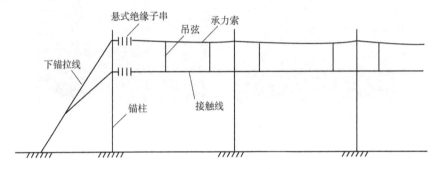

图 3-31　未补偿简单链形接触悬挂

(2)半补偿链形悬挂:半补偿链形悬挂的承力索为硬锚,接触线装设有张力补偿器,当温度变化时,接触线的张力不变,但是没有装设张力补偿器的承力索的弛度仍然变化,承力索弛度变化直接影响接触线的工作状况。半补偿链形悬挂根据定位点处的吊弦形式分为半补偿简单链形悬挂和半补偿弹性链形悬挂两种。

①半补偿简单链形悬挂:当温度变化时,接触线在坠砣的作用下,有纵向位移,而承力索基本没有纵向位移,由此引起吊弦和定位器的偏移。每处的偏移在接触线上都产生水平张力,在极限温度下,会使接触线的张力在锚段中部和末端的数值相差很大,导致整个锚段内接触线的弹性不均匀,尤其在支柱定位点处,因采用普通吊弦,会造成明显的硬点,显然不利于列车取流。这种悬挂方式一般只用于车速不高的轨道交通支线上和车站侧线等处。半补偿简单链形接触悬挂如图 3-32 所示。

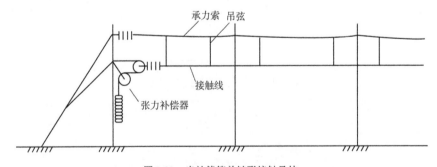

图 3-32　半补偿简单链形接触悬挂

②半补偿弹性链形悬挂:弹性链形悬挂通过一根长 15m、型号为 GJ-10 的镀锌钢绞线(弹性吊弦辅助绳)悬挂在承力索上,再在辅助绳上安装吊弦,称为弹性吊弦。半补偿弹性链形悬挂如图 3-33 所示。

(3)全补偿链形悬挂:全补偿链形悬挂在锚段两端下锚处承力索和接触线均设有张力补偿器,当温度变化时,在补偿器的作用下,承力索和接触线均发生纵线位移,大大减小了吊弦的偏移,并且承力索和接触线的张力几乎保持不变。因此接触线高度变化很小,更有利于列车取流。

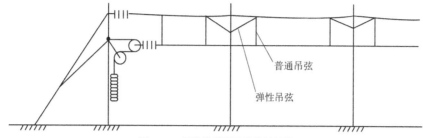

图 3-33　半补偿弹性链形接触悬挂

全补偿链形悬挂按支柱定位处吊弦形式的不同可分为全补偿简单链形悬挂和全补偿弹性链形悬挂两种。

①全补偿简单链形悬挂:全补偿简单链形悬挂在支柱定位点处采用的是普通吊弦,此处仍会出现硬点,产生弹性不均匀的现象,因此这种悬挂形式使用较少。全补偿简单链形接触悬挂如图 3-34 所示。

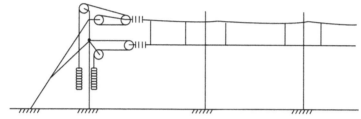

图 3-34　全补偿简单链形接触悬挂

②全补偿弹性链形悬挂:全补偿弹性链形悬挂在支柱定位点处采用了弹性吊弦,使支柱处接触线的弹性得到了改善,并使全锚段内的弹性更趋于均匀,所以,其适用于高速行车的轨道交通干线的区段和站场的正线股道。全补偿弹性链形接触悬挂如图 3-35 所示。

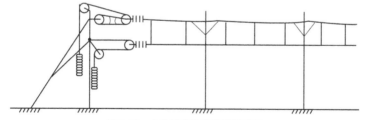

图 3-35　全补偿弹性链形接触悬挂

2)链形接触悬挂按其接触线和承力索布置的相对位置分类

(1)直链形悬挂:直链形悬挂的承力索和接触线布置在同一垂直平面内,即承力索和接触线在水平面上的投影完全重合。我国电气化铁路在曲线区段接触网采用的就是这种悬挂形式。直链形悬挂如图 3-36 所示。

(2)半斜链形悬挂:半斜链形悬挂直线区段接触线布置成"之"字形,承力索架设在线路中心的正上方成直线形。这种悬挂的吊弦在水平面的投影对线路中心的横向偏移值不大,与直链形悬挂相比,半斜链形悬挂风稳定性好,施工方便,所以应用广泛,我国在直线区段采用就是这种悬挂方式。半斜链形悬挂如图 3-37 所示。

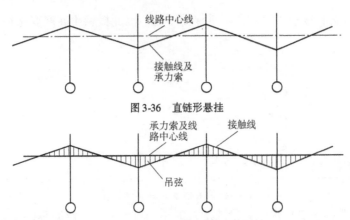

图 3-36 直链形悬挂

图 3-37 半斜链形悬挂

（3）斜链形悬挂：斜链形悬挂在直线区段承力索和接触线均布置成"之"字形，但两者的"之"字方向相反。因此，承力索与接触线的水平投影有较大的位移，吊弦安装后与铅垂方向有较大的倾角。斜链形悬挂设计计算烦琐，施工、维修困难，造价较高，但其风稳定性好，可采用较大的跨距。目前我国没有采用这种悬挂形式。斜链形悬挂如图 3-38 所示。

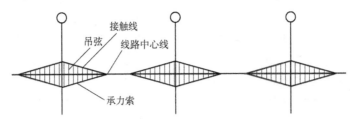

图 3-38 斜链形悬挂

任务实施

请完成"实训 3.1 架空柔性接触网的结构认知"，见本教材配套实训活页。

单元 3.2 架空刚性接触网结构

单元导入

架空刚性接触网的结构为什么称为"刚性"呢？其实它是与架空柔性接触网的结构相对应的一种架空式接触网结构。它不再采用柔性的绳索固定接触线，而是采用具有刚性硬度的汇流排替换承力索、吊弦，因此称为架空刚性接触网。

本单元是对架空刚性接触网的结构的认知学习，要求掌握架空刚性接触网的结构和作用，为后续完成复杂的架空刚性接触网维护与检修作业奠定基础。

学习目标

1. 知识目标

（1）熟悉架空刚性接触网的结构。

(2)掌握架空刚性接触网各组成部分的作用。

(3)掌握接触网的核心参数定义。

2.能力目标

(1)能独立认知架空刚性接触网的结构。

(2)能独立分析架空刚性接触网各组成部分的作用。

(3)能独立分析接触网核心参数对接触网实际运营的影响。

3.素质目标

(1)遵守接触网检修规程、接触网作业安全规程及各项规章制度等有关规定。

(2)爱岗敬业,能认真完成架空刚性接触网的认知任务。

(3)钻研业务,具有良好的团队合作精神。

(4)严格执行刚性接触网的检调工作程序、工作规范。

(5)爱护设备及工具、仪器、仪表。

(6)保持工作环境清洁有序,文明生产、安全生产。

一、架空刚性接触网的特点及组成

1. 架空刚性接触网的特点

(1)刚性悬挂能满足最长离线时间,最大传输功率、电压电流、受电弓单弓受流电流及行车速度的要求。

(2)刚性汇流排和接触线无轴向力,不存在断排或断线的可能,从而避免了钻弓、烧融、不均匀磨耗及受电弓故障造成的断线故障。刚性悬挂的故障是点故障,所以刚性悬挂事故范围小。

(3)刚性悬挂的锚段关节简单,锚段长度短,因此,固定金具窜动回转范围小,相应地提高了运行中的安全性和适应性。

(4)实际运营情况中,受电弓维修周期长。接触线方面,从磨耗情况推算使用寿命约20年。刚性接触网是一种没有弹性的接触网形式,适用于隧道内安装,设计速度一般不大于80km/h。刚性悬挂分成若干锚段,每个锚段长度一般不超过250m,跨距一般为6~12m,且与行车速度有密切的关系。

(5)弓网更换周期,刚性悬挂与柔性悬挂是相近的。由于柔性悬挂采用双根接触线,在均匀接触的时候,滑板和导线的压强相差近1倍,导线的离线电流相差近1倍,因此从理论上分析,刚性悬挂的磨耗较柔性悬挂要大。此外,刚性悬挂的接触压力变化偏差较柔性小,因而在磨耗的均匀性上刚性悬挂又好于柔性悬挂。在允许磨耗量方面,柔性悬挂接触线磨耗面积≤15%时,安全系数为2.5;磨耗面积为15%~25%时,安全系数为2.2,最大允许磨耗量为25%。而刚性悬挂接触线没有张力,理论上接触线允许磨耗至汇流排夹口边缘,只要保证受电弓与汇流排不接触即可。平均来说,刚性悬挂接触线的最大允许磨耗是柔性悬挂的2倍。

2. 架空刚性接触网的组成

刚性接触网主要由接触悬挂、支持和定位装置、绝缘部件及架空地线等部分组成。

1) 接触悬挂

接触悬挂由汇流排、接触线、伸缩部件、中心锚结等组成。

接触悬挂的支持和定位装置安装在隧道顶或隧道壁上,如图3-39所示。整个悬挂布置成正弦波的形状,一个锚段形成半个正弦波,各悬挂点与受电弓中心的距离一般不大于200mm。

图3-39 刚性悬挂布置示意图

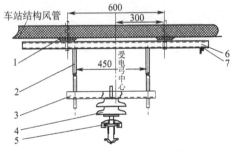

图3-40 典型刚性悬挂示意图(单位:mm)

1-螺杆锚栓;2-T形头螺栓;3-B型单支悬吊槽钢;4-刚性悬挂用针式绝缘子;5-B型汇流排;6-A型垂直悬吊安装底座;7-120型地线线夹

2) 支持和定位装置

支持和定位装置的作用是通过绝缘子把铝合金汇流排、接触线等固定在隧道顶或隧道壁的规定位置上。其安装形式主要有腕臂结构和Π形结构等形式,如图3-40所示。

接触悬挂通过支持与定位装置安装于隧道顶或隧道壁上,也有安装于支柱上的情况,如图3-41所示。

3) 绝缘部件

绝缘部件一般采用公称泄漏距离不小于250mm的表面上釉的瓷质绝缘子。绝缘子下部为内胶装的M16内螺纹式不锈钢附件,上部为内胶装的M16外露螺杆,外露螺纹有效长度为55mm,螺杆材质为不锈钢,如图3-42所示。

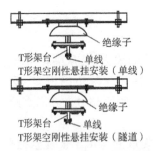

a) 普通安装方式

b) 底净空采用绝缘横撑安装方式

c) 矩形隧道吊柱安装方式

图3-41 悬挂装置安装方式

4）架空地线

架空地线在隧道内吊柱上的下锚如图3-43所示。

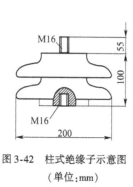

图 3-42　柱式绝缘子示意图（单位：mm）

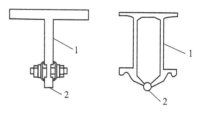

图 3-43　架空地线终端锚固安装

3. 刚性接触悬挂的组成

架空刚性接触悬挂主要由汇流排、接触导线、汇流排中间接头、中心锚结等组成。

1）汇流排

汇流排的作用是夹持、固定接触线，承载和传输电能。汇流排一般用铝合金材料制成，分为Π形和T形结构两种形式，如图3-44所示。本单元以单接触线Π形结构为主要对象进行介绍。

Π形结构汇流排包括标准型汇流排、汇流排终端及刚柔过渡元件。标准型汇流排一般有PAC110和PAC80两种，是刚性接触悬挂的主要组成部分，其长度一般制成10m或12m；汇流排终端用于锚段关节、线岔及刚柔过渡

图 3-44　T形和Π形结构

1-汇流排；2-接触线

处，其作用是使关节、线岔和刚柔过渡平滑、顺畅，其长度一般制成7.5m。Π形结构汇流排如图3-45所示。

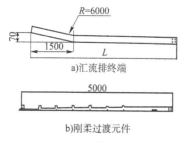

a）汇流排终端

b）刚柔过渡元件

c）标准型汇流排

图 3-45　Π形结构汇流排（单位：mm）

2）接触导线

接触导线一般采用银铜导线，与柔性接触悬挂所采用的接触导线相同或相似，如图3-46所示，其截面积一般为120mm²或150mm²。接触线通过特殊的机械镶嵌于Π形汇流排上或通过专用线夹固定于T形汇流排上，与汇流排一起组成接触悬挂。

3）汇流排中间接头

汇流排中间接头主要由汇流排接头连接板和螺栓组成，用于连接两根汇流排。其要求

是既要保证被连接的两根汇流排机械上良好对接,又要有足够大的接触面积,确保导电性能良好,如图 3-47 所示。

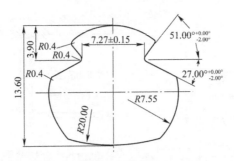

图 3-46　接触导线断面图(单位:mm)

图 3-47　汇流排中间接头

4)中心锚结

中心锚结主要由中心锚结线夹、绝缘线索、调节螺栓及固定底座组成,其作用是防止接触悬挂窜动。中心锚结如图 3-48 所示。

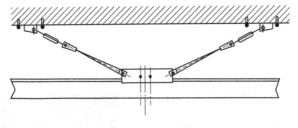

图 3-48　中心锚结

二、城市轨道交通接触网核心参数

1.接触线导高

接触线导高是指接触线无弛度时定位点处(悬挂点)接触线距轨平面(中心连线中心)的垂直距离。

接触线导高在地下线路为 4040mm,高架线路为 4600mm,地面线路为 4600mm,一般允许误差为 ±30mm,不同城市轨道交通企业按各自规定执行。

2.之字值

之字值是指定位点(悬挂点处)接触线距线路中心(受电弓中心)的水平距离。

之字值在直线地段为 200mm,在曲线地段为 200mm。

3.定位坡度

定位器长度是指定位器(含定位线夹起)至定位器根部的直线距离。

定位坡度是定位器相对理论水平的情况下,定位器根据实际运行时与理论水平的高差,这个高差通过反三角函数可以求得一个角度值,这个值叫作定位坡度。定位坡度值一般为80°~130°,以确保定位器不产生硬点及超出动态包络线,撞击定位管,引起弓网故障。

任务实施

请完成"实训3.2 架空刚性接触网的结构认知",见本教材配套实训活页。

单元3.3 接触轨式接触网结构

单元导入

接触轨式接触网的结构如何呢?其实它是与架空式接触网结构相对应的一种沿走行钢轨沿线地面架设的接触网结构。与这种接触网形式配套的列车不再设有受电弓,而是在列车底部设有集电靴,从底部与接触线接触完成电路的接通。

本单元是对接触轨式接触网的结构的认知学习,要求掌握接触轨式接触网的结构和作用,为后续完成复杂的接触轨式接触网维护与检修作业奠定基础。

学习目标

1. 知识目标
(1)熟悉接触轨式接触网的结构。
(2)掌握接触轨式接触网各组成部分的作用。
2. 能力目标
(1)能独立认知接触轨式接触网的结构。
(2)能独立分析接触轨式接触网各组成部分的作用。
(3)能独立分析接触轨式接触网的结构特点在实际运营中的利弊。
3. 素质目标
(1)遵守接触网检修规程、接触网作业安全规程及各项规章制度等有关规定。
(2)爱岗敬业,能认真完成接触轨式接触网的认知任务。
(3)钻研业务,具有良好的团队合作精神。
(4)严格执行接触轨式接触网的检调工作程序、工作规范。
(5)爱护设备及工具、仪器、仪表。
(6)保持工作环境清洁有序,文明生产、安全生产。

基础知识

一、接触轨的概念

接触轨,又称第三轨,或简称三轨。接触轨系统是城市轨道交通牵引供电系统的重要子系统，它直接影响城市轨道交通供电系统甚至整个城市轨道交通系统的安全运营。自北京建成我国第一条地铁线以来，伴随着我国地铁建设事业的发展，接触轨技术也走过了50多年的发展历程。这期间接触轨技术不断发展，其主要表现为：安装方式由以上部接触受流方式为主导发展成上部接触受流方式与下部接触受流方式并存，导电轨由低碳钢材料发展成钢铝复合材料；防护罩及支架由木板材料发展成玻璃钢材料；绝缘子材料除电瓷外，还开发出环氧树脂材料及硅橡胶材料。相应地，一些施工安装方法也有所改进。

接触轨系统主要由钢铝复合轨（包括铝轨本体和不锈钢带）、膨胀接头、端部弯头等相关部件及绝缘支持装置组成，为列车组提供电能。绝缘支持装置由绝缘支架和支架底座及其连接零部件组成，其可以安装在枕木、混凝土轨枕、整体道床或其他基座上。接触轨、绝缘支架（或绝缘子）、防护罩是接触轨系统中送电、支持、防护的三大件，这里的接触轨是指包括钢铝复合轨、膨胀接头、端部弯头、防爬器和中间接头的总称。

牵引动力电的输送是通过集电靴与钢铝复合轨的接触来实现的。钢铝复合轨由高导电性的铝材料和一层耐磨的不锈钢带机械复合而成的。接触轨系统完全由绝缘支持装置支持，绝缘支持装置与木枕、混凝土轨枕或其他基座相连。

钢铝复合轨通过中间接头（包括普通中间接头和电连接用中间接头）、螺母和螺栓连接在一起形成一种机电连接系统。中间接头拆卸方便，便于更换。钢铝复合轨磨耗过大需要更换时，可以通过拆卸中间接头来实现。

钢铝复合轨会因周围温度和流经其中的电流产生的热量的变化而发生伸缩，为了克服钢铝复合轨的伸缩所产生的不良影响，采用安装膨胀接头方法以允许这种变化，从而保证集电靴和钢铝复合轨接触连续，保证提供可靠、优良的牵引动力电。为了防止钢铝复合轨在发生热胀冷缩时导致绝缘支持装置发生变形，平衡膨胀接头、端部弯头和钢铝复合轨的运动，需要在钢铝复合轨的中心安装中心锚结，即防爬器。

钢铝复合轨在岔道、站台尽头等位置不能连续安装，需做分段处理。端部弯头分为高速端部弯头（主要应用于正线）和低速端部弯头（主要应用于车站、车辆段和停车场）两种。

二、接触轨系统的技术特征

接触轨系统的技术特征主要体现在电压等级、安装方式和导电轨材料三个方面。

1. 电压等级

目前，世界上城市轨道交通中的直流牵引网电压等级繁多，接触轨系统的电压等级有600V、630V、700V、750V、825V、900V、1000V、1200V等。国外接触轨系统的标称电压一般在1000V以下，西班牙巴塞罗那采用DC1500V及DC1200V接触轨，美国旧金山BART系统为DC1000V接触轨。目前国内接触轨系统标称电压为DC750V和DC1500V。

2. 安装方式

接触轨系统根据受流位置的不同，可分为上部受流接触轨（图3-49）、下部受流接触轨（图3-50）

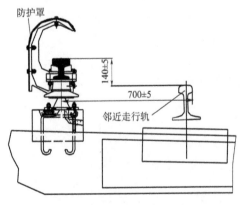

图3-49　上部受流接触轨（单位：mm）

和侧部受流接触轨(图3-51)三种形式。

我国早期的接触轨系统基本上采用的是上部受流方式,如北京地铁。随着技术工艺和材料开发的发展,越来越多的城市轨道交通接触轨系统采用了下部受流方式。下部受流接触轨主要由导电轨、绝缘支架、防护罩等构成。绝缘支架由顶部支架、中部支架、下部支架三部分组成,共同构成悬臂结构形式;导电轨通过顶部、中部支架,悬挂在下部支架上;下部支架则根据线路情况固定在整体道床上或碎石道床的轨枕上;防护罩靠自身弹性及支撑垫块固定在导电轨上。

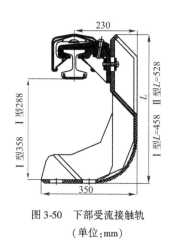

图3-50　下部受流接触轨
（单位:mm）

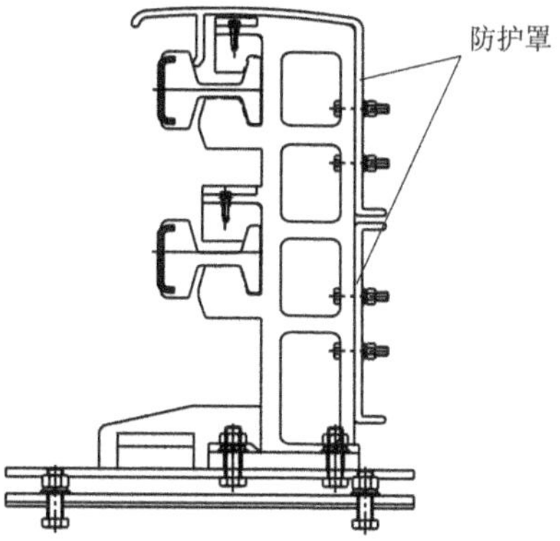

图3-51　侧部受流接触轨

防护罩对带电接触轨的防护性能较好,带电接触轨不容易被无意识地触碰到,能确保人身安全;另外,下部受流方式的遮挡雨雪条件也优于上部受流方式,能确保牵引网系统的安全可靠运行。

3．导电轨材料

接触轨可采用低碳钢材料或钢铝复合材料。

三、DC1500 V 接触轨系统的研究

随着我国城市轨道的发展,DC1500V接触轨系统的研发和技术也越来越成熟。对于DC1500V接触轨系统的研发,主要从软件和硬件两个层面考虑。所谓软件,是指DC1500V接触轨的系统性研究;所谓硬件,是指以钢铝复合接触轨国产化为主导的接触轨零部件研制。

系统性研究可以概括为以下四大环节的研究:①设计环节——系统设计标准的研究;②制造环节——产品制造标准的研究;③安装环节——施工安装标准的研究;④运营环节——运营维护标准的研究。其中,系统设计标准及产品制造标准是重点研究对象,尤其是系统设计标准的研究。

系统设计标准研究可以概括为以下四大关系的研究。

1．带电体与接地体关系研究

对于DC1500V系统,接触轨带电部分和结构体、车体之间的最小净距,《地铁设计规范》(GB 50517—2013)及IEC标准都做出了规定。研究内容应根据工程需要,确立带电体与接地体的相互关系、相对位置、定位尺寸等。

2. 接触轨与人的关系研究

DC1500V 接触轨系统的研发难度，不在于电气本身，即不在于电气设备的技术指标，而在于 1500V 电气设备的人身安全防护与 750V 电气设备相比要困难得多。因而，建议对 1500V 接触轨与人的关系给予重点研究，即应研究采取何种措施（包括硬件措施、软件措施、管理措施等）最大限度地保护运营维护人员及乘客公众的人身安全。特别应该注意的是，对于以走行轨为回流网的 DC1500V 接触轨系统，应认真研究分析正极接触轨与负极回流网的阻抗分配，并合理地设置牵引变电所，避免在正常运行情况下走行轨对地电位超标，影响人身安全防护。1500V 钢铝复合接触轨系统的走行轨一般均会加装对地电位监测装置。

3. 接触轨与车的关系研究

接触轨与车的关系研究既包括接触轨与车辆的限界关系研究，也包括车辆受流器与接触轨的弓网（器轨）配合关系研究。

4. 接触轨与道的关系研究

这里的"道"，狭义上指道床，广义上涉及轨道、隧道、行车道，并包括地下、地面、高架等各种线路形式，也就是土建关系研究，即如何将 1500V 接触轨合理地布置、安装、固定在各种道床上，这是应该认真研究的。

四、接触轨的结构

从本部分起，后面所提及的接触轨都是指某地铁所采用的下接触式接触轨，不再重复说明。

接触轨系统主要包括钢铝复合轨、膨胀接头、防爬器、端部弯头、中间接头、绝缘支架、支架底座、上网电缆、电连接电缆、回流母排、均流线、避雷器、电动隔离开关和其他零件等。

1. 钢铝复合轨

钢铝复合轨由轻质的导电铝轨本体和非常耐磨的不锈钢接触面构成，主体由高强度耐腐蚀铝合金（6101-T6）挤压而成，受流接触面是连续的 6mm 厚的不锈钢带。不锈钢带同导电铝轨机械复合，以确保它们之间的金属结合，从而保证铝轨和不锈钢带间的较小的接触电阻。接触轨侧面如图 3-52 所示。

钢铝复合轨是接触轨的主要构成部件，其自身阻值很小，导电性能好，一般单独的钢铝复合轨为 15m。接触轨就是由数量众多的钢铝复合轨连接而成的，在钢铝复合轨的连接处要涂抹适量的导电油脂，以改善接触轨断口处的导电性能，保证接触轨向列车输送高质量的 DC1500V 动力电。钢铝复合轨的断面结构如图 3-53 所示。

图 3-52 接触轨侧面

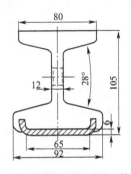

图 3-53 钢铝复合轨的断面结构（单位：mm）

2. 普通中间接头

普通中间接头通过采用不锈钢紧固件将两根 3000A 的钢铝复合轨或钢铝复合轨和其他附件连接起来，形成刚性连接，构成电气通路。每对普通接头由 4 套 M16 不锈钢紧固件连接，每套螺栓包括 1 根螺栓、2 个螺母、1 个平垫和 1 个弹性垫片。普通中间接头如图 3-54 所示。

钢铝复合轨的连接孔和普通中间接头都有最小公差，这样在相互配合时可以保证只有很小的移动或者几乎没有相互移动。

普通中间接头的材质与铝轨的材质相同，均为（6101-T6）。本体毛坯采用挤压成型，表面强度高，粗糙度低，外形尺寸准确。加工时只需根据需要长度锯断并打孔即可。因此，它具有足够的强

图 3-54　普通中间接头

度来满足连接牢固的机械要求，同时其截面积足够大，可以承载 3000A 电流。接头本体的轮廓与接触轨腰面紧密相贴，确保了电流续接的要求。通过计算，持续载流量达到 4142A，满足正常牵引动力电导通的要求。

每一套普通中间接头配有紧固件 4 套，每套包括螺栓、碟形弹垫各 1 个，螺母、平垫各 2 个。螺栓、螺母材质分别为 0Cr18Ni9 和 1Cr18Ni9，规格为 M16，平垫材质为不锈钢 1Cr18Ni9，碟形弹垫材质为 1Cr18Ni9。普通接头的螺栓防松是通过采用碟形弹垫保证的，这种碟形弹垫弹性特别好，是世界上先进的防松弹垫，既能防松，又因为有良好的弹性而具有很好的抗振作用。

3. 膨胀接头

由于环境温度的变化或运行中电流产生的热量都会造成接触轨温度的变化而使其产生一定的位移，膨胀接头的设计使得钢铝复合接触轨可以适应这一位移变化，从而满足接触轨系统的机械特性和电气特性。

膨胀接头全长 1975mm，与两端相邻绝缘支持装置间隔在 2500mm 以上。膨胀接头的接触面的设计保证了列车集电靴的平滑通过。膨胀接头如图 3-55 所示。

图 3-55　膨胀接头

膨胀接头两侧的锚固夹板与接触轨腰面通过螺栓连接，每一套膨胀接头配有紧固件 3 套，每套包括螺栓、碟形弹垫各 1 个，螺母、平垫各 2 个。膨胀接头的螺栓防松是通过采用碟形弹垫保证的，与普通中间接头相似。

4. 防爬器

防爬器安装于每一接触轨锚段中心位置的绝缘支架两端，用于保证接触轨因受到热胀冷缩而向锚段两侧发生均匀移动，其结构和力学性能满足防窜要求。防爬器可以为接触轨提供可靠的锚固力，锚固力与绝缘支架形成作用力与反作用力而保持平衡，保持膨胀区段的中点位置。防爬器外形美观，安装简单，配套合理，与膨胀接头配合使用。

一套防爬器由2块铝制结构块组成,安装位置选择在每一锚段的中心,在处于锚段中心位置的绝缘支架附近夹持着钢铝复合轨,每处使用2套防爬器。连接方式是通过螺杆将防爬器固定在钢铝复合轨上。防爬器如图3-56所示。

防爬器采用的材质与铝轨材质一致,为6101-T6。每套防爬器由一对梯形截面铝块组成,用2套紧固件连接,每套包括螺栓、碟形弹垫各1个,螺母、平垫各2个。防爬器的螺栓防松是通过采用碟形弹垫和双螺母保证的。

5. 端部弯头

端部弯头分为高速端部弯头和低速端部弯头两种,高速端部弯头全长5.2m,低速端部弯头全长3.4m。高速端部弯头通常安装在正线上,而低速端部弯头则通常安装于车辆段和停车场内。由于接触轨是邻近地面安装的,在有道岔和人行道与钢轨交叉处,接触轨不能连续安装,必须将其断开。在接触轨安装断开处设计端部弯头是为了保证列车在保持一定速度运行时,集电靴能够平滑地接触和脱离接触轨。

端部弯头与钢铝复合轨的连接也是通过普通中间接头连接的。端部弯头的材料与钢铝复合轨相同。

虽然安装了端部弯头的接触轨与相邻的接触轨有明显的断口,但它们在电气连接上不一定是绝缘的。判断相邻的接触轨是否电气绝缘,要看与此相邻的接触轨之间是否采用了电连接电缆进行连接,形成一个电气通路。端部弯头如图3-57所示。

图3-56 防爬器

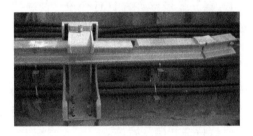

图3-57 端部弯头

6. 电连接用中间接头

电连接用中间接头是连接上网电缆或电连接电缆向接触轨提供DC1500V牵引动力电的零件。电连接用中间接头能安装在接触轨的任何位置。例如,牵引变电所出口、接头、弯头、电分断或道岔处,具体位置由设计图纸确定。电连接用中间接头如图3-58所示。

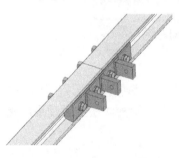

图3-58 电连接用中间接头

它由2块铝合金零件组成:一块是普通接头本体,另一块在普通接头本体上焊有4个电连接板。电连接用中间接头材质与铝轨的材质相同,均为6101-T6。每个电连接用中间接头可以连接8~12根240mm^{2}的导线。

电连接用中间接头本体及电连接板的截面积足够大,可以承载3000A电流,保证输送满负荷牵引动力额定电流时不过热。接头本体的轮廓与接触轨腰面紧密接触,确保满足电流续接的要求。通过计算,持续载流量达到4142A,满足正常牵引动力电导通的要求。

每一套电连接用接头配有紧固件4套,每套包括螺栓、碟形弹垫各1个,螺母、平垫各2个。其材质同普通中间接头。电连接用中间接头的螺栓防松是通过采用碟形弹垫和双螺母实现的。

电连接用中间接头用来连接柔性供电电缆,注意接入电缆的长度要足够长,尤其注意对接触轨的纵向移动不能有影响,即电缆连接时不能给接触轨的连接侧边产生任何额外的应力。导线必须留有足够余量,避免向钢铝复合轨施加额外的拉力,从而阻碍钢铝复合轨在纵向方向上的位移。

7. 绝缘支架及底座

绝缘支架是整个接触轨系统的支持基础,其作用主要有两个:一是为整个接触轨系统提供足够的支持力,保证接触轨的安装位置相对稳定,确保接触轨受流面与集电靴的接触力度和接触面积,从而保证列车的受流质量;二是使接触轨牵引系统回路与大地保持绝缘,确保DC1500V牵引动力电在变电所、接触轨、列车和钢轨组成的闭合回路中流动,有效防止直流电进入大地形成杂散电流,对沿途的钢筋结构体产生电腐蚀,减少建筑物的使用寿命。绝缘支架如图3-59所示。

绝缘支架的底座安装在整体道床或枕木上,由不锈钢材料制成,其安装位置由设计图纸确定。在钢轨道床铺设时,预留出底座的安装孔,呈三角形排列,靠近钢轨处有两个安装孔,安装螺栓型号为M16×195。底座设计安装图如图3-60所示。

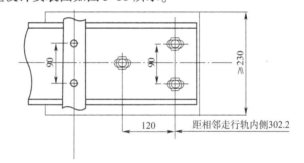

图3-59 绝缘支架　　　　　图3-60 底座设计安装图(单位:mm)

8. 绝缘防护罩

绝缘防护罩应用于整个接触轨系统,其作用是最大限度地遮盖住接触轨的非受流面,防止人或物触碰接触轨发生触电危险,同时减少了外界灰尘、雨、雪等对接触轨的影响,起到保持接触轨清洁的作用。绝缘防护罩分为端部弯头防护罩、绝缘支架防护罩、普通防护罩、膨胀接头防护罩和电缆用中间接头防护罩。端部弯头防护罩如图3-61所示,绝缘支架防护罩如图3-62所示。

图3-61 端部弯头防护罩　　　　　图3-62 绝缘支架防护罩

绝缘防护罩的材料与绝缘支架相同,也是由不锈钢材料制成的。

9. 电缆

电缆将变电所、各独立接触轨段、钢轨及避雷器等连接为一个电气通路。电缆按不同的作用分为送电上网电缆、电连接电缆、均流电缆和回流电缆;按安装位置所处的电极性可分为正极电缆和负极电缆。

地铁接触轨用到的电缆型号主要有三种,截面积分别为 $150mm^2$、$240mm^2$ 和 $400mm^2$。其中 $150mm^2$ 电缆通常用于钢轨至避雷器、避雷器至接地极、避雷器至接触轨、接触轨接地扁铝、接地扁铝至变电所接地母排、走行轨道岔及接头处等之间的连接;$240mm^2$ 电缆通常用于接触轨的上网电缆和接触轨机械分段处的电连接;$400mm^2$ 电缆通常用于车辆段运用库内电动隔离开关和正线铜母排与牵引变电所之间的连接。均流电缆如图 3-63 所示。

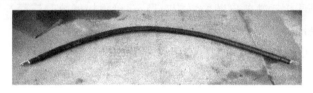

图 3-63　均流电缆

任务实施

请完成"实训 3.3　接触轨式接触网的结构认知",见本教材配套实训活页。

模块四　接触网专业识图

导读:本模块主要介绍了与接触网工程图纸识读有关的四个单元,分别是接触网平面图的识读(以尚双塘车辆段为例)、接触网供电分区示意图的识读(以1号线黄土岭站为例)、接触网安装图的识读(以直线中间柱正定位为例)、接触网开关电气识图(以2号线德雷希尔隔离开关控制回路为例)的识读。通过学习,应掌握接触网工程相关典型图纸的识图要求、内容和技巧,能看懂简单的接触网工程典型图纸,为后续完成接触网的维护检修作业奠定基础。

单元4.1　接触网平面图识图

 单元导入

作为专业新人,能最快帮助自己了解指定范围内接触网专业设备布局总体情况的是什么资料呢?接触网平面布置图(简称接触网平面图)就是此时你所需要查找的资料。

本单元是对接触网平面图相关规定和图例的介绍,通过本单元的学习,能提升接触网平面图识图能力,为后续指导接触网设备维护与检修作业奠定基础。

 学习目标

1. 知识目标
(1)熟悉城市轨道交通接触网平面图的概念、作用和布置原则。
(2)理解城市轨道交通接触网平面图的图例含义。
(3)理解城市轨道交通接触网的识图内容。
2. 能力目标
(1)能在城市轨道交通接触网平面图案例图纸上查找具体的接触网设备信息。
(2)能应用城市轨道交通接触网平面图查找到的具体接触网设备信息指导后续接触网作业。
3. 素质目标
(1)养成安全运维的职业素养。
(2)爱岗敬业,能认真学习专业理论知识。
(3)钻研业务,具有独立思考能力。

 基础知识

一、接触网平面图的概念

接触网平面布置图简称接触网平面图,它用接触网图例具体描述了接触网的设备位置、悬挂走向和线路情况，是接触网施工和运营维护的主要依据及主要技术文件，将一个大范围接触网整体设备布置、走向采用俯视视角按比例缩小绘制在一起的图纸。例如，可将整个车辆段的接触网设备、相互连接关系、整体布置走向以从天空往下俯视的角度按 1:500 缩小绘制在一张图纸上。

平面图的作用类似普通地图，表达的是各部件之间的位置关系，能通过识读接触网平面图了解图中涉及所有接触网设备的数量和位置关系，能对该范围内的接触网设备布置情况有一个总体认知，但由于图纸篇幅有限，不能对图中具体接触网设备外观、功能、安装情况做详细介绍，必须采用统一图例代表指定的设备、布置关系，因此，识读接触网平面图是对接触网工程的总体认知。

二、接触网平面图的内容

接触网平面图综合了接触网结构、接触网设计计算、接触网平面图绘制等项内容，集中反映了接触网设计上的主要技术原则。作为施工设计文件，它是接触网施工、交付运营及进行管理和维修的重要依据。

接触网平面布置工作应在掌握可靠的线路资料，并熟悉设计及运营管理规程、规范的基础上进行。接触网平面布置前应进行必要的设计计算，如计算接触悬挂的各种负载、跨距长度、锚段长度、各种支柱容量等，确定设计所必需的各种技术参数，如拉出值、侧面限界、悬挂类型、供电分段等。平面布置的主要内容包括决定跨距、悬挂点的数量及安装埋入孔的位置、定位点的配置、拉出值数值、锚段关节及中心锚结的位置等。

接触网平面图根据涉及范围的不同，可分为站场、区间、隧道、车辆段等不同类型图纸。接触网平面图一般采用缩小比例，1:500、1:1000、1:2000 等是常见比例（如 1:1000 代表的含义为平面图上 1mm 代表实际距离 1000mm），所以图相对于实物是缩小的。

站场接触网平面图是针对车站范围内的接触网平面布置图。车站一般需要人员或者货物上下车，站内股道和设备较多，安全要求较高，但车站一般范围不大，距离较短，因此，站场接触网平面图的特点是设备多、布置关系较为复杂，范围小，距离短，宜采用 1:500 或 1:1000 比例绘制。

区间接触网平面图是针对线路上顺序相连的两个车站之间的范围绘制的接触网平面图，是指两个相邻车站管辖区域(以站界标为分界线)中间的部分，所以称为区间。区间一般只要求车辆正常通行，通常为上下行两个股道，接触网设备相对于车站要简单，但范围和距离要远大于车站。因此，区间接触网平面图的特点是设备和布置相对简单，但距离远，宜采用 1:1000 或 1:2000 的比例绘制。

隧道内接触网平面图是针对隧道这个特殊范围的接触网平面布置图。隧道的特点是净空低、空间小，该区段不设支柱，设备相对简单。

车辆段接触网平面图是针对车辆检修段的接触网平面布置图。车辆段是所有车辆检修、维护的基地，车辆进出频繁，因此，车辆段的股道和设备相对前面几种平面图而言更为复杂。

常规情况下企业内部(如铁路局集团公司)有接触网站场平面图、接触网区间平面图、接触网隧道平面图。城市轨道交通的接触网由于线路相对铁路较短，且站场和区间股道数目接近,因此,平面图不区分站场和区间,将站场和区间绘制在一起。车辆段股道和接触网设备相对复杂,所以单独绘制一张图纸。一般城市轨道交通接触网都可以参照铁路局集团公司接触网平面布置原则进行绘制,特殊情况另行设计。

三、站场接触网平面布置原则

站场接触网平面布置的主要依据是站场平面图,此外,还应包括站场范围内的桥梁、涵洞和隧道等图表,这些资料可从线路设计和工务部门获取。

站场平面布置顺序及布置原则:

(1)识读内容。识读内容包括站场全部电化股道(近、远期电化股道);与架设接触网有关的非电化股道;股道编号及线间距;道岔编号、型号及站内最外方道岔中心里程;曲线起讫点、半径、缓和曲线长度及总长;桥梁名称、中心里程、总长、孔跨式样及结构形式;隧道名称、起讫里程及总长;涵管、虹吸管、平交道、地道、天桥、跨线桥、架空渡槽等中心里程及宽度;站场名称、中心里程;站台范围(长×宽×高);线路两侧与接触网架设有关的建筑物(如站舍、雨棚、仓库、扳道房、水鹤、起重机械、煤台及上下挡墙等);进站信号机的位置及里程。

(2)平面布置图设计原则。首先进行支柱布置。应先从站场两端道岔集中的地段开始,向车站中心布置,最后完成两端咽喉道岔外侧的支柱布置。其设计原则及注意事项如下:

①道岔处支柱布置时,对于正线上的道岔均应设计标准定位柱,其余道岔应尽量满足标准定位。

②尽量采用已确定的设计允许最大跨距值,以减少支柱数量。除特殊情况外,相邻跨距之比不应大于1:1.5,桥梁、隧道口、站场咽喉等困难地段可采用1:2.0。绝缘锚段关节的转换跨距(转换柱与中心柱间)应较一般跨距值缩减5~10m。

③跨距一部分在缓和曲线而另一部分在直线时,选择跨距应校验接触线的水平偏移值。跨距一半在缓和曲线而另一半在曲线时,按曲线选用或取稍大值。

④车站的一端(以电源侧为宜)设绝缘锚段关节或在车站两端设绝缘锚段关节,该关节的位置不受站场信号机位置的限制,但其转换柱位置应设在距站场最外道岔岔尖50m以外,以便于车辆转线。

⑤在支柱布置时,应尽量避开雨棚、站房、仓库、跨线桥、涵洞、信号机等建筑物。站台上要少设支柱,站内重要房舍(如值班室)近旁的支柱,应注意不得正堵门窗,要适当考虑美观,站房两边支柱应尽量对称布置。

⑥基本站台或中间站台上的支柱,其线路侧内缘至站台边不得小于1500mm,基本站台上的软横跨柱限界为5.0m,路肩上的支柱为3.0m,牵出线上的支柱限界为3.1m。

⑦位于股道中间的支柱必须保证两侧限界的要求,对于站内远期预留的电化股道,在布置支柱时支柱容量和侧面限界应考虑留有一定的余量,但单线腕臂柱的位置和容量可不考虑预留。

⑧设计锚柱的位置时,应考虑下锚拉线的安设情况,即在锚柱后10m范围内不得有影响拉线安装的任何障碍物。

⑨终端柱距车挡不宜小于10m,因地形限制不能满足上述要求时,支柱可设于线路的一侧。

(3)划分锚段,确定锚段长度及经路,选择并确定下锚地点和中心锚结的位置。其设计原则如下:

①锚段长度和中心锚结的位置,应根据中心锚结与补偿器处线索的张力差来确定。半补偿、全补偿及简单悬挂接触线的张力差不得大于额定值的±15%;全补偿链形悬挂承力索的张力差不得大于额定值的±10%。

②站内锚段的划分一般为一股道一个锚段,对于大站,若正线较长需设两个锚段时,则两锚段在站内衔接处设三跨非绝缘锚段关节。站内渡线应尽量合并到别的锚段中去,不得已时也可自成一个锚段。

③在确定锚段经路及下锚位置时,应尽量避免在线岔处出现二次交叉,最好采用一次交叉的方式。即在道岔定位柱一侧出现交叉(线岔侧),另一侧不出现交叉。相邻两组线岔间接触悬挂以布置成平行状为宜,线岔处接触线拉出值一般不超过450mm。在低速道岔上允许不定位,但定位点两侧接触线应为自然直线状,如非工作支离股道中心较远时,要注意不应使腕臂和定位器加得太长。

④接触线改变方向时,与原方向的水平夹角一般不宜超过6°,困难情况下不宜大于12°。

(4)确定接触线的拉出值(或之字值)。接触线拉出值确定与支柱布置的方法相同,也从道岔集中区段开始,对于大站应在咽喉道岔处画出局部的接触网经路放大图,以明确相邻道岔接触线拉出值和线岔的分布情况。

选定拉出值时,应保证在最大风负载作用下,跨距中任一点接触线的最大风偏移值不超过技术要求。对于道岔连接曲线上的拉出值,在选定后应进行接触线风偏移校验,当超过设计要求时,在线路条件允许的情况下可增设定位柱加以解决。

(5)根据技术标准确定支柱侧面限界。

(6)确定支柱类型。根据平面布置前的计算依据,选择不同类型的腕臂柱和软横跨柱。设计原则和注意事项如下:

①设计规范规定:软横跨跨越股道数不宜超过8股,在支柱容量允许时宜优先选用钢筋混凝土支柱。

②在装卸圆木、矿石等作业繁忙容易发生碰毁支柱的场所,采用钢柱,并对支柱采取必要的防护措施。

③在软横跨钢柱上下锚时,可将普通钢柱容量加一级,并打拉线后用作锚柱。

④当软横跨跨越股道数超过8股道时,且股道间距允许时,应在中间增设一个软横跨柱,该支柱类型应按较大一侧的支柱容量来确定。

(7)选择支持装置、安装图号及软横跨节点,根据支柱所在位置、侧面限界及用途,通过接触网安装图选择不同的装配结构,并将所选图中的水平拉杆、腕臂、定位管、定位器等设备的规格和软横跨节点及安装图号一起标注在接触网平面图相应栏目内。

(8)根据地质条件(土壤承压力和安息角)选择钢柱基础及横卧板类型。

(9)设备安装,即确定站内各种电气设备的安装位置,如根据供电分段的要求,确定分段、分相绝缘器、隔离开关、绝缘锚段关节、股道电连接、线岔、避雷器、接地线、限界门的安设位置。其设计原则为:

①在有几个电气化车场的大站,应将每个车场单独分段。装卸线、旅客列车整备线、列车整备线等均应单独分段,并在该处安装带接地刀闸的隔离开关。路外专用线应单独分段,封闭的水鹤、到发线、安全线、牵出线、列车走行线等不宜设接触网电分段。

②根据供电要求,应在牵引变电所及分区亭所在站设置接触网电分相装置,其位置的选择应综合考虑列车运行、调车作业的方便、供电线经路的合理性及进站信号机位置和显示的要求,并避免设在大坡道上。

③隔离开关的安装位置应便于电连接跨接线,并符合操作机构的操作方向(操作手柄应朝向田野侧)。绝缘锚段关节处的隔离开关应装设在非工作支在支柱侧的绝缘转换柱上(开口侧)。安装于软横跨柱上的分段绝缘器附属隔离开关。

④股道电连接线,小站一般设一处位于站场中部,大站设两处位于站场两端列车启动点处(约车站长度的1/3处)。

⑤凡通行机动车和兽力车的平交道口均应设限界门,其通过高度不得低于4.5m。

(10)编排支柱号码,一般是顺着公里标方向,按从上行到下行、先左侧后右侧的顺序编。对复线区段一般下行线侧采用单数,上行线侧采用双数。

(11)编写该站场的接触网主要设备材料表,如各种线索、横卧板、基础、隔离开关、分段、分相绝缘器、避雷器、支柱等设备的型号和数量;安装图号和软横跨节点的编号及数量。

(12)编写必要的技术说明,如接触网平面的设计依据;悬挂点处接触线的工作高度;各股道悬挂类型;道岔定位及设计时必须明确的主要技术原则;接地线情况及一些特殊地段的设计说明等。

四、区间接触网平面布置原则

区间接触网平面布置所依据的资料主要是线路纵断面图及区间内桥梁、涵洞、隧道等图表。

区间平面布置图绘图比例一般为1:2000,其平面布置的次序及设计原则如下:

(1)划分区间接触网锚段、锚段长度和中心锚结位置,确定方法与站场相同。锚段应尽量长,以减少锚段的数量。整个区间内各锚段长度在地形差异不太大时,应尽量均匀。

(2)区间内支柱布置一般从车站两端锚段关节处开始,应根据计算尽量采用最大允许跨距,相邻跨距不等时可参照站场支柱布置情况。

(3)缓和曲线上的支柱布置应参照站场支柱布置原则执行。布置时要避开涵洞、小桥、小隧道等建筑物。

(4)在曲线区段,特别是小半径曲线(包括缓和曲线),支柱应尽量设在曲线外侧,便于施工和维修。在单线区段,为了不妨碍信号标志的显示,在远方信号机及进站信号机前的接触网支柱,应尽量设在信号机的对侧;如果是同侧支柱应适当加大侧面限界。在曲线区段,支柱应设于信号显示前方5m远的地方。

(5)在隧道口处,如接触线高度需要改变时,其坡度一般区段不应大于3‰,困难区段不应大于5‰。

(6)尽量避免在桥上设立支柱,长大桥梁上可采取在桥墩台上设立钢柱的方法。

(7)直线区段的锚段关节,同侧下锚时的下锚跨距若小于45m时,最好采用异侧下锚,避免转换柱腕臂上的水平拉杆受压。

(8)在复线电气化区段,各条正线接触悬挂在机械上和电气上应尽量独立。

(9)对于跨线桥、天桥、衍梁桥等建筑物,接触悬挂的通过方式可视具体情况而定,但任何通过方式都要保证在极限温度情况下,接触线被受电弓抬高后(抬升高度按100mm考虑)对地有足够的绝缘间隙,并应考虑留有一定的安装调整余量。

(10)对于链形悬挂,当承力索在支柱与相邻建筑物悬挂点上的高差较大时,要检查两者之间是否出现上拔力。如果该跨距由于高差而出现下式情况时,则存在上拔力(高悬挂点对低悬挂点有向上拉的力)。这时需要采取措施,如调整跨距的长度、降低悬挂点间高差等。

$$L_h = \sqrt{\frac{2Z_x h}{W_x}}$$

式中:L_h——所检查的跨距值(m);

Z_x——链形悬挂归算张力(N);

h——相邻悬挂点间的高度差(m);

W_x——链形悬挂归算负载(N/m)。

(11)区间支柱应单独编号,对单线区段应按从上行至下行的顺序编号,复线区段下行线侧支柱编单号,上行线侧支柱编双号。

区间平面图中其他布置原则与站场相同。

五、隧道内接触网平面布置原则

由于隧道内不设支柱,且气象条件与区间有所不同,因此,隧道内接触网平面布置比区间和站场简单。

1)技术条件

(1)在气象条件上,与区间比较,对于接触悬挂可不考虑冰、风负载。长大隧道内最高气温比区间低10℃,最低气温比区间高5℃。

(2)隧道内常采用的悬挂类型有简单悬挂、半补偿和全补偿简单链形悬挂,一般根据隧道净空高度来选择,不受区间悬挂类型的限制。

(3)空气绝缘间隙应符合表4-1中的规定。

空气绝缘间隙(单位:mm)　　　　　表4-1

序号	相关内容		正常值	困难值
1	绝缘锚段关节	一般情况(使用于任何海拔高度)	450	—
	两悬挂点间隙	吸流变压器处	300	—
2	+25kV带电体距-25kV带电体间隙		500	—
3	25kV带电体距固定接地体间隙		300	240
4	25kV带电体距车辆或装载货物间隙		350	—
5	受电弓振动至极限位置和导线被抬起的最高位置距接地体的瞬间间隙		330	160
6	隔离开关引线、电连接线(包括跨另一只接触悬挂时)及供电线跨接线距接地体间隙		100	—

续上表

序号	相关内容		正常值	困难值
7	绝缘元件接地侧裙边距接地体间隙(适用于任何海拔高度区段)	瓷及钢化玻璃绝缘子	50	75
		环氧树脂绝缘元件		50

注:①污秽地区的绝缘与泄漏距离增大时,表中所列的空气绝缘间隙值可不增大。
②在海拔超过1000m的地区,海拔每增高100m,表中所列空气绝缘间隙均相应增大1%。
③在已建成的低净空的隧道、跨线桥等建筑物范围内,采用正常间隙确有困难时,方可采用表中困难值,且重雷区及距海岸线10km以内的区段的空气间隙,应采用正常值。如确需采用困难值时,则应相应采取防雷措施。

表4-1中的数据也适用于区间和站场平面布置。

(4)链形悬挂结构高度应保证最短吊弦长度不小于250mm。在布置定位点时,根据悬挂的跨距,可以每个悬挂点设定位,也可隔1~2个悬挂点设定位,应满足接触线对受电弓中心的偏移不超过500mm。

2)隧道内平面布置的一般原则

(1)在隧道内尽量采用最大允许跨距,跨距的大小在直线区段取决于允许的接触线弛度,曲线区段取决于接触线的允许弛度和接触线对受电弓中心的最大水平偏移。跨距越大则接触线弛度越大,在满足接触线最低高度的条件下,对隧道净空的要求也高。

(2)隧道口第一个悬挂点的位置及接触线的拉出值,应与隧道口外相邻支柱的位置和拉出值相协调,应满足线索在规定坡度下,其带电部分对拱顶的距离不小于相关规定。一般在距隧道口0.3~1.0m处安设第一个悬挂点。

(3)长隧道内(包括隧道间无法设锚段关节的隧道群),如为新建隧道,应利用隧道内已开挖的锚段关节断面,此时锚段长度可采用2000m。既有线长隧道内未开挖锚段关节断面时,锚段长度可采用3000m。

六、接触网平面布置图的布局

接触网平面图由图框、图标、平面布置图、附注栏、主要工程数量及材料设备表、设计说明、会签栏等内容组成。接触网平面图布局如图4-1所示。

接触网平面图上的附注栏示意图如图4-2所示,主要有侧面限界、支柱类型、地质情况、基础类型、安装图号、主要工程数量及材料设备表,以及设计负责人、复核者、图纸比例等重要信息。

一般附注栏内的支柱号与平面图上的内容是对应关系,为方便看图,一般附注在图纸内容的垂直下方位置。

侧面限界是表示支柱侧面离钢轨的距离参数,定义为在轨平面处支柱内缘到相邻铁轨的轨顶连线中心的水平距离,用 C_x 表示。直线区段侧面限界不得小于2500mm,一般高速铁路接触网取3000mm。

支柱类型表示支柱的材质、型号、容量及数量。例如 $H\dfrac{38}{8.7+2.6}$,其中,H 为钢筋混凝土支柱;38为垂直线路方向支柱容量(kN·m);8.7为支柱露出地面高度(m);2.6为支柱埋入地下深度(m)。G200/15,其中,G 为普通钢柱;15为支柱高度(m);200为垂直线路方向支柱容量(kN·m)。分子如有第二个数字则为钢柱顺线路方向的支柱容量,单位为kN·m。支柱容量是指支柱所能承受的最大许可弯矩值。钢筋混凝土支柱的支柱容量是指支柱的地面处所能承受的最大许可弯矩值。因为支柱为定型设计生产,很多时候为简便起见,在不产生误会的情况下,在接触网平面图中,支柱常简写为 H38.G200 等,省略其他内容。

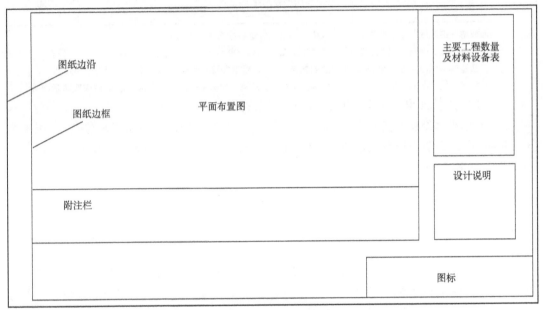

图 4-1 接触网平面图布局

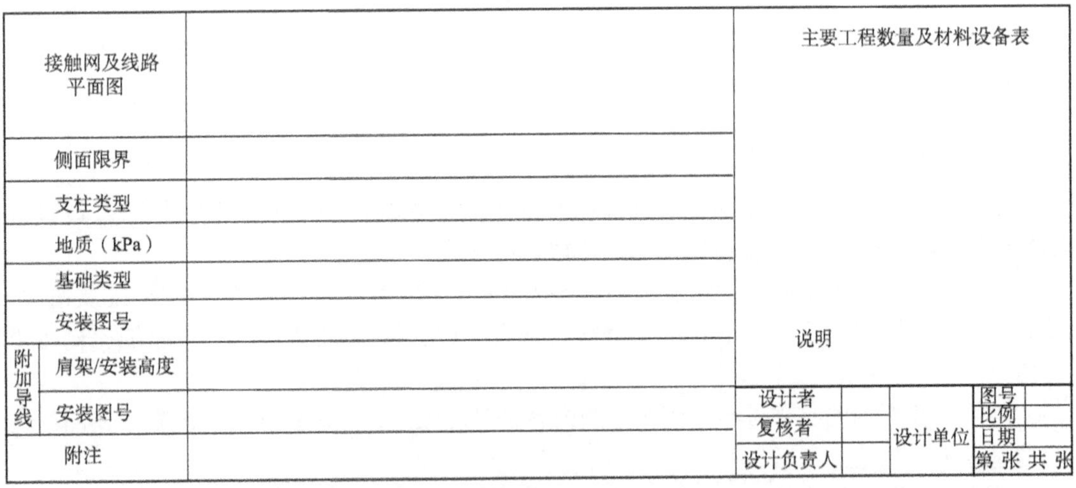

图 4-2 接触网平面图附注栏示意图

地质情况表示平面图中该支柱所在位置的地质情况,如土壤的种类,挖、填方等。在平面图中标注为"+"表示该区段为填方,标注为"-"表示该区段为挖方。

基础类型表明该支柱所配套的安装方式,钢支柱要用钢筋混凝土浇灌基础,其他支柱则一般是直接挖坑填埋,遇到地质不好的情况时,则添加横卧板进行加固。

安装图号是附注中最重要的内容,在平面图上查阅具体支柱对应的安装图号后即可查找到该支柱的详细装配内容。一般包括安装图号、软横跨节点、拉杆、腕臂、定位管、定位器类型等详细信息。

主要工程数量和设备表则注明如避雷器、隔离开关、接触线、承力索、吊弦、支柱、横卧板、基础、拉(压)管、腕臂、定位管、定位器、线岔、分段绝缘器、悬式绝缘子、棒式绝缘子等主要设备、线材、部件，以及构件的数量、规格、型号等。

技术说明内容主要包括在平面图上不易标注清楚的，或是为避免重复的，或是设计中有特别协议、约定、规定的，以及采用新产品和新设备的技术政策等。例如，悬挂类型、接触线高度、接触线坡度变化率，道岔柱定位形式及接触线拉出值大小，接地方式，支柱及距带电体 5m 内的金属体接地方式，支柱安装特殊条件，悬挂零件的改型，某些特殊设计的技术要求等。一张完整的接触网平面图上不允许有似是而非或不确定的问题。

七、接触网平面图图例

接触网平面图例如图 4-3 所示，设计步骤流程如图 4-4 所示。

1. 本标准适用于一般站场和区间接触网平面图。
2. 本标准采用的线条宽度规定为以下三种：
   (1) 粗型————宽度为 0.9mm；
   (2) 中型————宽度为 0.6mm；
   (3) 细型————宽度为 0.3mm。
3. 符号中所注尺寸均以 mm 计，适用于比例 1:1000 及 1:2000 的接触网平面图。

序号	名称	符号	序号	名称	符号
1	电化站场正线		12	股道间电连接	
2	电化站线及段管线		13	常分隔离开关	
3	预备线路		14	常合隔离开关	
4	非电化既有线		15	带接地刀闸的常分隔离开关	
5	非工作支、供电线		16	带接地刀闸的常合隔离开关	
6	加强线		17	管型避雷器	
7	回流线		18	火花间隙	
8	正馈线 (AF)		19	放电器	
9	保护线 (PW)		20	接地极	
10	架空线 (GW)		21	站场单线腕臂钢柱	
11	接触线、供电线硬锚		22	站场单线腕臂水泥柱	

图 4-3

序号	名称	符号	序号	名称	符号
23	区间单线腕臂水泥柱		41	区间曲线及头尾	$R—L—I$
24	站场单线腕臂水泥柱	$d=\dfrac{2.5(1.2000)}{4.0(1.1000)}$	42	回流线跨越接触悬挂	
25	站场双线腕臂钢柱		43	道岔及编号	N39
26	站场水泥柱软横跨		44	支柱处路基为填方	+
27	站场钢支柱软横跨		45	支柱处路基为挖方	—
28	站场钢支柱硬横跨		46	跨距长度	65
29	承力索硬锚		47	土壤安息角	30°
30	接触线补偿下锚		48	土壤承压力	2.0
31	承力索补偿下锚		49	拉出值及方向	300
32	链形悬挂硬锚		50	吸上线位置	
33	半补偿链形悬挂下锚		51	吸流变压器	
34	全补偿链形悬挂下锚		52	通过高柱色灯信号机	
35	加强线下锚		53	进站高柱色灯信号机	
36	回流线下锚		54	区间公里标	
37	分段绝缘子串		55	区间长(短)标记	114.5
38	分段绝缘器		56	小桥、涵渠	
39	分相绝缘器		57	非绝缘锚段关节	
40	站场曲线及头尾	$R—I—I$	58	绝缘锚段关节	

图 4-3

序号	名称	符号	序号	名称	符号
59	站场全补偿链形悬挂中心锚结	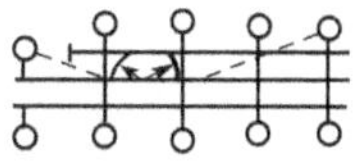	70	设计电化线路在桥下面的立交桥	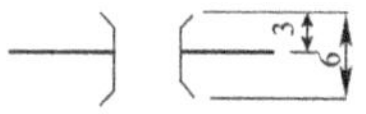
60	半补偿链形悬挂中心锚结		71	上承式或电化线路在上的立交桥、拱桥等	
61	区间全补偿链形悬挂中心锚结		72	下承式栓焊梁桥	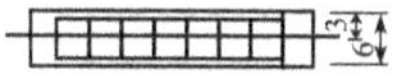
62	站场全补偿防串中心锚结		73	天桥	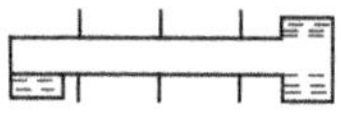
63	有限界门的平交道		74	地道	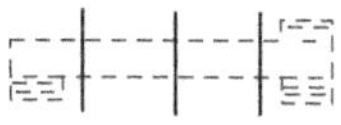
64	托盘式路基墙	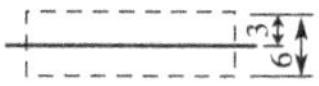	75	站场隧道	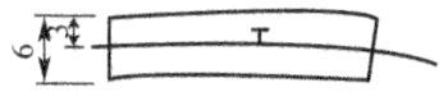
65	路肩挡墙	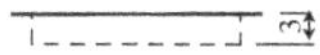	76	区间隧道	
66	仓库		77	隧道内绝缘关节	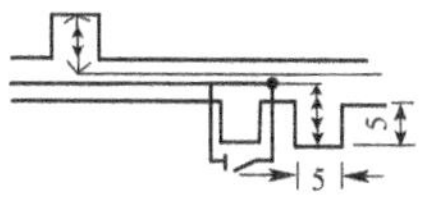
67	雨棚	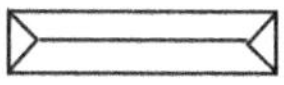	78	隧道内非绝缘关节	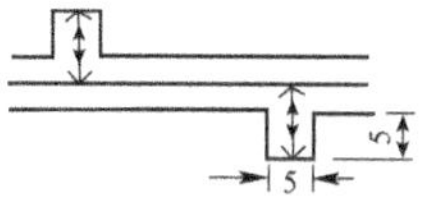
68	机车检查坑		79	接触网起测点	
69	架空水槽、水管	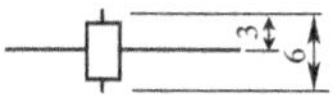	80	接触网工区	

图 4-3 接触网平面图图例

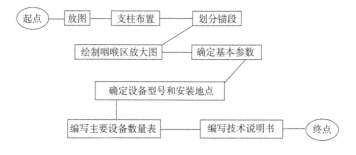

图 4-4 接触网平面图设计步骤流程

八、接触网平面图识读举例（见图4-5、图4-6）

图4-5二维码为节选某站场平面图主图的一部分，为便于识读，这里额外在图上用双点画线并添加注释序号进行讲解，具体如图4-6二维码中双点画线框图内容所示：

图4-5 某站场平面图主图

图4-6 图例讲解注释

注1为锚段信息标注，为便于识图和标注，将对应的锚段信息按照从上到下的顺序依次标注，如D01－355，D01代表锚段号，数字355代表锚段长度，对应在041号双支柱处采用链形悬挂硬锚形式进行下锚，锚段走向从041号支柱往图的右边走。

注2中标识此处隔离开关为常开电动隔离开关，M是电机符号，181是隔离开关编号。

注3中041为双支柱编号，双支柱用双圆圈表示，支柱编号一般上行为双号，下行为单号，尖括号和三角形箭头表示链形悬挂硬锚。

注4中055和056表示一组硬横梁，中间竖线表示硬横梁凸缘盘连接点，6个250代表此处有6个定位点，之字值都是250。

注5中两个尖括号和两个三角形箭头组合起来表示057号支柱处采用全补偿链形悬挂下锚。

注6中3个短横线表示分段绝缘器。

注7中虚线带一个三角形箭头表示此处附加导线硬锚。

注8中三角形代表测量起点，公里标读数为K后面的数字单位是km，"＋"后面的数字单位是m。

注9中表示044号支柱是双支柱，此处为链形悬挂硬锚，定位点拉出值为支柱侧200，从此处起锚的接触线锚段名称为D03，长度为228m。

注10中有个倒T字，表明此处为曲线起始段或终止端，由于是曲线此处的250表明043号支柱定位点的拉出值（直线区段为之字值，曲线区段为拉出值）。

注11中弧线表明此处有电连接，根据走向可以判断是顺股道方向的电连接。

注12中050代表数字边上的钢支柱编号为50号支柱，250代表此处支柱的之字值为定位点偏向支柱方向250mm，L9代表此处有线岔，为9号，21是指050号支柱到053号支柱间跨距为21m。

图4-7为某站场平面图附注栏的一部分，共有7行，从下往上分别是备注、附加线图号、软横跨节点或腕臂安装图号、基础类型、支柱类型、基础中心、距线路中心距离、支柱编号。读图时按照垂直位置读，如第一列先找支柱编号，确认第一列是针对152号和165号支柱的附注内容，同时每一大行中有两小行，对应的每一大行中上面一小行内容都是针对152号支柱的，下面一小行都是针对165号支柱的。因此识读此附注栏可以知道152号支柱的侧面限界为3m；支柱类型是H形钢支柱，支柱容量为240 kN·m，支柱高度为7.8m；基础类型为钢支柱基础ZM160型，同时带了一个拉线基础ZM55型；152号支柱上具体零部件安装情况可以查看支柱装配图册中安装图号为05-02/05-03的图纸；152号支柱上有附加导线，具体安装情况可以查看附加导线装配图册中安装图号为1403-Ⅱ-09的图纸。

备注							
附加线图号	1403-Ⅱ-09 1403-Ⅱ-09	1403-Ⅱ-09 1403-Ⅱ-09	1403-Ⅱ-09 1403-Ⅱ-09	1403-Ⅱ-09 1403-Ⅱ-09	1403-Ⅱ-09 1403-Ⅱ-09	1403-Ⅱ-09 1403-Ⅱ-09	1403-Ⅱ-09 1403-Ⅱ-09
软横跨节点或 腕臂安装图号	05-02/05-03 1181-Ⅰ-06 05-02/05-03 1181-Ⅰ-07	1181-Ⅲ-15 1181-Ⅲ-12	1181-Ⅲ-14 1181-Ⅲ-13	1181-Ⅲ-13 1181-Ⅲ-14	1181-Ⅲ-12 1181-Ⅲ-15	1181-Ⅰ-0705-02/05-03 1181-Ⅰ-0605-02/05-03	05-04 1181-Ⅰ-07 1181-Ⅰ-07
基础类型	ZH160 ZW55 ZH160 ZW55	ZH140 ZH160	ZH140 ZH140	ZH140 ZH140	ZH160 ZH140	ZH160 ZM55 ZH140 ZM55	ZM35 ZH160 ZH140
支柱类型	GHT240B/7.8 GHT240B/7.8	GHT240A/7.8 GHT240B/7.8	GHT240A/7.8 GHT240A/7.8	GHT240A/7.8 GHT240A/7.8	GHT240A/9.5 GHT240A/7.8	GHT240B/7.8 GHT240B/7.8	GHT240B/7.8 GH240B/7.8
基础中心距线 路中心距离	3.000 3.000	3.067 3.009	3.087 3.041	3.073 3.012	3.054 3.019	3.058 3.022	3.049 3.052
支柱编号	152 165	150 163	148 161	146 159	144 157	142 155	140 153

图 4-7 站场接触网平面图其他内容——附注栏(节选)

站场接触网平面图其他内容——技术说明:某车辆段接触悬挂类型表(节选)如图 4-8 所示。

线路名称	悬挂类型	导线配置	额定张力 (kN)	接触线高度 (mm)
出入段线	全补偿简单链形悬挂	2×JT150(承力索)+2×CTA150(接触线)	12	4040~5000
试车线	全补偿简单链形悬挂	2×JT150(承力索)+2×CTA150(接触线)	12	5000
联络线 L-39	全补偿简单链形悬挂	1×JT150(承力索)+1×CTA150(接触线)	12	5000
D01、D02、D03、D04 锚段	全补偿简单链形悬挂	1×JT150(承力索)+1×CTA150(接触线)	12	5000
洗车线	弹性补偿简单悬挂	1×CTA150(接触线)	12	5300
停车列检线	弹性补偿简单悬挂	1×CTA150(接触线)	12	5300
双周/三月检线	弹性补偿简单悬挂	1×CTA150(接触线)	12	5300
静调线	弹性补偿简单悬挂	1×CTA150(接触线)	12	5300

图 4-8 某车辆段接触网悬挂类型表(节选)

站场接触网平面图其他内容——技术说明:接触网开关安装位置表(节选)如图 4-9 所示。

开关编号	开关安装位置	开关编号	开关安装位置
06	170 号支柱	K6-1	6 股道进库方向库前左侧结构柱
16	148 号支柱	K6-2	6 股道进库方向库中左侧结构柱
26	150 号支柱	K7-1	7 股道进库方向库前右侧结构柱
36	152 号支柱	K7-2	7 股道进库方向库中右侧结构柱
46	试-14 号支柱	K8-1	8 股道进库方向库前左侧结构柱
013	149 号支柱	K8-2	8 股道进库方向库中左侧结构柱

图 4-9 接触网开关安装位置表(节选)

站场接触网平面图其他内容——技术说明:接触线高度变化表(节选)如图 4-10 所示。

名　　称	支柱(吊柱)编号	股道编号	导线高度	结构高度
出入段线	D07、D08	出、入段线	4040	760
	D09、D10	出、入段线	4040	800
	D11、D12	出、入段线	4100	800
	001、002	出、入段线	4300	1000
	003、004	出、入段线	4400	1100

图 4-10　接触线高度变化表(节选)(单位:mm)

站场接触网平面图其他内容——技术说明:道岔柱定位表(节选)如图 4-11 所示。

道岔编号	定位柱与岔心的距离	道岔编号	定位柱与岔心的距离	道岔编号	定位柱与岔心的距离
L1	3	L35	0.626	L71	3
L3	3	L37	3	L75	3
L5	3	L39	3.7	L77	0
L7	3	L41	3	L79	3

图 4-11　道岔柱定位表(节选)

站场接触网平面图其他内容——技术说明:黄兴车辆段接触网下锚统计表(节选)如图 4-12所示。

锚段编号	起锚支柱		落锚支柱		总锚段长度(m)
	编号	允许抬高(mm)	编号	允许抬高(mm)	
入段线 J	076	200	隧内洞顶	—	694×2
出段线 C	139	100	隧内洞顶	—	872×2
出段线 J	146	350	隧内洞顶	—	883×2
试车线 C	试-2	200	试-25	200	1002×2
试车线 J	试-1	500	试-26	500	1068×2
D01	041	500	085	300	363

图 4-12　黄兴车辆段接触网下锚统计表(节选)

说明:

(1)本图根据铁二院2011年5月提供的《系统2标施工图设计提轨道、供电专业资料》(技术工作联系单中铁二院系统2标〔施设〕联字〔2011〕第 38 号)、《黄兴车辆段车间静调电源柜补充说明》(技术工作联系单中铁二院系统2标〔施设〕联字〔2011〕第 56 号)、铁四院《关于信号提供黄兴车辆段轨道电路资料和与供电专业配合要求的函》(技术工作联系单铁四院系统3标信号〔施设〕〔2011〕第 57 号)以及供电专业提供的《施工图设计阶段供电基础资料》进行设计。未经现场测量,施工前应进行现场测量,如发现与本图不符之处,则须另行处理后再进行施工。

(2)黄兴车辆段出入段线及试车线为全补偿简单链形悬挂,导线由 2×JT150(承力索)+2×CTA150(接触线)组成,其中单根承力索、接触线的额定张力均为 12kN;库外联络线 L-39、D01、D02、D03 锚段悬挂类型为全补偿简单链形悬挂,导线由 1×JT150(承力索)+1×CTA150(接触线)组成,其中单根承力索、接触线的额定张力均为 12kN;其余各库线均为弹性补偿简单悬挂,其导线组成为 1×CTA150,接触线额定张力为 12kN。全补偿简单链形悬挂的结构高度为 1100mm。特殊情况详见设计说明中第4条规定。

站场接触网平面图其他内容——技术说明:站场接触网平面图明细栏:工程数量清单如图 4-13 所示。

名称	型号	单位	数量
接触线	CTA150	m	16862
承力索	JT150	m	6886
架空地线	JT120	m	5172
设备	链形悬挂分段绝缘器(双承+双导)	台	2
	链形悬挂分段绝缘器(单承+单导)	台	2
	简单悬挂分段绝缘器	台	2
	手动隔离开关	套	6
	分相绝缘器	台	5
	带接地刀闸手动隔离开关	台	9
	人工接地极	处	110
	限界门(限高4.4m)	处	12

图 4-13　站场接触网平面图明细栏:工程数量清单(节选)

图 4-8～图 4-13 都是站场接触网平面图主图以外的详细补充,包括技术说明和明细栏,结合主图和这些说明、表格,可以详细了解图纸涉及范围内的详细工程数量、设备清单、布置关系等相关接触网工程信息。

图 4-14 二维码是站场接触网平面图标题栏,位于图纸右下角,可以通过标题栏确认看图方向。图中写明了图纸的标题和图号,可以根据这两项内容核实是不是需要查找的图纸。除此之外,标题栏还注明了图纸设计人员、复核人员、工程师、负责人等,以便在使用图纸过程中发现问题能及时联系相关责任人,同时还要注意图纸采用的比例,1:500 代表图中线段为 1mm,则实物长度为 500mm,但图例和数据不受此比例约束。平面图一般采用缩小比例。

图4-14　站场接触网平面图标题栏

任务实施

请完成"实训 4.1　接触网平面图识图",见本教材配套实训活页。

单元 4.2　接触网供电分区识图

单元导入

接触网平面图范围一般至少是 2000m,范围大且设备复杂,无法清晰地表达接触网电路之间的连接情况,这时就需要我们能够看懂接触网供电分区示意图,接触网供电分区示意图是对指定范围内的接触网电路连接情况的简要示意图,即只保留影响接触网电路连接的关键供电线路和开关设备编号及公里标,各设备间位置距离不需按比例画出的接触网电路简单示意图。

接触网工作业过程中绝大多数是停电作业,因此,需要看懂接触网供电分区示意图,确认停电范围和挂接地线位置,使作业范围小于停电范围且在地线保护范围内,以确保人身和设备安全。

学习目标

1. 知识目标
(1) 理解城市轨道交通接触网供电分区图的内容和作用。
(2) 熟悉城市轨道交通接触网供电分区的图例。
2. 能力目标
(1) 能查找城市轨道交通接触网供电分区图案例上的指定开关和供电线路编号信息。
(2) 能根据城市轨道交通接触网供电分区图确认停电范围和正确的挂接地线位置。
3. 素质目标
(1) 养成安全运维的职业素养。
(2) 爱岗敬业，能认真学习专业理论知识。
(3) 钻研业务，具有独立思考能力。

一、接触网供电分区示意图的内容

接触网供电分区示意图是对接触网供电范围划分区段的平面示意图，它与接触网平面布置图的区别在于其更为简单明了，图中只标明电路连接的走向趋势，并且不考虑距离比例，重点标出变配电所，电分相、电分段绝缘器，隔离开关，避雷器等可以进行电路接通和断开的设备，操作改变图中某些设备状态可实现接触网部分范围内的电路接通或断开。

接触网供电分区示意图中采用的图例基本与接触网平面图图例一致，但很多城市轨道交通接触网改进了铁路局集团公司接触网的地线挂接方式，在刚性悬挂的汇流排上设置了固定的地线挂接位置，因此，城市轨道交通接触网供电分区示意图比铁路局集团公司接触网供电分区示意图上多了接地标志。这些城市轨道交通接触网供电分区示意图上的接地标志表明此处有挂接地线的接口，可以设置地线。常用接触网供电分区示意图图例如图 4-15 所示。

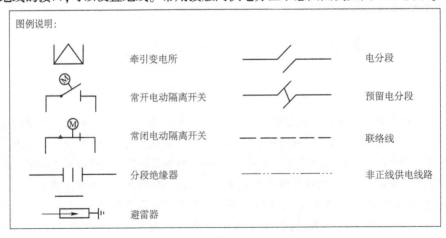

图 4-15 常用接触网供电分区示意图图例

二、接触网供电分区示意图识读案例

1. 接触网供电分区示意图的应用原则

识读接触网供电分区示意图的主要目的是学会分析安全作业范围,其前提是要确认停电范围和挂接地线位置。因此,必须熟记接触网供电分区示意图的两大应用原则:

(1)停电范围必须大于作业范围。停电范围以送电回路中起接通或断开作用的设备端划分,一般是隔离开关,也有用电分相或电分段来划分停电范围的。挂接地线位置必须在停电范围内并大于作业范围。

(2)必须确认所有可能的来电方向回路都停电方可开始作业。看接触网供电分区示意图必须从全局着手,不能只考虑作业回路,与电路有连接关系的其他回路也必须考虑,确认所有可能有电并影响作业回路的通路都已断开并挂了保护地线才能开始作业。

2. 识图内容

接触网供电分区示意图案例如图 4-16 所示。

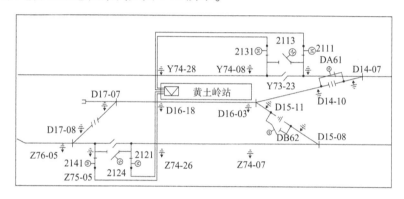

图 4-16 接触网供电分区示意图案例

从图 4-16 中可以看到,黄土岭站变电所供出来 4 条馈线,其中两条供给上行,另外两条供给下行,上、下行的符号编号根据各条线路具体情况确认,如某地铁 1 号线上行是左线,用 Z 表示,2 号线上行是右线,用 Y 表示。2131、2111、2113 为隔离开关编号,2111、2131 为常闭隔离开关,正常状态下这两个开关处于闭合位置。其中 2113 为常开联络隔离开关,正常情况下是断开的,其作用为在 2131 和 2111 隔离开关均断开的情况下,将相邻两个供电分区串联起来进行供电,由这 3 个开关共同控制了该处电分段两端的设备带电状态。DA61 也是隔离开关编号,表示渡线上设置的隔离开关,它下面对应相关分段绝缘器,也就是正常工作时通过 DA61 闭合对存车线进行供电;当有检修需要时,可断开 DA61 和 DB62 使存车线和相关渡线失电,进而安全开展检修工作。

图中每一个接地符号附近对应一个接地位置,表明该处有挂接地线的接地环,如 2131 隔离开关下方就有一个接地符号,表明该处挂地线位置在 Y74-08 定位点附近。

说明:

(1)本图根据中铁电气化局电化设计院提供的长沙市轨道交通 1 号线一期工程施工设计图供电示意图,结合现场实际及运营需要绘制而成。

(2)本图表述了长沙市轨道交通 1 号线一期工程正线接触网电化范围、电分段情况。图中各元素的位置为相对位置,具体位置见其他相关图纸。

(3)图中正线与出、入段线的电分段以联络开关为分界点,但分段绝缘器及开关设备属于车辆段工程范围。

(4)在开福区政府站为远期预留了绝缘锚段关节及2回馈线。

由说明可以明确该接触网供电分区示意图的范围、分界及其他补充说明。

任务实施

请完成"实训4.2　接触网供电分区识图",见本教材配套实训活页。

单元4.3　接触网安装图识图

单元导入

你有没有发现接触网平面图上只能查到设备间的相互位置情况,但由于平面图的范围太大而无法查找出每个设备具体的装配情况?这时就需要根据平面图查找出具体设备的安装图号,根据安装图指导具体设备的具体操作。

本单元是在对常见的接触网安装图识图的基础上,对常见零件进行认知学习,在此基础上掌握接触网典型的装配作业相关要求。

学习目标

1. 知识目标

(1)熟悉城市轨道交通接触网安装图的内容。

(2)理解城市轨道交通接触网安装图的识图要求。

2. 能力目标

(1)能完成城市轨道交通接触网安装图案例的识图。

(2)能应用城市轨道交通接触网安装图识图数据和信息指导接触网设备安装作业。

3. 素质目标

(1)养成安全运维的职业素养。

(2)爱岗敬业,能认真学习专业理论知识。

(3)钻研业务,具有独立思考能力。

基础知识

一、接触网安装图的内容

接触网是沿钢轨架设的向轨道列车提供电能的特殊的供电线路,前面已经学习了它的平面图,通过平面图查找到具体设备的位置,就能查找到它对应的安装图号,从而可以针对该设备进行具体的安装和调试。

接触网安装图是指表述设备上各零件之间的方向与位置,以及各设备之间的相互位置关系,用于指导接触网设备安装、调试的图样。接触网安装图布局如图 4-17 二维码所示。

接触网安装图的内容包括一组视图、必要的尺寸和标注、标题栏和明细栏。①一组视图:选用一组恰当的视图来表达机器或部件的工作原理,各零件间的装配、连接关系和主要形状等。②必要的尺寸:安装图中的尺寸一般只标注机器或部件的规格尺寸、装配尺寸、安装尺寸、总体尺寸,以及其他主要尺寸。③必要的技术要求:用文字或符号说明机器或部件的性能、装配、调试和使用等方面的要求。④零件的序号、明细栏及标题栏:序号是将装配图中各组成零件按一定的格式编号。明细栏用作填写零件的序号、代号、名称、数量、材料、质量、备注等。标题栏的内容、格式、尺寸等已经标准化,且与零件图的标题栏完全一样,主要填写机器或部件的名称、代号、比例及有关部门人员的签名等。

图4-17 接触网安装图布局

其中,接触网安装图与一般机械制图的区别在于,接触网安装图由于设备是标准化生产的,不需要完整的表示设备结构,只要两个视图就能表示清楚相关安装、调试顺序,尺寸仅仅标注设备中各零件之间的相互位置关系。标题栏用于注明安装图序号、设计、审核、比例等相关信息,其中技术说明是在安装图中,用文字表达图中不需要或无法用图样、图例符号表达的设计内容(如设计依据、引用的标准图集,使用的材料品种、元器件型号列表、施工技术要求及其相关技术参数等)。明细栏书写于标题栏上方,用与视图中对应的序号来说明各零件名称、材料、型号、数量和备注其他需要说明的事项。

二、接触网安装图的读图要求

(1)了解部件的功用、使用性能和工作原理。
(2)弄清各零件的作用和它们之间的相对位置、装配关系和连接固定方式。
(3)弄懂各零件的结构形状。
(4)了解部件的尺寸和技术要求。

读接触网安装图的一般方法和步骤:
(1)概括了解。
(2)了解装配关系和工作原理。
(3)分析零件的作用及结构形状。
(4)尺寸分析。
(5)总结归纳。

三、接触网安装图的识读案例

接触网的安装图种类众多,一般都是由平面图上查到具体设备位置后再查找安装图号,通过安装图号查到具体的设备安装图。平面图上是无法体现具体设备的装配情况的,安装图是接触网安装检修作业最详细的指导图纸资料,因此,本单元以最常见的接触网正定位安装图为例(图 4-18),讲解接触网安装图识图步骤和注意事项。

从图 4-18 中可以看出,该直线正定位中间柱共有 16 个零部件,具体零件名称及数量代号等信息可以查看明细栏。a 代表之字值(接触线与受电弓中心线的水平距离),

SH代表结构高度(接线到承力索的垂直距离),FH代表导高(导线到轨平面的垂直距离),H代表上、下部底座的垂直距离。

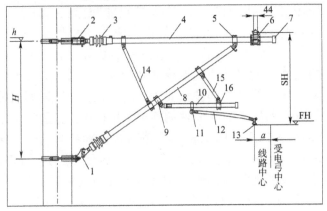

图4-18 直线正定位中间柱安装图的尺寸和视图(单位:mm)

说明:

(1)图4-18根据中铁电气化局电化设计院提供的长沙市轨道交通1号线一期工程施工设计图供电示意图,结合现场实际及运营需要绘制而成。

(2)本图表述了长沙市轨道交通1号线一期工程正线接触网电化范围、电分段情况。图中各元素的位置为相对位置,具体位置见其他相关图纸。

(3)图中正线与出、入段线的电分段以联络开关为分界点,但分段绝缘器及开关设备属于车辆段工程范围。

(4)在开福区政府站为远期预留了绝缘锚段关节及2回馈线。

直线正定位中间柱安装图的明细栏如图4-19所示。

序号	代 号	名称	材料	单位	数量	单重	附 注
1		腕臂上底座	Q235A	套	1		具体型号见总说明
2	JB	棒式绝缘子	瓷	套	1		
3	参照DTL0172(2-20)	X型腕臂	20号	件	1		见总说明
4	JL14(G2)-96	G2型套管双耳	Q235A	套	1		
5	CJL12(S)-98	定位双环	Q235A	套	1		
6	JL07(2)-99	2型管帽	10号	套	1		
7	JL13(G2)-96	G2型长定位环	Q235A	套	1		
8	DTL0162(L2)	L2型定位器	20号	套	1		
9	JL9901-01	定位线夹	CuNi2Si	套	1		
10	CJL61(P)-98	P型腕臂	20号	件	1		见说明3
11	JA	棒式绝缘子	瓷	套	1		
12	CJL01(D)-2001	吊索线夹	CuNi2Si	套	2		
13	CJL91(35)-98	35型钳压管	T2	套	4		
14		$35mm^2$青铜绞线		根	2		每根长约3m
15	CJL01(0)-01(35)-98	35型心形环	12Cr18Ni9	件	2		
16		腕臂上底座	Q235A	套	1		具体型号见总说明

图4-19 直线正定位中间柱安装图的明细栏

通过对照图4-18中的序号位置和图4-19中各序号,可以查出各零件名称、代号、材料和数量,为后续接触网设备安装作业做好准备。各零部件的详细结构及功能介绍请查阅接触网零部件章节相关内容。

 任务实施

请完成"实训4.3 接触网安装图识图",见本教材配套实训活页。

单元4.4 接触网隔离开关电气识图

 单元导入

在城市轨道交通接触网系统中有一个开关是最为重要的,那么是什么开关呢?它就是隔离开关。"隔离开关"顾名思义就是有着明显隔离断开点的开关设备,能起到隔离电源、保护人身和设备安全的作用。它安装在接触网上,在很远的距离就能判断电路的开合状态,它与断路器的最大区别在于其没有灭弧装置,所以,不能直接起到断开接触网电路的作用,必须与断路器配合才能开断接触网电路。

本单元是对电动隔离开关的型号、参数及电气原理图的介绍,通过本单元的学习,可掌握电动隔离开关的操作及排查故障能力,为后续单元的学习奠定基础。

学习目标

1. 知识目标
(1)理解城市轨道交通接触网隔离开关的作用、型号。
(2)熟悉城市轨道交通接触网隔离开关的分类。
(3)理解城市轨道交通接触网隔离开关的电气原理图的内容。
2. 能力目标
(1)能完成城市轨道交通接触网隔离开关的电气原理图案例中关键信息的查找。
(2)能分析城市轨道交通接触网隔离开关的电气工作原理。
3. 素质目标
(1)养成安全运维的职业素养。
(2)爱岗敬业,能认真学习专业理论知识。
(3)钻研业务,具有独立思考能力。

 基础知识

一、实际地铁隔离开关概述

本机以实际地铁一期工程线路现场实际采用的德雷希尔电气公司生产的GZ型户外隔离开关为例。该隔离开关额定电压为1500V,额定电流为3000A,适用于城市轨道交通DC1500V牵引供电系统。其主要有电动隔离开关、手动隔离开关和带接地刀闸的手动隔离开关三种类型。其中电动隔离开关主要用于接触网上网点、正线供电分区联络处；手动隔离开关主要用于车辆段各供电分区的联络处、折返线和存车线与正线间联络处；带接地刀闸的手动隔离开关主要用于车库、列检库及洗车库电分段处。其数量及分布情况如图 4-20 所示。

序号	设备所处位置	电动隔离开关 GZ型 DC1500V	手动隔离开关 GZ型 DC1500V	带接地刀闸的手动隔离开关 GZ型 DC1500V
1	正线	48	6	0
2	车辆段	7	4	45
3	合计	55	10	45

图 4-20　隔离开关数量及分布情况

1. 隔离开关的作用

（1）隔离开关用于隔离电源。因为隔离开关分闸后断口非常明显，而且断口在各种过电压之下都不会被击穿，具有足够的绝缘能力，对被检修的接触网设备进行电气隔离，并形成明显断开点，以保障检修人员、检修设备的安全。

（2）隔离开关与新路器配合进行倒闸操作，使有关电气设备按需要在运行、备用机检修状态间切换。根据供电需要，进行分/合闸操作，以改变供电系统的工作状态，提高供电灵活性。

（3）隔离开关可以通断小电流电路。

2. 隔离开关的类型

按照隔离开关触点动作的方式，隔离开关的结构一般有插入式、伸缩式、闸刀式和旋转式四种基本形式。开关型号中的第一个字母 G 表示隔离开关，其他字母的含义参见相关手册。

3. 隔离开关的结构

隔离开关和断路器一样，首先完成的是其开关的作用，所以在结构上和断路器相似，由开断元件、支持元件等基本部分组成。但隔离开关没有灭弧室，因此在结构上要比断路器简单得多。整个开关由钢底架支持并固定在 2.5m 高的水泥柱上。主闸刀由电动操作机构操作。隔离开关可电动操作，也可手动操作，连动时操动机构装在边相上，通过连杆机构使三相开关同步动作。隔离开关的结构组成如图 4-21 所示。

1）户内隔离开关

户内隔离开关有单极和三极两种形式，基本上是闸刀式结构，且静触点用弹簧加紧，保证接触压力。户内隔离开关一般采用手动操作机

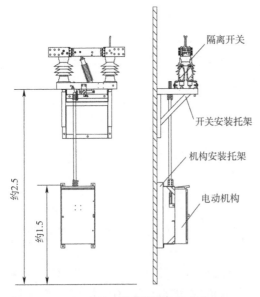

图 4-21　隔离开关的结构组成（单位：m）

构,也有根据需要采用电动操作机构的。

2)户外隔离开关

GZ 型户外隔离开关,其额定电压为 1500V,其额定电流为 3000A。

4. 隔离开关的刀闸结构

隔离开关的刀闸结构如图 4-22 所示。

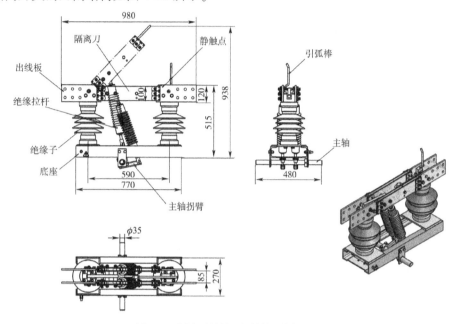

图 4-22 隔离开关的刀闸结构(单位:mm)

5. 主要技术参数

隔离开关的主要技术参数见表 4-2。

隔离开关的主要技术参数　　　　表 4-2

序号	名　　　称	单位	技　术　参　数
1	安装条件		户外
2	额定电压	kV	DC1.5
3	最高工作电压	kV	DC1.8
4	额定电流	A	3000/4000
5	4s 热稳定电流	kA	48
6	动稳定电流(峰值)	kA	100.8
7	主回路电阻值	μΩ	≤30
8	开关触点镀银在最高环境温度下的温升	℃	≤65
9	雷电冲击耐受电压	kV	100
10	1min 工频耐压(有效值)	kV	60
11	爬电距离	mm	580
12	开关机械寿命不小于	次	10000
13	耐污性能(0.35mg/cm² 盐密受电压不小于)	mm/kV	30
14	操作机构类型		手动或电动

6. 隔离开关操作注意事项

隔离开关没有专门的灭弧装置，因此不能带负荷操作，否则将在断口间产生电弧或造成三相弧光短路，造成严重事故，因此必须遵守以下事项。

（1）当隔离开关与断路器串联于电路时：分闸时先分断路器，再分隔离开关；合闸时先合隔离开关，再合断路器。简单描述为"先合后分"。

（2）当隔离开关与断路器并联于电路时：分闸时先分隔离开关，再分断路器；合闸时先合断路器，再合隔离开关。简单描述为"先分后合"。

在断路器和电动隔离开关的自动控制电路中，必须设置接点闭锁，使电路满足上述两个要求，以保证隔离开关不带负荷操作。

7. 隔离开关的操作机构箱

当我们打开隔离开关的操作机构箱箱门，可以看到在箱门上贴有电气原理图，电气原理图由主电路图、辅助电路图和接线端子排三部分组成，隔离开关的操作箱如图4-23所示。

（1）机构箱上方白色的盒子为温度控制器，温度控制器与下方的温度传感器、红处加热器配合使用。当温度传感器检测到机构箱内温度低于6℃时，则自动启动红外加热器，对机构箱进行加热除湿，保持机构箱内干燥。加热回路从跨接线端子排的55.56节点引入AC220V电路，加热回路是通过保护开关Q21实现对电源的控制。

（2）温度控制器的下方为开关分闸位置辅助节点，各有8组常开、常闭触点，分别连接长接线端子排的11~46节点，实现对开关分/合闸状态的监控，并且通过SCADA通信系统，反馈至远方控制平台。

（3）分/合闸位置辅助节点中间为电机保护开关，连接跨接线端子排的4、5节点，为其提供DC110V控制电源，同时连接跨接线端子排的47、48节点，当机构箱电路故障时，开关自动跳闸后，通信回路导通，提示远控制平台电机保护开关跳闸。

（4）电机保护开关下方为分/合闸接触器，分/合闸接触器上方并联涌流保护器，当操作回压过载时对接触器进行保护，从图4-23中我们可以看以分/合闸接触器上有多对常开、常闭触点，其特性为接触器线圈得电常闭节点断开，常开节点闭合。

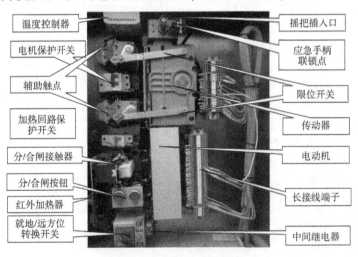

图4-23　隔离开关的操作箱

(5)分/合闸接触器的下方为当地位电动操作分/合闸操作按钮。

(6)分/合闸操作按钮下方为就地远方位转换开关,根据控制需要对其进行操作,其连接跨接线端子排的53、54节点,作用是将转换开关位置信号反馈至远方控制平台。当合上控制电源,将转换开关转换至远方位,此时可实现电调远方对其进行分/合闸操作控制;当合上控制电源,将转换开关转换至就地位,按下分/合闸按钮,可实现对其就地位电动操作控制。

(7)转换开关右侧分别为时间继电器、中间继电器。时间继电器连接跨接线端子排的49、50节点,当电机对开关进行分/合闸操作时全动作超过6s,则时间继电器闭锁,自动断开操作回路,实现对开关出现卡滞情况的保护。

(8)时间继电器的右侧是中间继电器,中间继电器连接跨接线端子排的51、52节点,其作用是对操作机构箱控制电源进行监控。当操作电源失压时将信号反馈至远方控制平台。

(9)电动机构箱右侧分别为摇把插入口、应急手柄联锁点、限位开关、传动器、电动机。当操作电源失压无法对其进行电动操作时,需对其进行手动操作分/合闸,把摇把插入操作孔内,顶开应急手柄联锁点,对开关进行分/合闸操作,顺时针操作为合闸,逆时针转动为分闸。

(10)电动隔离开关的四种操作方式。

①远方位:电调操作。

②远方位:变电所内操作。

③当地位:电动操作。

④当地位:手动操作。

注:①断电操作时:先断开断路器,后断开隔离开关。送电操作时:先合隔离开关,后合断路器。

②隔离开关只能在无负荷情况下进行分/合闸操作。

8.德雷希尔 UM90 电动操作机构使用说明

当地电动操作:

(1)先确定外供控制电压和操作电压是否与图纸相符。

(2)将电动机构内电机保护开关 Q11(Q21)推至合闸位。

(3)当地操作时将远、近动转换开关 S10 转至当地位。

(4)进行分/合闸按钮操作(S4A 为分闸按钮,S4E 为合闸按钮)。

远方电动操作:

(1)将 S10 远、近动转换开关转至远方位置。

(2)远方控制室进行分/合闸电动操作。

当地手动操作:

(1)将电动机构内电机保护开关 Q11(Q21)推至分闸位。

(2)当地操作时将远、近动转换开关 S10 转至当地位。

(3)将手动摇把插入手动操作孔内(S3 手动应急开关位置)。

(4)顺时针操作为合闸,逆时针操作为分闸。

简单故障处理:

(1)当电动机构内电机保护开关 Q11(Q21)跳闸时检查机构内部短路故障。

(2)当时间继电器 J2 灯闪烁时,检查机构内部有无卡滞情况,机构正常分/合闸时间＜4s,J2 出厂设定为 6s,当机构分/合闸时间＞6s 时间继电器会启动,切断操作机构电机电源,保护操作机构电机。再次使用时需要将电动机构内电机保护开关 Q11(Q21)先分闸后再合闸就可解除时间继电器闭锁,然后再进行电动机构分/合闸操作。

(3)电动机构分/合闸不动作时先检查 S1/S2 分/合闸行程开关是否复位。如果 S1/S2 正常,再检查 K1A/K1E 分/合闸接触器能否合闸到位(可强行使接触器吸合以确定接触器是否故障)。

二、电气原理图讲解

用图形符号、文字符号、项目代号等表示电路各个电气元件之间的关系和工作原理的图称为电气原理图。电气原理图是把一个电气元件的各部件以分开的形式进行绘制(也有将同一电器上各个零部件均集中在一起,按照其实际位置画出的电路结构图)。电气原理图结构简单、层次分明,适用于研究和分析电路工作原理,并可为寻找故障提供帮助,同时也是编制电气安装接线图的依据,因此,在设计部门和生产现场得到广泛应用。图 4-24 二维码为 GZ 电动隔离开关的电气原理图。

图 4-24 二维码中各元件标示如下:1、2 为远动分合;3 为远动公共端;4、5 为控制电源;6、7 断路器闭锁;51、52 为操作电源失压信号 ;6、7 为变电所断路器联锁。图中各符号代表设备含义如下:

图4-24 GZ电动隔离开关的电气原理图

J1——失压保护继电器。

J2——时间继电器。

S10——转换开关。

K1A——"分闸"接触器。

KIE——"合闸"接触器。

J2——时间继电器。

S3——摇把插入时断开。

S4E——合闸按钮。

S4A——分闸按钮。

以当地为合闸为例说明:

准备:当断路器 QF 在分闸位置,6、7 在接通位置,合上 Q11、J1(失压保护继电器)监视控制电源,正常时得电。控制开关 S10 转换至当地位。KIE("合闸"接触器)两端电路正常有 110V 电压降。

按动合闸按钮 S4E,其电流路径:+4(正电源)→Q11→S10→SAE4→3、4→S2(行程开关)→KIE(合闸接触器)→6、7(断路器闭锁)→Q11→5(-电源)。

KIE 得电→61、62 常闭触点断开(闭锁 KIA);83、84 常开触点闭合(自锁);53、54 常开触点闭合;1、2、3、4、5、6 常开触点闭合(启动)。

KIE 1、2、3、4、5、6 常开触点闭合(启动):

电流路径:+4(正极电源)→Q11→KIE 1、2 →A,B(M)→KIE3、4→D、C→KIE5、6→Q11→5(-电源),隔离开关电动机得电,操作机构闭合刀闸。

当合闸到位后行程开关 S2 断开,同时合闸接触器线圈失电断开,合闸结束。

KIE61、62 常闭触点断开。

切断 KIA 的合闸回路,实现联锁功能。

KIE83、84 常开触点闭合(自锁)。

KIE83、84 常开触点闭合后,当手动按钮 SAE 回复后,依然保证 KIE 线圈的通电,实现自锁功能。

KIE53、54 常开触点闭合。

电流路径:+4(正电源)→Q11→KIE53、54→J2(时间继电器)→6、7(断路器联锁)→Q11→5(-电源)→J2 得电。

J2 时间继电器得电。

J2 的 15、16 延时断开触点 6s 后断开,J215、18;25、28 延时闭合触点闭合。

若合闸(分闸)操作 6s 内未能操作完毕,J2 的 15、16 延时断开触点就会断开操作回路;且 J2 的 15、18 延时闭合触点闭合,起到自保持作用;J2 的 5、28 延时闭合触点闭合发出信号,如图 4-25 二维码所示。

接触线端子排辅助电路功能节点介绍:电动隔离开关辅助电路的作用是对开关状态进行监控,并通过 SCADA 系统,对监控结果反馈至控制中心;11～46 为开关分/合闸位置信号节点,对开关分/合闸状态进行监控,并反馈至远方控制平台;47、48 为保护空气开关跳闸信号(跳闸后闭合),输出故障信号至控制室;49、50 为分合操作超时信号;53、54 为当地、远方转换开关位置信号(远方闭合);55、56 为加热器电源。

图4-25 电动隔离开关的电气原理图(信号部分)

当 49→J25、28(延时闭合触点闭合)→50,发出分、合操作超时信号。

三、隔离开关的检修

电动隔离开关检修前,应确认变电所相应直流小车拉到检修位,确认所有来电方向已停电接挂好地线。检修人员系好安全带后方可开始检修。

(1)检查动、静触点接触面是否光滑,有无烧损与锈蚀;检查合闸时主闸刀是否水平,其中心线与静触点的中心线是否吻合;用 0.05mm×10mm 的塞尺检查刀闸的接触点,应塞不进去;否则要对弹簧压板螺栓、传动杆 U 形螺栓进行调整。

(2)清除导电部分及支柱绝缘子表面尘垢,同时查看绝缘子有无破损,并在静触点导电部位及动触点位置均匀涂抹一层导电脂,涂抹厚度为 0.1～0.3mm。

(3)用力矩扳手检查开关底座、传动杆、母线连接紧固螺栓是否有松动。

(4)检修完毕后通过手柄手动操作隔离开关,分、合各两次,检查机构与隔离开关联动时有无卡滞现象,主轴拐臂限位螺栓是否顶固。在隔离开关分闸过程的初始阶段要注意:直至隔离刀完全分开 2cm,两个消弧棒应可靠接触。若不能接触,则松开固定消弧棒下方的顶丝,转动消弧棒,直至接触,再紧固顶丝。

(5)检查电动操作机构箱,查看各部件指示灯是否显示异常,检查接线端子是否松动;清除机构箱内设备表面尘垢;检修完毕,将转换开关打至远方位,联系电力调度员远方位试操作,确认无误后关闭箱门,并加锁。

注意：作业前请变电专业配合将变电所相应断路器直流小车拉到检修位。

（6）隔离开关常见故障排查见表4-3。

隔离开关常见故障排查表 表4-3

序号	故障现象	具体描述	可 能 原 因
1	拒动	1. 远动、当地均无法分/合闸	1. 接触器无动作：应检查电源、保护开关Q11、时间继电器J2(15~16)辅助触点、断路器闭锁(6~7)及分/合闸公共回路(线路1)； 2. 接触器有动作：检查电机、接触器辅助触点及其回路(线路2)
		2. 能当地、无法远动分/合闸	检查1、2、3号3个远动端（当地操作回路无问题时）
2	分闸故障	1. 远动、当地均无法分闸	检查合闸接触器K1E(61~62)辅助触点、应急手柄S3(1~2)触点、分闸限位开关S1、分闸接触器K1A及其回路(线路3)
		2. 能当地、无法远动分闸	检查1号远动端
3	合闸故障	1. 远动、当地均无法合闸	检查分闸接触器K1A(61~62)辅助触点、应急手柄S3(3~4)触点、合闸限位开关S3、合闸接触器K1E及其回路(线路4)
		2. 能当地、无法远动合闸	检查2号远动端
4	灰显	分闸位置灰显	检查分闸位置辅助接点S2A(11~26)
		合闸位置灰显	检查合闸位置辅助接点S2E(31~46)
5	分/合闸不到位	分/合闸不到位	1. 检查机械原因，如机械卡死、传动卡滞等； 2. 检查时间继电器J2是否过早动作，分/合闸限位开关S1、S2调试灵敏等
	保护开关分闸信号	无显示	检查保护开关Q11、Q12的辅助触点及端子排X1的47~48号
6	机构动作超时信号	无显示	检查时间继电器J2及其辅助触点、端子排X1的49~50号
	操作电源失压信号	无显示	检查电源电压、欠压继电器J1及其辅助触点、端子排X1的51~52号
7	转换开关位置信号（远动）	无显示	检查转换开关的状态及其辅助触点、端子排X1的53~54号

任务实施

请完成"实训4.4 接触网隔离开关电气识图"，见本教材配套实训活页。

模块五　接触网常用工、器具及仪表

导读： 本模块主要学习典型接触网作业常用的工、器具及仪表，要求掌握接触网常用工、器具及仪表的种类和使用方法，了解其作用和注意事项，为后续完成接触网维修与检修相关作业做好准备。

单元5.1　接触网常用工、器具

单元导入

我们都知道"工欲善其事，必先利其器"，那么在城市轨道交通接触网作业过程中常用的工、器具有哪些呢？

本单元主要学习接触网常用工、器具的相关知识，要求掌握接触网常用工、器具的种类和使用方法，了解其作用和注意事项，为后续完成复杂的接触网作业奠定基础。

学习目标

1. 知识目标
(1) 熟悉常用安全防护用品的作用和使用方法。
(2) 熟悉常用工、器具的作用和使用方法。
2. 能力目标
(1) 掌握安全防护用品的使用及相关注意事项。
(2) 掌握常用工、器具的使用及相关注意事项。
3. 素质目标
(1) 遵守接触网检修规程、接触网作业安全规程及各项规章制度等有关规定。
(2) 爱岗敬业，能正确使用相关防护用品及工、器具。
(3) 钻研业务，具有良好的团队合作精神。
(4) 严格执行接触网检调工作程序、工作规范。
(5) 爱护设备及工具、仪器、仪表。
(6) 保持工作环境清洁有序，文明生产、安全生产。

基础知识

一、安全防护类用具

防护用具主要是防护作业人员的人身安全。接触网安全防护类用具主要有DC1500V

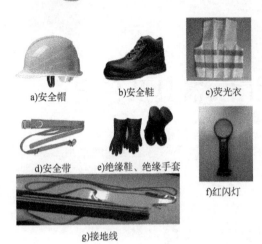

图 5-1 接触网作业安全防护用具

a)安全帽　b)安全鞋　c)荧光衣　d)安全带　e)绝缘鞋、绝缘手套　f)红闪灯　g)接地线

验电器、接地线、红闪灯、安全带、安全帽、安全鞋、荧光衣等,如图 5-1 所示。其在使用时应遵照以下规定。

(1)安全帽:无破损、变形、安全帽帽绳结实无腐蚀。

(2)安全带:无破损、散股、定期进行拉力试验,高空作业前进行试拉,确认结实可靠后方可使用。

(3)绝缘鞋:鞋底部磨损严重时应当更换。

(4)红闪灯:防止列车误闯作业区,危害作业人员人身安全。

(5)绝缘手套、绝缘鞋:每年进行一次耐压试验;使用前应进行外观检查,有破损不得使用;使用前应进行鼓风测试,有漏气禁止使用。

(6)DC1500V 验电器:

验电器(图 5-2),专门用于"+"极性高压 DC1500V 电气设备的验电。使用方法:①先按一下验电器指示器的自检按钮,指示器若发出歇式声光指示信号,证明验电器指示器完好;②将验电器指示器旋转装于操作杆第一节端部(最上一节顶端),第一节尾部插孔处用接地连线插入并接地;③将操作杆缓缓升起使指示器端部金属触点接触带电体,若有电则指示器发出声光指示信号,反之则无声光信号指示;④验电时应注意接地连线与高压带电体保持足够的安全距离,整个操作过程应符合安全规程的要求。

(7)1500V 高压直流接地线

高压直流接地线(图 5-3)工具属于安全工、器具,它由环氧酚醛玻璃钢管和铝合金加电镀处理的螺纹金属件及软铜线组合而成。使用方法:先将铝卡头与 70mm² 线连接起来,并先把铝卡头卡在道轨上,在另一端铜卡头与 70mm² 线连接牢固,再卡在接触网上,工作完毕再将铜卡头与接触网分离开,然后再把铝卡头从道轨上取下。接地前注意确认接地线不得在断股、散股和接头处,接挂完地线后确认接地线夹连接牢固。

图 5-2　验电器

图 5-3　接地线

二、测量类工、器具

测量用具主要测量各类设备的几何参数与物理状态。

测量类主要工、器具有DJJ-8激光测量仪、游标卡尺、钢卷尺、线坠、水平尺、塞尺和千分尺等。

1. DJJ 多功能激光接触网检测仪

DJJ 多功能激光接触网检测仪是电气化铁路接触网机械,参数测量的专用仪器。该仪器采用先进可见光半导体激光器,无论是白天、夜晚,也无论是刮风、有雾天气,其都可以对接触网的导高、拉出值、定位器坡度、锚段关节、线岔及超高、轨距等14个参数进行快速测量。它具有体积小、重量轻、安全可靠、显示直观等优点,是轨道交通工程必备的先进测量设备。地铁接触网中主要用它来测量导高和拉出值。DJJ-8激光测量仪如图5-4所示。

图 5-4　DJJ-8 激光测量仪

1）使用方法

（1）放置:将测量架放置于待测目标下方的轨道面上,拨动测量架右端的轨距手柄,使测量架两端的固定测脚和活动测脚都紧靠钢轨内沿,保持测量架与轨道基本垂直,将主机放置于测量架的定位盘上,并使旋紧旋钮处于旋紧状态。

（2）开机:打开电源开关后,按下键盘上的"开/关"按钮,显示屏出现"请向右旋转主机"提示,根据提示用手轻轻旋转主机头（禁止快速旋转）,直至显示屏上出现视频图像,即表示仪器进入正常测量状态,此时就可以开始测量了。

（3）瞄准:仪器的显示屏中央有白色十字丝,前后挪动测量架和旋转主机头,当十字丝中心与待测目标完全重合时,表明已瞄准。瞄准时,可先用手转动主机头进行粗调,然后根据需要可旋转微调旋钮进行微调,直到对准目标。在光线较弱的情况下也可按"长光"键打开长光,用眼睛观察红色激光点辅助瞄准。

（4）测量:在正常测量状态下,瞄准目标后即可按下相应功能键进行测量,并显示测量结果。如果未瞄准目标则提示"进入盲区"或"未对准目标请重新测量"。

2）使用注意事项

（1）观察分划板、瞄准物镜（激光发生器为精密光学器件,严禁用手或硬物触碰）。

（2）测量时,不可直对太阳等强烈光源或其他强光反射物体。

（3）提携主机时,只能手握提手;提携测量架时,严禁直接用手拿持滑块。

（4）激光测量仪发出的激光应尽量避免直射眼睛。

（5）完成测量作业后,要及时将仪器装入专用箱中,避免意外损坏。

（6）雨天作业完毕后应及时用干棉布将仪器擦干。

（7）在干燥环境下存储仪器。

2. 游标卡尺

游标卡尺（图5-5）是一种测量长度、内外径、深度的量具,由主尺和附在主尺上能滑动的游标两部分构成。主尺一般以mm为单位,而游标上则有10、20或50个分格,根据分格的不同,游标卡尺可分为10分度游标卡尺、20分度游标卡尺、50分度游标卡尺等;游标为10分度的有9mm,20分度的有19mm,50分度的有49mm。游标卡尺的主尺和游标上有两副活动量爪,分别是内测量爪和外测量爪。内测量爪通常用来测量内径,外测量爪通常用来测量长度和外径。

游标卡尺一般用于接触线磨耗测量和受电弓厚度测量,使用前应先调零后方可测量。游标卡尺精度较高,因此严禁摔碰。

3. 塞尺

塞尺(图5-6)是一种测量工具,主要用于测量刚性接触网汇流排接头,以及隔离开关动静触点间缝隙大小。塞尺使用前必须先清除塞尺和工件上的污垢和灰尘,使用时可用一片或数片重叠插入间隙,以稍感拖滞为宜。测量时动作要轻,不允许硬插,也不允许测量温度较高的零件。

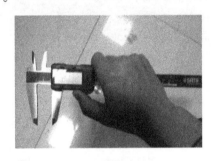
图5-5　游标卡尺

图5-6　塞尺

1) 使用方法

(1) 用干净的布将塞尺表面擦拭干净,不能在塞尺沾有油污或金属屑末的情况下进行测量,否则将影响测量结果的准确性。

(2) 将塞尺插入被测间隙中,来回拉动塞尺,如感到稍有阻力,说明该间隙值接近塞尺上所标出的数值;如果拉动时阻力过大或过小,则说明该间隙值小于或大于塞尺上所标出的数值。

注意:在进行间隙的测量和调整时,先选择符合间隙规定的塞尺插入被测间隙中,然后一边调整,一边拉动塞尺,直到感觉稍有阻力时拧紧锁紧螺母,此时塞尺所标出的数值即为被测间隙值。

2) 注意事项

(1) 不允许在测量过程中剧烈弯折塞尺或用较大的力硬将塞尺插入被检测间隙,否则将损坏塞尺的测量表面或零件表面的精度。

(2) 使用完后,应将塞尺擦拭干净,并涂上一薄层工业凡士林,然后将塞尺折回夹框内,以防因锈蚀、弯曲、变形而损坏。

(3) 存放时,不能将塞尺放在重物下,以免损坏塞尺。

4. 水平尺

水平尺(图5-7)主要用来检测或测量物体水平和垂直度,主要用于分段绝缘器、锚段关节、线岔检修。水平尺材料的平直度和水准泡质量决定了水平尺的精确性和稳定性。

注:使用时应确保水平尺底部平整,防止因水平尺本身问题,造成测量误差。

5. 线坠

线坠(图5-8)也叫铅锤,是一种由金属(铁、钢、铜等)铸成的圆锥形的物体,主要用于物体的垂直度测量,如线岔的叉心定位测量。

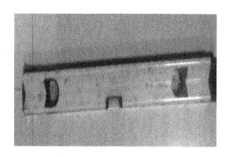　　　　　　　　　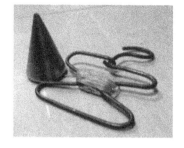

图 5-7　水平尺　　　　　　　　　图 5-8　线坠

三、校正类工、器具

校正类工、器具主要有整弯器、扭面器、手扳葫芦、力矩扳手和内六角扳手等。

1. 整弯器

整弯器有三轮、五轮、七轮几种规格，其轮数越多越精准。整弯器主要用来将弯曲的接触网整直，使用时将两轮和三轮之间的距离调大，套在弯曲的接触线上，然后慢慢缩小两轮和三轮的距离，卡紧接触网，并在缩小距离的同时来回推动直线器。接触线整弯器如图 5-9 所示。

2. 扭面器

接触线拧面器又叫导线扭面器、多用扭面器，适用于铜及铜合金接触线，通过活动的头部自动适应不同的线形。其主要特点是可适用多种线形（85、110、120、150）、体积小、质量轻、使用方便。扭面器如图 5-10 所示。

　　　　　　　　　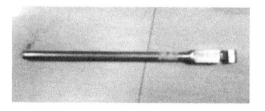

图 5-9　接触线整弯器　　　　　　　图 5-10　扭面器

3. 手扳葫芦

手扳葫芦是通过人力手动扳动手柄，借助杠杆原理获得与负载相匹配的直线牵引力，轮换地作用于机芯内负载的一个钳体，带动负载运行。它具有结构紧凑、质量轻、外形尺寸小、携带方便省力、安全可靠、使用寿命长、手扳力小、对钢丝绳磨损小等优点。手扳葫芦可以进行提升、牵引、下降、校准等作业。手扳葫芦及附件如图 5-11 所示。

4. 力矩扳手

力矩扳手也叫扭力扳手，由压力弹簧、力矩释放关节、力矩顶杆三部分组成。力矩就是力和距离的乘积，在紧固螺栓螺母等螺纹紧固件时需要控制施加的力矩大小，以保证螺纹紧固且不至于因力矩过大而破坏螺纹，所以用力矩扳手来操作。首先设定好一个需要的力矩值上限，当施加的力矩达到设定值时，扳手会发出"咔嗒"声响，这就代表已经紧固，无须再加力。

图 5-11　手扳葫芦及附件

使用前在力矩扳手上设定所需力矩值（由弹簧套在顶杆上向力矩释放关节施压），锁定力矩扳手，开始拧紧螺栓。当螺栓达到力矩值（当使用扭力大于弹簧的压力）后，会产生瞬间脱节效应。在产生脱节效应的瞬间发出关节敲击扳手金属外壳发出的"咔嗒"声。力矩扳手如图 5-12 所示。

5. 内六角扳手

内六角扳手通过力矩施加对螺栓的作用力，有些空间狭小的部位，内六角螺栓和扳手无法保持在通一条直线上，直头内六角扳手无法操作，需要用到球形内六角扳手。只要在夹角范围以内，球形内六角扳手就能够实现以倾斜的角度拧螺栓。内六角扳手优点如下：

（1）简单且轻巧。

（2）螺栓与内六角扳手之间有六个接触面，受力充分且不容易损坏。

（3）可以用于拧深孔中螺钉。

内六角扳手套装如图 5-13 所示。

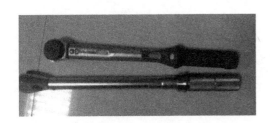

图 5-12　力矩扳手

图 5-13　内六角扳手套装

四、其他专用安装工、器具

1. 梯车

接触网维修梯车底盘主要是由固定框架及 4 个轨道轮组成，车身由高强度的铝合金制造而成，分支承架和作业平台两部分。梯车（图 5-14）是接触网日常维护检修必不可少的辅助工具。隧道内接触线平均高度为 4040mm，所使用的维修梯车高度为 2900mm；隧道外接触线高度达 5000mm 及

图 5-14　梯车

以上,使用的维修梯车高度为3900mm。梯车作业平台一般只允许两个人同时作业,推行速度不能超过5km/h。

2. 紧线器

紧线器(图5-15)适用于在接触网检修或施工中,配合双钩紧线器及手扳葫芦等工具使用,完成接触线的加载或卸载作业。

3. 拉力绳

接触网专业所使用的拉力绳(图5-16)有两种型号:DLD01-8.00,破断荷载8000kg,近似直径10mm,每米质量0.047kg,套长350mm;DLD01-10.3,破断荷载10300kg,近似直径11mm,每米质量0.061kg,套长400mm。拉力绳主要用于接触网检修中,配合手扳葫芦对受力部件起牵引连接作用。

图5-15 紧线器

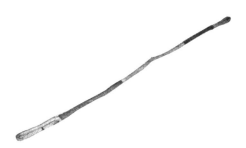

图5-16 拉力绳

4. 分体式液压钳

分体式液压钳由液压系统和各种液压模块组成,适用于铜、铝导线电缆的围压连接和封端。本专业主要是用于接触网各电连接接线端子的压接。标准配模九组:50、70、95、120、150、185、240、300、400,其他模具可外加16、25、35。机械压钳与液压钳如图5-17所示。

a)
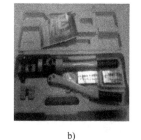
b)

图5-17 机械压钳与液压钳

5. 汇流排放线小车

刚性悬挂接触线架设前,应先将汇流排中心锚结安装锚固好,并用锚固线夹卡住汇流排,以使汇流排在放线过程中不滑动。接触线在嵌入汇流排前应涂导电油脂,作业人员在放线前应用油漆刷或其他方法,将接触线两边沟槽内均匀涂入导电油脂。

在刚性悬挂接触线架设的始端,安装并调整好放线小车,架放接触线的小车,是专门为这种可以像拉链一样拉开和关闭的Π形截面汇流排配套设计的。应从始端把接触线导入汇流排,同时把接触线放拉入汇流排沟槽内,接触线用放线小车拉镶入汇流排中后,应立即对汇流排终端接头部位进行紧固。放线小车示意图如图5-18所示。

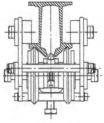

图5-18 放线小车示意图

使用方法:

(1)检查零件是否有影响使用的质量缺陷或变形,紧固件是否灵活。

(2)汇流排外形通过扳手调整放线小车定位轮和导轮的相互位置,使放线小车能轻松地架设到汇流排上,置于汇流排尾部。

(3)采用扳手拧动前后定位轮的调节螺轴,将其覆盖部位汇流排钳口撑开至接触线能顺利镶入的尺寸,将接触线穿入汇流排,拧动中间顶丝装置,将接触线钳口及以下部位固定在汇流排钳口中,如图5-19所示。

图5-19 步骤3

(4)采用扳手拧动后定位轮的调节螺轴,使汇流排尾部呈自由夹持接触线状态,如图5-20所示。

图5-20 步骤4

(5)在放线小车前端拉线孔中穿入铁线或钢丝绳后,拉动放线小车向前移动,在小车向前移动的同时接触线被镶入汇流排钳口中。

注意事项:

①前后4个导轮应保证同时卡在汇流排导道上。

②中间顶丝装置对接触线施加的压力应适中。

③后定位轮在放线过程中应避免对沟槽产生侧向作用力。

6. 放热焊模具

放热焊模具(图 5-21)主要用于接触网回流线与钢轨接头的焊接,其实质是利用一种反应性较强的金属来还原另一种金属或金属氧化物,应用于铁轨间铜母线的连接、电力接地系统及阴极。该焊接工艺操作简单,不需要外部电源和热源,而且焊接成本低,质量稳定可靠,非常适用于野外电缆及其他金属构件的焊接操作。

7. 排障器

排障器属于安全工、器具,由环氧酚醛玻璃钢管和 3 个适用于各种物体处理的刀头组成,可以带电临时处理挂在接触网上的障碍物。绝缘排障器如图 5-22 所示。

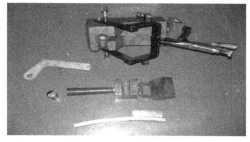

图 5-21　放热焊模具

图 5-22　绝缘排障器

8. 钢轨钻孔机

某地铁采用 LD-41P(4 冲程)钢轨钻孔机,该设备和附件涵盖了直径 8~34mm 大小的孔。其应用包括信号线连接或轮轴计量、电力连接和绝缘或非绝缘的鱼尾板。钻孔机使用汽油,为了将轨道钻孔机在钢轨上定位,需要使用钢轨扣紧装置和轨道断面模。不带钻孔指导的距离量规当作辅助装置,用来制作具有更高精度的 ±1mm 孔间距,如在鱼尾板或绝缘轨道连接。

轨道钻孔机钻头分为空心钻头与双重切割螺旋钻头两种。

轨道钻孔机使用前应先把冷却装置与钻孔机相连接。当钻孔时,安装钻孔切刀的钻孔机依靠导向钻自动控制冷却液的流动和停止;安装螺旋钻的钻孔机通过操作扳动开关扳手。钢轨钻孔机与冷却装置如图 5-23 所示。

a) 钢轨钻孔机

b) 冷却装置

图 5-23　钢轨钻孔机与冷却装置

注意事项:

(1)启动发动机,开始钻孔时施以少量压力,慢慢地加大压力,避免摇晃控制杆,在退刀阶段减轻压力。当钻头靠近铁轨凸起部位时,施压一定要小,直到凸起部位消失,否则将会损坏钻头。

(2)在钻孔时,导向钻头将保证在钻孔过程中流出冷却液。当钻孔完成,完全缩回中心轴,将开关扳至"OFF"位置。

(3)在重新钻孔前,要确保金属碎屑已清除。

(4)钻头工作过程:靠近→开始钻孔(冷却液流出)→钻孔→完成钻孔(钻孔材料脱落,冷却液关闭)。

9. 胀钉拉拔仪

胀钉拉拔仪(图5-24)是专用钉安装工具,主要构成部件包括心轴、沉孔工具、测量量规、金属箱、HSKE泵和高压液压软管连接、带有手动操作液压泵的液压压头。

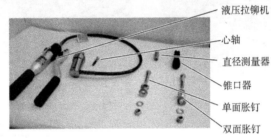

图5-24 胀钉拉拔仪

胀钉安装流程如下。

第1步:钢轨上钻孔。

第2步:孔的两面都去毛刺。

第3步:用测试量规检查孔的直径,若为绿色点,则直径是正确的;若为红色点,则直径是错误的。

第4步:手动安装双面胀钉。

第5步:卡住通过胀钉的心轴,在测量量规的六边形洞的帮助下,旋转PSKE单元里的心轴。

第6步:安装胀钉摁压PSKE,胀钉心轴抽出通过胀钉。

第7步:安装线鼻(每侧一个),螺母上的力矩大小为80N·m。

10. 汇流排现场钻孔设备

在打孔作业中,为了保证位置的准确性,需要使用特制模具套模钻孔,孔的深度和直径要符合设计要求。在专用汇流排预制平台上,采用切割机及钻孔专用工具对汇流排预制,以保证汇流排质量。

本设备适用于汇流排在施工现场,相邻的两根汇流排之间连接所用孔的加工。

此外,该设备必须与手电钻等配合使用。汇流排钻孔模具安装如图5-25所示。

注意事项:

钻孔时,须两人配合操作,手电钻由人工操作,钻头方向与钻套轴心线方向尽量一致,以保证 φ12mm 孔的中心线与汇流排侧腰平面垂直。

11. DJW接触网检修作业车

DJW接触网检修作业车(以下简称作业车)是城市轨道交通电气化铁路接触网施工、维护的专用车辆,它适用于标准轨距的城市轨道交通电气化铁路的日常维护、检修、抢险等作业;该车与 DF 系列型放线车组成架线、放线作业车组,用于城市轨道交通电气化铁路施工的架线、放线或新旧线的更换。DJW 接触网检修作业与放线车如图 5-26 所示。作业平台操纵板布置如图 5-27 所示。接触网作业车操作平台如图 5-28 所示。

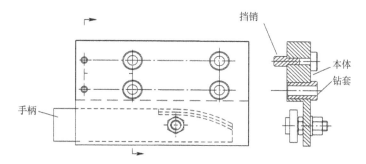

图 5-25　汇流排钻孔模具安装

图 5-26　DJW 接触网检修作业与放线车

图 5-27　作业平台操纵板布置

驾驶室操作平台按钮功能介绍如下。

作业台升降开关:在作业台操纵板上装有升降控制开关,当作业台上电源指示灯亮后,即可操作升降控制开关;当作业台上升到规定高度 4.8m 时,上升限位动作,切断电源,停止上升,同时电铃发出响声,提示司机已到极限位置,这时开关只能操纵下降。

作业台旋转开关:在作业台操纵板上装有升降控制开关,通过操作开关可以实现作业台的左旋、右旋。在作业台下面的中心回转处,还分别设有左旋、右旋、中位限位开关,当左右旋转到 120°时,压合左旋、右旋限位开关,切断电源,旋转停止,电铃通电发出报警声,提示司机旋转已到极限,请向相反方向旋转。

图 5-28　接触网作业车操作平台

旋转区间控制开关:此开关有 3 个挡位,即左半区、全区及右半区(左右是以驾驶室为参照来划分的)。当开关扳至左半区时,作业台只在左边 120°范围内操纵旋转开关左右旋转;当开关扳至全区时,作业台操纵同上;当开关扳至右半区时,作业台只在右边 120°范围内操纵旋转开关左右旋转。平台对中时须将此开关扳至左半区或右半区。

电铃开关:在作业台安装有电铃开关,在作业时先按下此开关,电铃发生响声,提示下面人员进入作业过程。

旁路制动开关:在作业台上安装有开关,按下此开关,整车可实现旁路制动。

作业选择开关:在后操纵台装有作业选择开关,此开关选择驾驶室或作业平台控制平台升降、旋转,实现互锁控制。当作业台不工作时可将此开关置于中位。

工况选择开关:在后操纵台装有工况选择开关,此开关选择平台工作或随机吊工作。开关扳至作业台,可操纵作业台工作;开关扳至随机吊,可操纵随机吊工作。

洞内外选择开关:在后操纵台装有洞内外选择开关,此开关选择作业车在洞内或洞外工作。开关扳至洞内时,平台只能升降;开关扳至洞外时,平台既能升降也能旋转。

紧急制动开关:在前后司机台均安装有此开关,按下此开关,整车可实现紧急制动。

升降回转作业台的操纵注意事项:

(1)必须先把作业台升起,使前端离开支承后方可旋转。在作业台上操纵时,观察升降梯处的红色标志牌,若标志牌上升并超过固定升降梯黑色水平面后,即可操纵作业台旋转。

(2)在操纵升降的同时不准操纵回转,只准一个一个地顺序操纵。

(3)梯子上有人时不得升降回转作业台。

(4)作业台不得超载,升降回转中心不大于1000kg,前端不大于250kg。

(5)当作业台快要下降至起始位置时,自动定位装置必须对中,未对中绝不能强行下降。

(6)工作完毕作业台上所有开关置零位,关闭作业台电源。

(7)当该车停在带电的电网下时,严禁作业台升起,同时严禁作业台上有人。

图5-29 作业平台紧急机械复位装置

(8)作业时施工人员必须用通信装置与司机保持密切联系,控制作业速度及其他相关事项。

(9)在上升或左右旋转时,一旦报警指示灯亮,应立即停止操作。

作业平台紧急复位操作:

作业过程中,若平台在超出车辆限界的情况下,因液压系统故障无法回转复位时,请立即使用该手动装置,使平台回转至中位,其操作步骤如下:

(1)使用手油泵或调节制动油缸螺杆,松开制动带。

(2)使用随机配摇把连续转动手动回转装置,使平台转至中位后停下。

作业平台紧急机械复位装置如图5-29所示。

任务实施

请完成"实训5.1 接触网常用工、器具操作",见本教材配套实训活页。

单元5.2 接触网常用仪器、仪表

单元导入

接触网维护与检修作业中常会用到哪些仪器、仪表呢?

本单元要求完成对接触网常用仪器、仪表的认知学习,掌握接触网常用仪器、仪表的种类、作用、使用方法及注意事项,为后续完成复杂的接触网维护与检修作业奠定基础。

学习目标

1. 知识目标
(1)熟悉常用接触网仪表的使用方法并了解其作用。
(2)熟悉常用接触网仪器的使用方法并了解其作用。
2. 能力目标
(1)掌握接触网仪表的使用及相关注意事项。
(2)掌握接触网仪器的使用及相关注意事项。
3. 素质目标
(1)遵守接触网检修规程、接触网作业安全规程及各项规章制度等有关规定。
(2)爱岗敬业,能正确使用相关接触网仪表、仪器。
(3)钻研业务,具有良好的团队合作精神。
(4)严格执行接触网检调工作程序、工作规范。
(5)爱护设备及工具、仪器、仪表。
(6)保持工作环境清洁有序,文明生产、安全生产。

基础知识

一、万用表

万用表的选择开关是一个多挡位的旋转开关。用来选择测量项目和量程。

一般的万用表测量项目包括:"mA"直流电流、"V(-)"直流电压、"V(~)"交流电压、"Ω"电阻。每个测量项目又划分为几个不同的量程以供选择。表笔分为红、黑两只。使用时应将红色表笔插入标有"+"的插孔,黑色表笔插入标有"-"的插孔。

万用表如图5-30所示。

1. 操作规程

使用前应熟悉万用表的各项功能,根据被测量的对象,正确选用挡位、量程及表笔插孔。

被测数据大小不明时,应先将万用表量程开关置于最大值,而后由大量程往小量程挡处切换,使仪表指针指示在满刻度的1/2以上处即可。

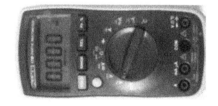

图5-30 万用表

测量电阻时,在选择适当倍率挡后,将两表笔相碰使指针指在零位,如指针偏离零位,应调节"调零"旋钮,使指针归零,以保证测量结果准确。如不能调零或数显表发出低电压报警,应及时检查。

在测量某电路电阻时,必须切断被测电路的电源,不得带电测量。

使用万用表进行测量时,要注意人身和仪表设备的安全,测试中不得用手触摸表笔的金属部分,不允许带电切换挡位开关,以确保测量准确,避免发生触电和烧毁仪表等事故。

2. 注意事项

在使用万用表之前,应先进行"机械调零",即在没有被测电量时,使万用表指针指在零电压或零电流的位置上。

在使用万用表的过程中,不能用手去接触表笔的金属部分,这样一方面可以保证测量的准确,另一方面也可以保证人身安全。

在测量某一电量时,不能在测量的同时换挡,尤其是在测量高电压或大电流时,更应注意,否则,会毁坏万用表。如需换挡,应先断开表笔,换挡后再去测量。

万用表在使用时,必须水平放置,以免造成误差。同时,还应避免外界磁场对万用表的影响。

万用表使用完毕,应将转换开关置于交流电压的最大挡。如果长期不使用,还应将万用表内部的电池取出来,以免电池腐蚀表内其他器件。

二、接地电阻测试仪

接地电阻测试仪(图5-31)适用于测量接地电阻及测量低电阻的导体电阻值,还可测量土壤电阻率及地电压。

接地电阻测试仪的工作原理:由机内DC/AC变换器将直流变为交流的低频恒流,经过辅助接地极C和被测物E组成回路,被测物上产生交流压降,经辅助接地极P送入交流放大器放大,再经过检波送入表头显示。接触网专业配备了MI2124型号的接地电阻测试仪(表5-1),是一种便携式、电池供电的接地测试仪,接触网专业用于避雷器接地电阻测量用。

图5-31 接地电阻测试仪

接地电阻测试仪功能开关位置及所用附件　　　　　表5-1

参　数	功能开关位置	所用附件
接地电阻R_E(典型四导线法)	REARTH	4个测试端子、2个测试接地桩
选择接地电阻R_s四导线+测试夹钳	R_s(夹钳)	4个测试端子、2个测试接地桩、1个传感测试夹钳
选择性接地电阻R_E(两个测试夹钳)	R_E(2个夹钳)	2个测试夹钳
接地电阻率ρ	ρEARTH	4个测试端子、2个测试接地桩
电流(真有效值)	clamp	1个传感测试夹钳

三、绝缘电阻测试仪

绝缘电阻测试仪即兆欧表(Megger),俗称摇表,兆欧表大多采用手摇发电机供电,故又称摇表。它的刻度是以兆欧(MΩ)为单位的。兆欧表是电工常用的一种测量仪表。兆欧表主要用来检查电气设备、供电臂线路对地短路情况测量,接触网专业主要用于供电臂对地短路位置查找。

使用方法:

测量前必须将被测设备电源切断,并对地短路放电。绝不能让设备带电进行测量,以保证人身和设备的安全。对可能感应出高压电的设备,必须消除这种可能性后才能进行测量。

被测物表面要清洁,减少接触电阻,确保测量结果的正确性。

测量前应将兆欧表进行一次开路和短路试验,检查兆欧表性能是否良好。即在兆欧表未接上被测物之前,摇动手柄使发电机达到额定转速(120r/min),观察指针是否指在标尺的"∞"位置。将接线柱"线(L)和地(E)"短接,缓慢摇动手柄,观察指针是否指在标尺的"0"位。如指针不能指到该位置,表明兆欧表有故障,应检修后再用。

兆欧表使用时应放在平稳、牢固的地方,且远离大的外电流导体和外磁场。

必须正确接线。兆欧表上一般有3个接线柱,其中L接在被测物和大地绝缘的导体部分,E接被测物的外壳或大地,G接在被测物的屏蔽上或不需要测量的部分。测量绝缘电阻时,一般只用"L"和"E"端,但在测量电缆对地的绝缘电阻或被测设备的漏电流较严重时,就要使用"G"端,并将"G"端接屏蔽层或外壳。线路接好后,可按顺时针方向转动摇把,摇动的速度应由慢而快,当转速达到120r/min左右时(ZC-25型),保持匀速转动,1min后读数,并且要边摇边读数,不能停下来读数。

摇测时将兆欧表置于水平位置,摇把转动时其端钮间不许短路。摇动手柄应由慢渐快,若发现指针指零说明被测绝缘物可能发生了短路,这时就不能继续摇动手柄,以防表内线圈发热损坏。

读数完毕,将被测设备放电。放电方法是将测量时使用的地线从兆欧表上取下来与被测设备进行短接(不是兆欧表放电)。

四、接触网检测系统

利用装在 DJW 接触网检修作业车顶和车底的传感器及相机等检测工具,对接触网动态参数进行实时的动态测量,得到各类原始数据,再通过相应的转换和处理将需要的检测数据转送到计算机内,计算机内的检测程序得到这些数据后,进行相应的运算处理,与杆号和公里标等进行合成,得到最终的检测结果,并直观地显示出来,同时能根据实际需要进行分析、处理、打印、存盘等。接触网检修系统设备如图 5-32 所示。

图 5-32 接触网检修系统设备

1. 导高、拉出值测量

采用非接触式与接触式相结合的检测方式,同时使用线阵相机、压力传感器进行检测。线阵相机检测:4台线阵相机两两一组,每台相机分别获取接触网位置状态并以灰度值形态呈现,借助图像识别、分析、处理等技术将相机获取的灰度值还原为目标所成像对应的位置坐标,为一组的两台相机通过三角测量法,计算接触网几何参数,实现接触网几何参数高精度检测(几何参数精度:±5mm),如图 5-33 所示。

2. 接触压力的检测

接触压力是指受电弓滑板作用于接触线的垂直力(静态接触力)。

动态运行状态下,弓网接触力包括静态接触力、摩擦力、空气动力、惯性力。

接触导线呈"之"字形布置,接触力的作用点在滑板的工作范围内左右移动,加之车体的晃动,不仅力的作用位置随机变化,而且接触力的方向也是变化的,这无疑增加了测量的难度,但任何方向的接触力都可以分解为两个互相垂直的力,其中一个力与滑板面垂直。接触力检测装置的单元是在带电运行的情况下,正确测定导线在滑板任意位。

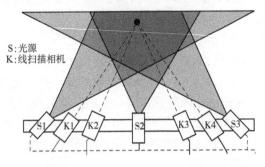
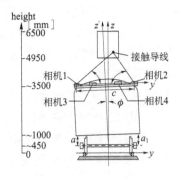

图 5-33 检测示意图

3. 硬点的检测

由于接触悬挂或接触线上的某些部分如在跨距两端的定位点处弹性变差或有附加质量时,在车辆受电弓高速运行通过的情况下,这些部分会出现不正常的升高(或降低),甚至出现撞弓、碰弓现象,形成这种现象的本征状态即为硬点。

接触网硬点是一种有威胁的物理现象,它会破坏弓网间的正常接触和受流,加快导线和受电弓滑板的异常磨耗和撞击性损害,常在这些部位造成火花或拉弧,从而损伤接触线和受电弓;也会影响到牵引电机的正常取流,在拉弧的暂态过程中对牵引电机造成严重伤害同时,还会影响车辆的牵引质量。

4. 网压的检测

网压检测由隔离变压器将电压变为 4~20mA 的电流输出,通过电流到电压的转换后,输入嵌入式计算机实时动态采集换算。

5. 速度、里程的检测

速度传感器是一种光电旋转编码器,将它配置于检测车上,和车轴同步转动,每转一周输出 200 个脉冲,用一个计数器专门用来计数,其计数值除以 200,再乘以车轮直径,再乘以 π,即可得到车行走的距离。

 任务实施

请完成"实训 5.2 接触网常用仪器、仪表操作",见本教材配套实训活页。

模块六　接触网零部件安装

导读: 本模块主要学习接触网三种典型结构(架空柔性接触网、架空刚性接触网和接触轨式接触网)的零件安装,初步了解接触网相关零件的名称、作用和安装注意事项等相关知识,为后续接触网维护与检修作业提供理论指导。

单元6.1　架空柔性接触网典型零件安装

单元导入

那么架空柔性接触网各组成部分的零件是怎样安装的呢?今天,我们一起来学习这部分内容。

本单元学习架空柔性接触网的安装与检修相关理论知识,并指导学生开展技能训练,掌握架空柔性接触网的安装与检修的相关规定,指导其完成架空柔性接触网维护与检修作业任务。

学习目标

1. 知识目标
(1)熟悉架空柔性接触网的零件名称和作用。
(2)掌握架空柔性接触网的零件安装要求和注意事项。
2. 能力目标
(1)能通过团队合作,安全、规范地完成架空柔性接触网零件的选取。
(2)能通过团队合作,安全、规范地完成架空柔性接触网零件的安装。
3. 素质目标
(1)遵守接触网检修规程、接触网作业安全规程及各项规章制度等有关规定。
(2)爱岗敬业,认真完成架空柔性接触网典型零件的安装任务。
(3)钻研业务,具有良好的团队合作精神。
(4)严格执行架空柔性接触网典型零件的安装工作程序、工作规范。
(5)爱护设备及工具、仪器、仪表。
(6)保持工作环境清洁有序,文明生产、安全生产。

基础知识

一、架空柔性接触网的支持装置

柔性接触网支持装置主要应用于高架线路、地面线路,其主要组成部分有支持装置框架底座、水平腕臂底座、T形旋转腕臂底座、棒式绝缘子、水平腕臂、套管双耳(腕臂连接使用)、套管双耳(腕臂支撑使用)、承力索支座、斜腕臂等。

接触网支持装置各零部件及其作用见表6-1。

接触网支持装置各零部件及其作用　　　　表6-1

图纸序号	零部件名称	作用	零部件实物	图纸序号	零部件名称	作用	零部件实物
1	T形旋转腕臂底座	支柱侧框架底座与1500V电压等级的棒式绝缘子连接使用(斜腕臂使用)		6	承力索支座	承受承力索垂直压力,连接承力索与平腕臂使用	
2	水平旋转腕臂底座	框架底座与棒式绝缘子连接使用(平腕臂使用)		7	管帽	腕臂及定位管防雨水侵入使用(48英寸管、60英寸管使用)	
3	棒式绝缘子	腕臂底座及腕臂连接处,用于将1500V电压对地隔离		8	腕臂支撑	平腕臂与斜腕臂固定三角受力使用	
4	套管双耳	平腕臂与斜腕臂处连接腕臂支撑用(60英寸管用)		9	框架底座	腕臂底座与横腹杆预应力钢筋混凝土支柱连接使用	
5	套管双耳	平腕臂与斜腕臂连接使用		10	定位立柱	高净空隧道、车辆段硬横梁悬挂支持装置使用	

注:1英寸=2.54厘米。

二、架空柔性接触网的定位装置

将接触线固定在受电弓取流所必要的空间位置的装置称为定位装置。定位装置主要包括定位管和定位器,由定位环、定位管、支持夹环(支持器)、定位线夹及附件,其作用主要是固定接触线的位置,使接触线始终保持在列车受电弓滑板运行轨迹索的范围内,保证接触线与受电弓不脱离,并将接触线和承力水平负荷传给支柱。

定位装置将接触悬挂产生的水平分力和垂直分力通过支持装置传递给支柱及基础。根据城市轨道交通线路的不同地段,分为地面线路和高架线路的定位装置两种形式。柔性接触网定位装置示意图如图6-1所示。定位装置的机械特性(空间姿态与位置、振动特性、稳定性)对弓网运营安全和受流质量有决定性影响,其结构应稳定,安全可靠,零件少而轻且无集中荷载,防腐性能好,便于装配和调整。

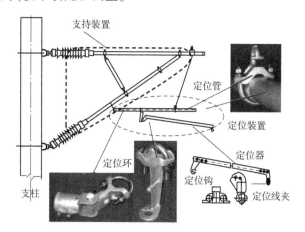

图 6-1　柔性接触网定位装置示意图

定位装置的主要零部件及其作用见表 6-2。

定位装置的主要零部件及其作用　　　　　表 6-2

图纸序号	零部件名称	作　用	零部件实物	图纸序号	零部件名称	作　用	零部件实物
1	定位环	斜腕臂与定位管连接处使用,(使用时注意缺口方向)		6	套管双耳	平腕臂与斜腕臂处连接腕臂支撑用(48英寸管用)	
2	定位管	悬挂长定位管,确定接触线位于线路中心的拉出值		7	管帽	用于腕臂及定位管防雨水侵入使用(48英寸管用)	
3	长定位环	定位管与定位器连接使用的零件		8	定位防风支撑	用于斜腕臂与定位管呈固定三角受力,防止大风天气定位管的晃动	
4	定位器	用于固定接触悬挂接触线相对于线路中心形成之字值的零件		9	双线定位器底座	柔性接触网腕臂定位定处,该零部件将并行的双接触线通过定位器固定在定位管上	
5	定位线夹	通过定位器使接触线处于受拉状态的零部件		10	B型垂直悬吊安装底座	用于直线区段低净处安装定位槽钢的底座	

续上表

图纸序号	零部件名称	作　用	零部件实物	图纸序号	零部件名称	作　用	零部件实物
11	T形头螺栓	用于连接槽钢,并固定在垂直悬吊底座上		16	单支垂直悬吊槽钢	单支垂直悬吊槽钢悬挂式针式绝缘子与B型汇流排定位线夹将汇流排悬挂及固定,适用于矩形、圆形隧道内悬挂定位用	
12	B型汇流排定位线夹	隧道内架空式刚性接触网垂直悬挂点处安装汇流排,起悬吊及固定作用的零部件		17	2寸腕臂	高净空隧道内架空式刚性接触网水平定位点处安装汇流排,起悬吊及固定作用的零部件	
13	C型汇流排定位线夹	低净空隧道内架空式刚性接触网垂直悬挂点处安装汇流排,起悬吊及固定作用的零部件		18	悬挂针式绝缘子	用于隧道悬挂点处连接B型汇流排定位线夹与B型单支垂直悬吊槽钢	
14	W型汇流排定位线夹	高净空隧道内架空式刚性接触网水平定位点处安装汇流排,起悬吊及固定作用的零部件		19	A型垂直悬吊安装底座	用于直线区段高净空处安装定位槽钢的底座	
15	C型汇流排定位线夹绝缘横撑	适用于低净空隧道内架空式刚性接触网垂直悬挂点安装汇流排,起悬吊及固定拉出值的作用,适用于矩形、圆形隧道内		20	C型垂直悬吊安装底座	用于曲线区段安装定位槽钢的底座	

三、架空柔性接触网的接触线索

接触网接触悬挂包括接触线索及其连接零件。主要的接触线索有承力索、接触线、供电线、回流线、架空地线、电连接线、吊弦、汇流排等,详细结构如图6-2所示。

图 6-2 柔性接触网悬挂示意图

接触线索的主要零部件及其作用见表 6-3。

接触线索的主要零部件及其作用　　　　　　　　　　表 6-3

序号	线索名称	线索作用	实物
1	接触线	接触线是为电动车组提供单相 1500V 直流电的线索,其具有较小的电阻及较强的耐磨性	
2	承力索	承力索是架空柔性接触网悬挂中承担接触线重力的线索,它负责提供一个耐张锚段内(特别是全补偿链形悬挂)接触线的平直度及弹性。承力索通过吊弦连接,与接触线并行,提高单位截面积,从而提高电流通过能力。它是用 120mm² 硬铜绞线绞制而成的。刚性悬挂没有承力索	
3	吊弦	吊弦将接触线通过其本身悬挂在承力索上的一种线索,其主要是为了提高接触线的平直度,确保电动车组在接触线同一水平面上滑行。它是用 10mm² 硬铜绞线绞制而成的	
4	架空地线	架空地线是直供带回流供电方式中,将隧道线路内的杂散电流收集后回流至变电所的一种线索,同时在高架线路、地面线路还兼顾防雷的作用。它是用 120mm² 硬铜绞线绞制而成的	

四、架空柔性接触网的接触线结构及其连接零件

城市轨道交通接触网接触线设备主要采用锰铜合金材质制成(CTM、CTMH),主要有截面积为 110mm²、120mm²、150mm² 三种型号,接触线结构示意图如图 6-3 所示。

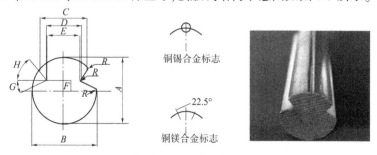

图 6-3 接触线结构示意图

与接触线连接的零部件及其作用见表 6-4。

与接触线连接的零部件及其作用　　　　表 6-4

序号	零部件名称	作　用	零部件实物
1	接触线吊弦线夹	与吊弦配合使用,将接触线悬吊,使接触线平直的零部件	
2	接触线双线线夹	城市轨道交通线路接触线双线线路中,接触线双线线夹与吊弦配合使用,将接触线悬吊,使接触线平直	
3	锚支定位卡子	在接触网锚段关节转换柱处,悬挂非工作支接触线固定在定位管上的零部件	
4	支持器与长支持器	在接触网锚段关节转换柱处,悬挂非工作支接触线固定在定位管上的零部件。站场线夹处两接触线等高区域,为保证两接触线定位不受受电弓抬升引起弓网故障而设置的零部件	
5	接触线电连接线夹	与电连接压接预制,安装于接触线上,起电气连接的作用	
6	接触线接头线夹	用于接触线断线后,两接触线断口对接的零部件。它有两个槽口,下方槽口是带齿夹紧接触线使用,上方槽口放置与接触线同等截面、同等材质的接触线,起平衡、对中的作用	
7	接触网中心锚结线夹	用于倒装式中心锚结处连接接触线与中心锚结绳的零部件,下方带齿槽口夹紧接触线,上方槽口夹紧中心锚结绳	
8	接触线终端锚固线夹	用于接触线补偿下锚时做回头的零部件,起接触线锚固在下锚柱的作用	
9	接触线双耳楔形线夹（带齿楔块）	用于接触线补偿下锚时做回头的零部件,起接触线锚固在下锚柱的作用	

五、架空柔性接触网的承力索结构及其连接零件

城市轨道交通接触网承力索、架空地线设备主要采用铜镁合金材质绞线,由 19 股单硬绞线绞合而成,多层绞线的绞向逐层相反,外层必须为右向（Z 绞向）,其断面有 70mm^2、95mm^2、120mm^2 三种型号,承力索结构示意图如图 6-4 所示。

JTMH95
绞线外径：12.5mm±0.5mm
单丝直径：2.5mm±0.05mm

图6-4 承力索结构示意图

与承力索、架空地线连接的零部件及其作用见表6-5。

与承力索、架空地线连接的零部件及其作用　　　　表6-5

序号	零部件名称	作　　用	零部件实物
1	承力索吊弦线夹	与吊弦配合使用,将接触线悬吊,使接触线平直的零部件	
2	承力索电连接线夹	用于电连接与承力索连接的零部件(小孔为95mm²电连接安装孔,大孔为120mm²承力索安装孔)	
3	承力索中心锚结线夹	用于中心锚结绳与承力索连接的零部件	
4	承力索、架空地线接头线夹	用于承力索、架空地线断线后,两断线接头对接的零部件	
5	承力索、架空地线终端锚固线夹	用于承力索、架空地线补偿下锚时做回头的零部件,起承力索、架空地线锚固在下锚柱的作用	
6	架空地线线夹	用于地下线路支持架空地线时使用的零部件	
7	地线线夹托板	主要用于架空地线线夹安装使用	

六、架空柔性接触网的补偿装置

1.补偿装置的作用

城市轨道交通供电系统接触网补偿装置是全补偿链形悬挂内的重要设备,它安装在锚

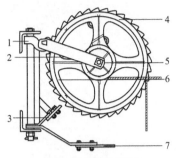

图6-5 棘轮补偿装置
1-补偿竖轴；2-摆动杆；3-制动卡块；
4-本体；5-注油点；6-补偿绳；7-坠砣
导管调节板

段两端，在线索随温度高低，引起线索张力变化，使锚段内线索张力恒定的设备。适用于接触线或者承力索的共同补偿及单独补偿。当温度变化时，线索会伸长或缩短，在补偿装置的作用下，使线索沿线路方向移动，从而保持线索张力不变，弛度变化可以满足技术要求，提高列车受电弓取流质量。常见的补偿装置有滑轮、棘轮、弹簧、液压、鼓轮并联等。

2. 补偿装置的结构

1）棘轮补偿装置结构

棘轮补偿装置主要由棘轮底座、棘轮、补偿绳、制动卡块、平衡轮、补偿坠砣限制架等部分组成，如图6-5所示。

2）滑轮补偿装置结构

滑轮补偿装置主要适用于接触线及承力索补偿弛度张力使用的设备，其主要由滑轮底座、动滑轮、定滑轮、补偿绳、补偿坠砣限制架等部分组成。滑轮补偿装置结构示意图如图6-6所示，滑轮补偿装置如图6-7所示，补偿链形悬挂如图6-8所示。

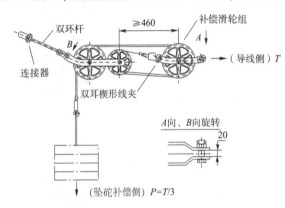

图6-6 滑轮补偿装置结构示意图（单位：mm）

图6-7 滑轮补偿装置

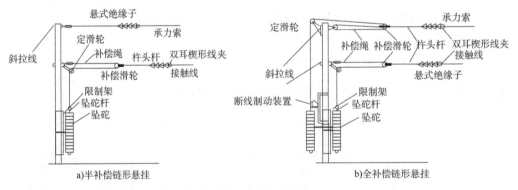

a) 半补偿链形悬挂   b) 全补偿链形悬挂

图6-8 补偿链形悬挂

3）液压补偿装置结构

液压补偿装置主要适用于软硬横跨上下部固定绳处，用于软硬横跨上下部固定绳在温度变化时，补偿其弛度。它的主要组成如图6-9所示。

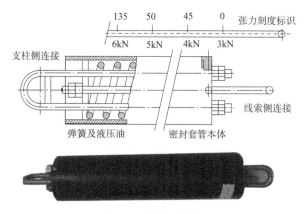

图 6-9　液压补偿装置

七、架空柔性接触网中心锚结的作用及结构

1. 中心锚结作用

中心锚结位于接触网锚段对称受力的中心,它通过硬锚柱将接触线与承力索半个锚段内的张力固定。

在站场及车辆段内中心锚结设置为防窜型,在区间正线上中心锚结设置为防断型。中心锚结除具有防窜、防断功能外,还兼顾锚段内线索的张力均匀作用,同时在接触网锚段内断线的情况下还可以缩小事故影响范围。

地下线路中心锚结主要是为了防止温度变化时,汇流排顺线路方向向下锚方向窜动。

2. 中心锚结的结构

接触网线路位于地面线路时,一般采用柔性接触网,因此接触网中心锚结由中心锚结绳、硬锚落锚零件、接触线及承力索连接零部件等组成,如图 6-10 所示。

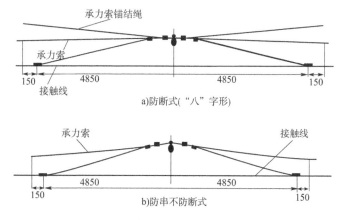

图 6-10　地面线路中心锚结构示意图(单位:mm)

八、各零部件安装注意事项

架空柔性接触网零件紧固力矩按《电气化铁路接触网零部件技术条件》(TB/T 2073—2020)相关规定执行。紧固力矩相关规定见表 6-6。

紧固力矩相关规定(单位:N·m)　　　　　　　表 6-6

公称直径	碳素结构钢螺栓紧固力矩(4.6级)	使用范围	70 级不锈钢螺栓紧固力矩	使用范围
M8	7	7~9	13	13~16
M10	13	13~16	25	25~32
M12	25	25~30	44	44~56
M14	40	40~50	70	70~89
M16	60	60~70	106	70~135
M18	80	80~90	—	—
M20	120	120~135	—	—
M22	160	160~180	—	—
M24	200	200~220	—	—

零部件安装过程中应严格遵照零部件螺栓紧固力矩要求用力矩扳手进行紧固。螺栓紧固中,应用力矩扳手交替循环按顺序均匀紧固连接螺栓,以使双耳类零部件双耳及抱箍类零件本体保持平行,本体双耳保持平行不但能够保证开挡尺寸,而且还可以降低螺栓由不平行受弯矩造成咬死的风险。主要产品紧固顺序示例如图 6-11 所示。

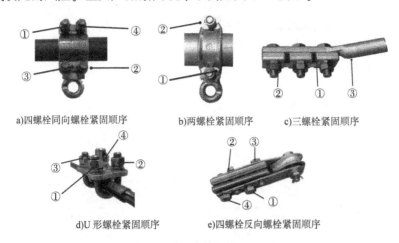

a)四螺栓同向螺栓紧固顺序　　b)两螺栓紧固顺序　　c)三螺栓紧固顺序

d)U 形螺栓紧固顺序　　e)四螺栓反向螺栓紧固顺序

图 6-11　主要产品紧固顺序示例

1. 螺栓、销钉

腕臂及定位装置零件上的螺栓、销钉的穿向:水平穿向的螺栓、销钉均穿向来车方向(面向支柱从右手穿向左手);垂直穿向的螺栓、销钉均由上方穿向下方。

2. 开口销

为了防止螺母脱落,保证产品质量安全可靠,零件安装后,安装开口销。开口销两肢掰开后应回头,开口销双向夹角掰成的角度不小于 120°,以防止零部件脱落,避免安全事故的发生,如图 6-12 所示。

a)错误的掰开角度

b)正确的掰开角度

图 6-12　开口销双白夹角的掰开角度

3. 止动垫圈

单孔止动垫圈安装时,先将止动垫片的长肢弯折与零部件本体侧面贴紧,防止紧固时止动垫片随螺母一起转动,将螺母按紧固力矩要求紧固后,再将短肢弯折与螺母侧面贴紧。

双孔或多孔止动垫圈安装时,弯折止动垫圈的止动肢,止动肢分别与螺母侧面贴紧,如图6-13所示。

图6-13 安装止动垫圈

由于后期精调等各方面的原因,在扳动止动垫圈时,只需将平腕臂上的套管双耳、支撑管卡子、承力座、斜腕臂上的支撑管卡子在预配时扳好,其余的现场精调完成后再扳动。

任务实施

请完成"实训6.1 架空柔性接触网典型零件的安装",见本教材配套实训活页。

单元6.2 架空刚性接触网典型零件安装

单元导入

架空刚性接触网的各组成部分的零件是怎样安装的呢?这就需要学习本部分内容。

本单元学习架空刚性接触网的安装相关理论知识,并指导学生开展技能训练,使其掌握架空刚性接触网安装的相关规定,指导其完成架空刚性接触网维护与检修作业任务。

学习目标

1. 知识目标
(1)熟悉架空刚性接触网的零件名称和作用。
(2)掌握架空刚性接触网的零件安装要求和注意事项。
2. 能力目标
(1)能通过团队合作,安全、规范完成架空刚性接触网零件的选取。
(2)能通过团队合作,安全、规范完成架空刚性接触网零件的安装。
3. 素质目标
(1)遵守接触网检修规程、接触网作业安全规程及各项规章制度等有关规定。
(2)爱岗敬业,能认真完成架空刚性接触网典型零件的安装任务。

(3) 钻研业务，具有良好的团队合作精神。
(4) 严格执行架空刚性接触网典型零件的安装工作程序、工作规范。
(5) 爱护设备及工具、仪器、仪表。
(6) 保持工作环境清洁有序，文明生产、安全生产。

基础知识

一、架空刚性接触网的汇流排结构及其连接零件

1. 汇流排结构及其连接零件

城市轨道交通接触网汇流排主要采用纯铝合金材质，用于对接触线进行固定，同时保证在线岔、刚柔过渡及关节处受电弓的平滑过渡。汇流排结构示意图如图6-14所示，与汇流排连接的零部件及其作用见表6-7。

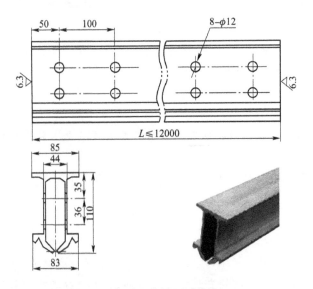

图6-14 汇流排结构示意图（单位：mm）

与汇流排连接的零部件及其作用　　　　表6-7

序号	零部件名称	作用	零部件实物
1	汇流排中间接头	用于汇流排的连接，由左右两块自定心的鱼尾板组成螺栓通过汇流排与鱼尾板相连接	
2	汇流排终端	汇流排主要用于刚性悬挂关节汇流排的自由伸缩端部	
3	切槽装嵌式刚柔过渡本体	主要用于刚性悬挂与柔性悬挂过渡的设备	

续上表

序号	零部件名称	作 用	零部件实物
4	汇流排电连接线夹	用于刚性悬挂绝缘锚段关节转换处,两汇流排电气连接的零部件	
5	刚性悬挂接地线线夹	主要安装在汇流排上,用于接触网停电作业时装设接地线挂钩的零部件	
6	刚性悬挂中心锚结绝缘子	用于刚性悬挂中心锚结水平拉杆的绝缘,连接中心锚结线夹与调节螺栓	
7	刚性悬挂中心锚结线夹	主要用于中心锚结处与汇流排、绝缘子的连接	
8	调整螺杆	主要用于连接中心锚结下锚底座、固定中心锚结绝缘子	
9	承力索终端下锚角钢(柔性悬挂预应力横腹杆式支柱)	柔性悬挂承力索下锚处使用	
10	NUT-3下锚拉线楔形线夹	用于下锚拉线与下锚U、T形拉线环连接,承担支柱侧面拉力的零部件	

2. 汇流排的安装方法

(1)在各个汇流排刚性锚段安装前,应复核整个刚性锚段的长度,根据温度变化量预留两端伸缩量,计算出汇流排的总长度,并合理布置短汇流排的安装位置。根据计算出的汇流排总长度,计算出需汇流排根数和需预制的短汇流排长度。需要注意的是,预制的汇流排长度不能小于设计规定值。短汇流排安装位置应尽量靠近悬挂定位点,避免放于跨中位置,使定位点位于短汇流排中部状态最好;汇流排对接接头尽可能靠近悬挂定位点,避免处于或靠近跨中,对接接头还应避开处于悬挂定位线夹位置。短汇流排切割面应与汇流排中心线呈直角,且保持整个Π形截面平整。

(2)汇流排刚性锚段安装可以从锚段关节第一定位处开始向另一端安装,一般应从直线端向曲线端安装,有分段绝缘器的刚性区段,宜从分段绝缘器处向两端安装汇流排。安装时首先要在安装起点的第一定位点处安装终端汇流排,第一定位点悬挂线夹安装在标记处,线夹固定住汇流排,同时在此悬挂线夹两端和第二定位点处两端安装临时锚固线夹,卡紧汇流排,防止汇流排在安装过程中顺线路滑动。终端汇流排安装好后,依次对接安装下段汇流排,然后安装锚段末端汇流排终端,在整个刚性锚段安装完成后,拆除第一、第二定位点处的临时锚固线夹。汇流排对接时,对接汇流排应在同一条直线上。

将待安装的被连接件(汇流排、汇流排终端或刚柔过渡接头)安装在悬挂夹具上,并套入中间接头余端,对齐相互之间的 8 个安装孔,分别安装 8 个 M10×20(配 M10 平垫和齿面碟形垫圈)并预紧。

3. 汇流排安装注意事项

(1) 中间接头连接板与汇流排的连接具有方向性,要注意连接板边带有浅坑的是上端。

(2) 中间接头与汇流排之间的连接接触表面必须确保在无油垢和干净的条件下进行连接。

(3) 紧固螺栓时应循序渐进、呈对角位置进行,不要一次性将一个螺栓紧固到底。

二、架空刚性接触网的中心锚结

接触网线路位于地下线路时,一般采用刚性接触网,因此,接触网中心锚结由中心锚结绝缘子、中心锚结底座、中心锚结线夹、调节螺栓等组成,如图 6-15 所示。

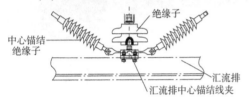

图 6-15 地下线路中心锚结

正线采用的中心锚结一般由中心锚结线夹、绝缘棒、调节螺栓及固定底座组成,如图 6-16 所示。中心锚结主要是为了防止接触悬挂左右窜动。

图 6-16 某地铁地下线路中心锚结

三、架空刚性接触网的分段绝缘器

1. 分段绝缘器的作用

在电气化股道上,为了实现接触线不同供电臂及不同线路的电气分段,常常使用分段绝缘器,一般情况下分段绝缘器通常与隔离开关配合使用来实现接触网的电分段目的。

2. 分段绝缘器的结构

分段绝缘器主要由主绝缘、分段绝缘器本体、隔离开关等部件组成,如图 6-17、图 6-18 所示。

图 6-17 分段绝缘器本体

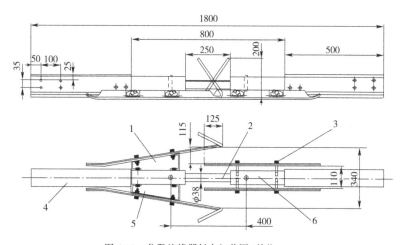

图6-18 分段绝缘器触点细节图(单位:mm)

1-长滑道;2-绝缘子;3-短滑道;4-汇流排连接体;5-滑道上下调整定位板;6-主连接体

四、架空刚性接触网的锚段关节

一根接触线两端头的固定点间的区段就构成一个独立的锚段。每个锚段两端设置汇流排终端,锚段间采用平行重叠的关节方式,以使受电弓平滑过渡。城市轨道交通系统中的锚段关节重叠长度一般为6.6m,水平间距为150mm(非绝缘锚段关节)或260mm(绝缘锚段关节)。其中有电连接的就是非绝缘的锚段关节,无电连接的就是绝缘锚段关节。刚性悬挂锚段长度一般为200~250m。绝缘锚段关节如图6-19所示,非绝缘锚段关节如图6-20所示。

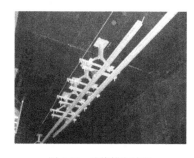

图6-19 绝缘锚段关节

图6-20 非绝缘锚段关节

五、架空刚性接触网的汇流排膨胀接头

汇流排膨胀接头主要用于刚性悬挂接触网汇流排的曲线地段,其功能是能在一定范围内自由伸缩,同时又能满足电气性能的要求,即既能保证电气上的良好接触和满足导电的需要,又能保证机械上的良好伸缩性。由于接触线和汇流排的材质不同,其线胀系数也不同,为了解决在热膨胀过程中的伸缩问题,设置膨胀接头显得尤为重要,膨胀接头如图6-21所示。

六、刚柔过渡部件的作用和结构

1. 刚柔过渡部件的作用

刚柔过渡部件有两种形式,即关节式刚柔过渡和切槽贯通式刚柔过渡。某地铁1号线采用的是切槽贯通式刚柔过渡。刚柔过渡适用于刚性悬挂与柔性悬挂的相互过渡处,其性能应满足刚柔之间刚度的逐渐变化,并能承受柔性悬挂接触线的张力。刚柔过渡部件如图 6-22、图 6-23 所示。

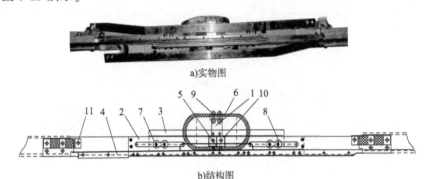

图 6-21　膨胀接头

1-托架;2-膨胀接头汇流排;3-十字头;4-接触线夹;5-角架;6-平衡板;7-滚柱;8-接触板;9-平铜带;10-接触垫圈;11-铜软接触

图 6-22　刚柔过渡部件实物图

图中零件安装在柔性悬挂与刚性悬挂相连接处的衔接点上,利用刚柔过渡本体自身刚度的方向逐渐改变,受电弓能在两个刚度截然不同的系统间顺利及平滑过渡。

2. 刚柔过渡部件的结构

刚柔过渡一般由一根刚柔过渡汇流排和一根汇流排终端组成,也可按设计要求确定。安装时应按设计要求确定刚柔过渡段的起始点,刚柔过渡上有多个 M10 螺栓,它们应在接触线装入刚柔过渡本体后拧紧,以保证刚柔过渡本体不因本体上开有切槽而影响对接触线原来应有的夹紧力。

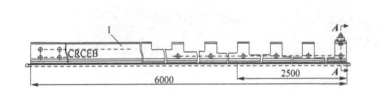 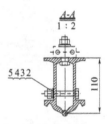

图 6-23　刚性过渡部件的结构图(单位:mm)

1-刚柔过渡接头夹体;2-螺栓(M10×65×26);3-螺母(M10);4-平垫圈;5-碟形垫圈

3. 刚柔过渡部件安装注意事项

(1)刚柔过渡本体应安装在线路的直线区段,避免刚柔过渡承受水平弯曲力。柔性悬挂系统的接触线应由从上侧向下方沿直线方向接入刚柔过渡本体。

(2)刚柔过渡本体切槽部分应使用护套套紧予以保护。

任务实施

请完成"实训 6.2　架空刚性接触网的典型零件的安装",见本教材配套实训活页。

单元6.3　接触轨式接触网典型零件安装

单元导入

接触轨式接触网的各组成部分的零件如何安装呢？

本单元要求完成对接触轨式接触网的安装相关理论学习，并指导开展技能训练，掌握接触轨式接触网的安装的相关规定，为指导完成接触轨式接触网维护与检修作业典型任务做好技能准备。

学习目标

1. 知识目标

(1) 熟悉接触轨式接触网的零件名称和作用。

(2) 掌握接触轨式接触网的零件安装要求和注意事项。

2. 能力目标

(1) 能通过团队合作，安全、规范地完成接触轨式接触网零件的选取。

(2) 能通过团队合作，安全、规范地完成接触轨式接触网的安装。

3. 素质目标

(1) 遵守接触网检修规程、接触网作业安全规程及各项规章制度等有关规定。

(2) 爱岗敬业，能认真完成接触轨式接触网典型零件的安装任务。

(3) 钻研业务，具有良好的团队合作精神。

(4) 严格执行接触轨式接触网典型零件的安装工作程序、工作规范。

(5) 爱护设备及工具、仪器、仪表。

(6) 保持工作环境清洁有序，文明生产、安全生产。

基础知识

一、钢铝复合轨

(1) 在标准正线安装钢铝复合轨（图6-24），先将要安装的钢铝复合轨搬运到安装地点、绝缘支架装置附近，钢铝复合轨是按照标定距离3~5m置于绝缘支架装置（图6-25）之上的（托架定位的允许公差为±10mm）。接触轨安装到位示意图如图6-26所示。

注意：在特殊地段，如车站处、转折处、弯道处、坡道处或膨胀接头处，绝缘支架装置之间的距离应不小于3m。

(2) 每根3000A钢铝复合轨的质量约为218kg，长度为15m。安装前先观察钢铝复合轨的方向，覆不锈钢带一面朝向地面。可安排8个人抬起接触轨，每2人使用一套专用抬轨工具，另2人在旁边协助抬起轨道（图6-27）。抬轨人员应保持抬轨工具、双手、衣物及防护用品的干净整洁，避免有油污或其他可能污染到钢铝复合轨的物品，也可使用专用工具起吊钢铝复合轨（图6-28）。

图 6-24　钢铝复合轨截面　　　　图 6-25　绝缘支架原始装置

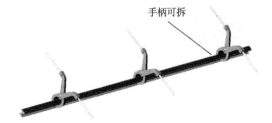

图 6-26　接触轨安装到位示意图　　　　图 6-27　使用专用工具抬轨

（3）把钢铝复合轨轻轻抬起，注意抬起时禁止摇摆晃动，应水平抬起，再轻轻推送到位，如图 6-29 所示。钢铝复合轨腰腹部应放置到支座的固定颚上，操作时要小心，让钢铝复合轨慢慢放下去，与已安装到位的相邻钢铝复合轨相对接。

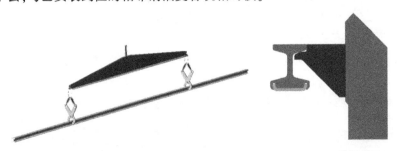

图 6-28　使用专用工具起吊钢铝复合轨　　　　图 6-29　推送到位截面

（4）抬钢铝复合轨的 4 个人在钢铝复合轨落到位后不要将其移动，另外 2 个人则将卡爪零件卡住钢铝复合轨，调整卡爪位置，从而使钢铝复合轨位于正确位置（图 6-30）。

（5）检查钢铝复合轨与相应走行轨的表面高度是否正确、对齐是否良好，可参照相关的施工设计图纸进行。务必要使不锈钢接触表面在水平方向与走行轨平面平行，纵向则要与相邻走行轨平行。

安装过程中视实际需要进行调整，使其精度满足 ±1°。调整的依据是集电靴在水平方向处于集电机构之上的标定度。如与此不符，则要做相应调整。

高度调整应使用置楔子，即在绝缘支架的底座与混凝土平板或轨枕之间垫上合适的楔子。

调整到位，将螺栓依次穿过止动垫片、方形垫片、卡爪、支座，套入螺母（图 6-31），使用力矩扳手拧紧至 44N·m，待整个线路段调整完毕，将止动垫片向上翘起，使其与螺栓的一个六方平面紧贴（安装螺栓时应注意方形垫片的方向）。

图 6-30　卡爪安装到位截面　　　　图 6-31　穿入螺栓截面

二、普通中间接头

（1）普通中间接头适用于固定连接相邻复合轨并传导电流，安装效果如图 6-32 所示。

（2）检查复合轨接缝部位是否安装平齐，保证覆不锈钢带一侧安装平齐，不允许有高低不平或扭转现象，安装精度为 0.5mm。

（3）将装置到位的复合轨末端及对接处的相近复合轨末端清理干净，并涂上接触油脂，安装效果如图 6-33 所示。

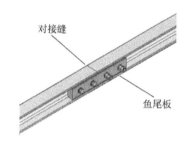
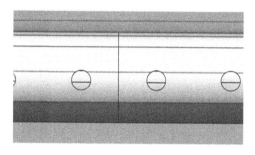

图 6-32　普通中间接头安装效果　　　　图 6-33　接触轨对接安装

（4）将所有配合表面清理干净，使用干净的垫子或中粒度磨料钢丝刷打磨，并在普通中间接头的界面连接表面处涂上一层极薄的接触油脂。

（5）将普通中间接头安装到要加以连接的复合轨端点的轨腹处，并将 4 根螺栓拧紧到普通中间接头上，要确保在直线方向上复合轨的对接缝已牢牢定位。

在安装过程中要特别注意连接组件安装要仔细按照施工图纸的要求进行，务必不要让连接组件与轨道防护罩、防护罩支承块相互干涉。安装截面效果图如图 6-34 所示。

（6）接着拧紧其他螺栓，拧紧螺栓至 70N·m。

（7）再次检查接触表面，将接头处多余的接触油脂擦干净，并在安装完成后将工作地点的废弃物清除。

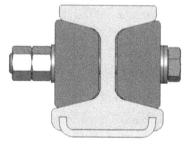

图 6-34　安装截面效果

三、膨胀接头

（1）将要安装的新膨胀接头组件搬运到安装地点附近。伸缩段组件长约 1975mm，搬运时务必要小心谨慎。

（2）在需要安装膨胀接头的复合轨端头处（已安装到位），放置安装平台，总高度符合施工设计图纸的要求。

（3）为抬起组件，应安排3个人，每边安排一个人抬起，第三个人则在中间处协助抬组件。把膨胀接头组件轻轻放稳在木板上，操作时要小心，要顾及已经安装到位的组件。然后，把膨胀接头轻轻推送到位。操作时要小心，要顾及已经安装到位的相邻复合轨的端面。

膨胀接头的外形图如图6-35所示，膨胀接头的实际安装效果如图6-36所示。

图6-35　膨胀接头外形

图6-36　膨胀接头的实际安装效果

（4）在使用带有起重臂的铲车或液压起重机来安装膨胀接头时，要用防护材料垫起，以防损坏膨胀接头。膨胀接头的两端应加以控制，防止打转、翘起或扭曲。另外还要安排一个人来协调，充当铲车或起重机的司机，并负责把膨胀接头装置轻轻放稳在木板上，其余同(3)。

（5）检查膨胀接头组件与相邻走行轨之间接触面的高度和对齐情况，其操作按相关的施工设计图纸进行。如有必要，应加以调整。

（6）配备一只数字温度计，用温度计测出已安装的接触轨温度。将温度感应点分别置于轨底、轨腹下部及钢带表面，记录读数并计算其平均值。

（7）调整间隙。调整间隙前，应先检查膨胀接头装置两侧的M16U形螺栓与螺母是否符合出厂时的状态，方法是看螺栓与螺母上的红油漆标记是否完好。若标记完好，则用专用工具将膨胀接头装置两侧的滑轨小心地拉开，使间隙与环境温度相适应；若螺栓与螺母上的红油漆标记已经破坏，则不能安装，交由生产厂家处理。

（8）膨胀接头装置的工厂预装配。从半成品库领取各零部件，按照装配图纸要求装配成套。装配时，要注意应在锚固夹板两侧面均匀涂抹DG-3活动型导电膏。紧固螺栓时，用力矩扳手交替拧紧，中间M16螺栓、两边M16螺栓紧固力矩按规定力矩拧紧；电流连接器与接触轨连接的M10螺栓紧固力矩为25~31N·m。安装时应保证锚固夹板侧面与左右滑轨侧面紧密相贴，组成膨胀接头的3块轨覆不锈钢带一面应平齐。装配U形螺栓时，用力矩扳手交替拧紧U形螺栓螺母，拧紧到弹簧长度为15~16mm时即可，安装完毕，用红油漆分别在M16U形螺栓与螺母连接处点标记。

（9）复查接触面对齐情况及温度读数。

（10）使用C型夹具及50mm×100mm的木质楔以保证间隙所在处不挪动，安装另外一端的接触轨。

（11）将安装到位的复合轨末端及落位处的相近复合轨末端清理干净，然后在复合轨末端的轨腹两侧涂上接触油脂。

(12)将普通接头安装到要加以连接复合轨末端的伸缩段组件的轨腹处,并将4根螺栓按要求拧紧。拧紧螺栓时要确保复合轨的末端牢牢定位。

(13)再次检查接触面高度及对齐情况。将接头处多余的接触油脂擦净,并在安装完成后将工作地点的废弃物清除。

(14)靠近膨胀接头处的防护罩要按实际需要切割。

(15)将经专门切割后的防护罩固定到膨胀接头的顶部。

(16)安装工作应按以下步骤进行:安装膨胀接头须从一侧锚固开始,接着安装膨胀接头另一侧的锚固。安装第二处锚固及伸缩间隙的调整应根据当时的实际温度重新定值。

(17)安装膨胀接头的两根绝缘支架之间的距离通常为3～5m,一般情况下不得小于3m。

(18)由于膨胀接头的质量比钢铝复合轨要重,并且其中有一个滑动结构,所以,有必要针对膨胀接头的绝缘支架,提出以下方案:

①直线段。

在直线段,膨胀接头应尽量安装在两根绝缘支架装置的中心部位,膨胀接头的每一端距相邻的绝缘支架装置的距离应不小于400mm。

②弯道段。

a. 在弯道上安装膨胀接头时,一般要求线路弯道半径应不小于300m。弯道段中设置膨胀接头,则会使绝缘支架及膨胀接头受到很大的张力。膨胀接头的滑动块会因为这一额外张力而加速磨损,绝缘支架也会很快磨损。因此,通常不建议在弯道处设置膨胀接头。在轨道线路的弯道段中,典型的膨胀接头应设置在最近的直线走行轨段处。

b. 弯道段的半径如果小于300m,则建议不设置膨胀接头。在特殊情况下,也会出现半径小于300m的弯道必须设置膨胀接头的情况。对于此类情况,建议在弯道的中部设置锚固,从而使必须安装在此弯道内的膨胀接头的伸缩转移到直道上。安装后的膨胀接头依然能发挥其作用,可是会使膨胀接头张开及闭合的张力转移作用到绝缘支架上。另外,锚固之间的距离设置应引起高度重视。

四、电连接用中间接头

(1)电连接用中间接头适用于将外部电流引入接触轨,安装效果如图6-37所示。

(2)使用打孔机在选定部位进行打孔,孔的直径为17mm,间距为100mm,共计4个孔。

(3)将所有配合表面清理干净,使用干净的垫子或中粒度磨料钢丝刷打磨,并在电连接中间接头的界面连接表面处涂上一层极薄的接触油脂。

(4)将电连接中间接头安装到要加以连接的接触轨端点的轨腹处,并将4根螺栓拧紧,要确保接线板在线路外侧,电连接用中间接头安装效果如图6-37所示。

(5)接着拧紧其他螺栓,螺栓紧固力矩为70N·m。

(6)再次检查接触表面,将接头处多余的接触油脂擦

图6-37 电连接用中间接头安装效果

净,并在安装完成后将工作地点的废弃物清除。

五、端部弯头

(1)端部弯头按照正线和车场线分为两种,即高速端部弯头和低速端部弯头。高速端部弯头长度为5.2m,端部弯头两端的高度差为126mm,通常安装于正线上;低速端部弯头长度为3.4m,端部弯头两端的高度差为129mm,通常安装于车站、车辆段和停车场。端部弯头与复合轨之间采用普通中间接头连接,如图6-38、图6-39所示。

图6-38 端部弯头实际安装效果图一　　　图6-39 端部弯头实际安装效果图二

(2)清理复合轨和端部弯头安装端面的污物,修整端面上的毛刺,检查端面与轨面的垂直度,保证垂直度为±0.1°,并涂上一层极薄的接触油脂。

(3)使用C型夹具和两块质地软硬适中的木板(板长500mm、宽90mm、厚15mm,并且表面光滑平整),上下夹持住复合轨和端部弯头,使其两部分的对接保持在同一平面上,接头处无高低落差。

(4)使用打孔机和辅助打孔工具,在需要安装端部弯头的复合轨一端进行打孔,孔的直径为17mm,连同端部弯头上的孔,共计4个,孔间距为100mm。

(5)将所有配合表面清理干净,使用干净的垫子或中粒度磨料钢丝刷打磨,并在端部弯头的界面连接表面处涂上一层极薄的接触油脂。

(6)将端部弯头安装到要加以连接的普通中间接头处,并将4根螺栓拧紧。端部弯头的断口与接触轨之间密贴,不得有高低差及由此产生的台阶伤及集电靴。

(7)接着拧紧其他螺栓,螺栓紧固力矩为70N·m。

(8)再次检查接触表面,将接头处多余的接触油脂擦净,并在安装完成后将工作地点的废弃物清除。

六、普通防爬器

(1)接触轨普通防爬器是用于防止复合轨长轨向两侧不均匀窜动的固定连接件,安装在长轨的中部,安装效果如图6-40所示。

(2)一套普通防爬器由1对铝制防爬器本体、2根螺栓、2个平垫、2个弹垫、2个螺母组成。通常在一个安装位置安装2套普通防爬器,分别位于绝缘支架的2侧,如图6-40所示。安装组件如图6-41、图6-42所示。

图6-40 普通防爬器安装效果

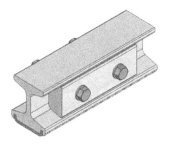
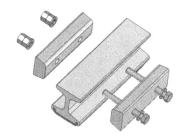

图 6-41　普通防爬器单独安装效果　　　图 6-42　普通防爬器组件

（3）使用打孔机在选定部位进行打孔（通常认为在防爬器本体的边缘靠近绝缘支架或卡爪 2~4mm 处为防爬器的安装位置），孔的直径为 17mm，间距为 100mm，共计 2 个孔。安装过程中一定要注意，在绝缘件两侧对称部位要同时进行相同的操作。

（4）将所有配合表面清理干净，使用干净的垫子或中粒度磨料钢丝刷打磨，并在防爬器本体的界面连接表面涂上一层极薄的接触油脂。

（5）将防爬器本体安装到复合轨已经钻好孔的轨腹处，并将 2 根螺栓拧紧。

（6）接着用力矩扳手拧紧螺栓，螺栓紧固力矩为 70N·m。

（7）再次检查接触表面，将接头处多余的油脂擦干净，完成后将工作地点的废弃物清除。

七、锚结用防爬器

（1）接触轨锚结用防爬器是用于防止接触轨长轨向两侧部均匀窜动的固定连接件，安装在曲线部位绝缘支架的两侧，下锚固定，安装效果如图 6-43、图 6-44 所示。

图 6-43　锚结用防爬器安装效果图一　　　图 6-44　锚结用防爬器安装效果图二

（2）使用打孔机在复合轨选定部位进行打孔，打孔部位的位置选择参见普通防爬器的安装。孔的直径为 17mm，间距为 100mm，共计 2 个孔。安装过程中一定要注意，在绝缘件两侧对称部位要同时进行相同的操作。

（3）将所有配合表面清理干净，使用干净的垫子或中粒度磨料钢丝刷打磨。

（4）将钢连接板本体及钢中心锚结本体安装到要加以连接的接触轨的轨腹处，并将 2 根螺栓拧紧到防爬器本体上，穿入不锈钢弹垫及平垫。安装过程中要注意，下锚双耳处应安装在线路外侧，并且双耳开挡朝向地面方向，如图 6-45、图 6-46 所示。

（5）接着用力矩扳手拧紧螺栓，螺栓紧固力矩为 70N·m。

（6）将安装处的污物清理干净，并在安装完成后将工作地点的废弃物清除。

图 6-45　锚结用防爬器单独安装效果

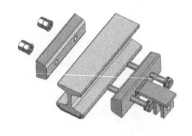
图 6-46　锚结用防爬器组件

八、氧化锌避雷器

（1）一人用双手托起避雷器，另外一人用活动扳手或套筒扳手将避雷器支架连接处的螺栓、螺母和其他紧固件连接，然后使用力矩扳手拧紧，如图 6-47 所示。

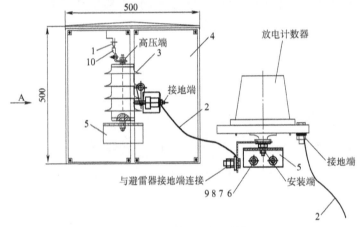

图 6-47　氧化锌避雷器示意图（单位：mm）

1-150mm 直流正极电缆；2-150mm 直流负极电缆；3-无间隙氧化锌避雷器；4-避雷器防护箱；5-避雷器支架；6-螺栓 M16×65；7-螺母 M16；8-平垫 16；9-弹垫 16；10-避雷器安装用接线端子

（2）清洁连接部件，然后和紧固件放在一起。安装过程中应注意，不要将避雷器放在地面或者轨道上，避免造成污染。

（3）电缆两端接头与铜铝过渡接线端子连接前，应先用专用工具将 150mm 电缆绝缘层剥开 70mm 的长度，然后将电缆导体穿入接线端子的压线孔内进行压接，必须将电缆导体穿到孔的根部方可压接，压接后的电缆导体的握紧荷载应不小 6.9kN。此外，在剥离电缆绝缘层时应注意不能划伤电缆导体外表面。电缆端子绝缘防尘罩采用热缩工艺，电缆安装位置及长度在现场确定，电缆金属层采用直接接地的方式。

（4）用活动扳手或套筒扳手将电缆与接触轨连接处、避雷器高压端连接处、避雷器接地电缆与计数器连接处和避雷器高压电缆卡子处的螺栓、螺母和其他紧固件连接，然后使用力矩扳手拧紧。

任务实施

请完成"实训 6.3　接触轨式接触网典型零件的安装"，见本教材配套实训活页。

模块七　接触网设备维护与检修

单元7.1　架空柔性接触网维护与检修

单元导入

架空柔性接触网的维护与检修作业最常见的任务有哪些呢？今天我们一起来学习这部分内容。

本单元是对架空柔性接触网的维护与检修相关内容的介绍，通过本单元的学习，能初步了解架空柔性接触网常见零部件的维护与检修要求，掌握简单的开展架空柔性接触网的维护与检修作业的技能。

学习目标

1. 知识目标

熟悉城市轨道交通架空柔性接触网典型零部件的维护与检修要求。

2. 能力目标

能按要求执行城市轨道交通架空柔性接触网典型零部件的维护与检修任务。

3. 素质目标

(1) 养成安全运维的职业素养。

(2) 爱岗敬业，能认真学习专业理论的知识。

(3) 钻研业务，具有独立思考能力。

基础知识

一、架空柔性接触网支持装置维护与检修的技术标准

1. 支持装置相关技术标准

(1) 简单悬挂的平腕臂要水平安装，其端部允许抬高不超过100mm，腕臂偏移要求如下。

标准值：无偏移温度时垂直于线路中心线，温度变化时腕臂顶部的偏移要和该处的承力索伸缩量相对应。

安全值：标准值±100mm。

限界值：任何情况下不得超过腕臂垂直投影长度的1/3。

(2) 腕臂的各部件均应组装正确，腕臂上的各部件(不包括定位装置)应与腕臂在同一

垂直面内,铰接处要转动灵活。腕臂不得弯曲且无永久性变形,顶部非受力部分长度为100~200mm。顶端管口封堵良好。

(3)腕臂底座、拉杆(或压管)底座、定位肩架应与支柱密贴、平整,底座角钢(槽钢)应水平安装。

(4)隧道内埋入杆件应无断裂、变形和锈蚀,其周围水泥填充物无辐射性裂纹和脱落。

(5)腕臂及隧道内的埋杆件不得严重锈蚀,锌层脱落处要补漆。

(6)隧道内(站内)定位支柱要铅垂安装,其型号和位置要符合设计规定。隧道内腕臂的型号和安装要符合设计规定,管端口封帽要密封良好。

(7)套管铰环、钩头鞍子、定位环等部件无裂纹、断裂及烧伤现象,各铰接部位销钉齐全、无脱落及断裂缺损情况,各部螺栓、螺母受力状态良好,无螺母松动剂脱落现象。

(8)腕臂无永久弯曲现象,顶部封帽密封状态良好。

2.检修步骤及处理方法(检修时间:30min)

警告

作业人员必须规定配备安全防护用品,防止高空坠物伤人。

注意

工作人员检查时应严格保证安全距离,安全带系于可靠部位。需对接触线、承力索卸力时,操作人员不得站在接触线、承力索受力的反方向。

(1)检查平腕臂安装状态。

①检修结果判断:近距离目视平腕臂有无明显抬高和生锈、脱锌现象,利用水平尺测量端部有无抬高。

②处理方法:如有生锈、脱锌现象则除锈、涂油防腐及补漆。如有抬高,则简单悬挂调整拉杆在腕臂上的位置,链形悬挂调整斜腕臂在平腕臂上的位置。

(2)检查腕臂各部件的弯曲、垂直状态。

①检修结果判断:检查组装是否正确,检查腕臂上的各部件(不包括定位装置)是否与腕臂在同一垂直面内,连接处是否转动灵活、腕臂有无弯曲且无永久性变形,顶部非受力部分长度是否符合标准,顶端管口封堵是否良好。

②处理方法:如有各部件安装不正确和腕臂变形,则根据图纸对不正确的部件进行更换,查找图纸找出符合需更换腕臂的型号和尺寸进行更换,顶端管口无封堵则用管帽进行封堵。

(3)检查腕臂底座、拉杆底座、定位肩架、底座角钢状态。

①检修结果判断:目测腕臂底座、拉杆底座、定位肩架应与支柱密贴、平整,利用水平尺测量底座角钢(槽钢)是否水平安装。

②处理方法:如有不密贴和不水平,则调整定位肩架和底座的相关螺栓、螺母。

(4)检查隧道内埋入杆件状态。

①检修结果判断:目测埋入杆是否有断裂、变形和锈蚀现象,如有,可能会使整个悬挂装置断裂脱落。

②处理方法:定期检查,除锈、涂油、防腐,发现有变形、断裂现象及时更换处理。

(5)检查隧道内(站内)定位支柱铅垂安装状态。

①检修结果判断:检查其型号和位置是否符合设计规定。按照图纸核查隧道内腕臂的型号和安装是否符合设计规定,管端口封帽密封是否良好。利用水平尺测量定位支柱铅垂安装情况,根据图纸核查相关部件的型号和位置是否符合设计要求。

②处理方法:如定位支柱安装不铅垂,则添加垫片使其符合要求,与图纸不相符的则及时调整或更换。

(6)检查套管铰环、钩头鞍子、定位环等部件状态。

①检修结果判断:检查各部件是否有裂纹、断裂及烧伤现象,检查各连接部位销钉是否齐全,有无脱落及断裂缺损情况,检查各部位螺栓、螺母受力状态是否良好,有无螺母松动剂脱落现象。

②处理方法:如有缺失、断裂、烧伤现象则及时更换,各螺栓、螺母力矩不符合要求则用力矩扳手按标准紧固。

(7)检查腕臂弯曲状态。

①检修结果判断:近距离目测及利用水平尺检查腕臂是否有弯曲现象,观察顶部封帽是否密封。

②处理方法:如有顶部封帽不密封则更换符合标准的封帽,腕臂有变形,则应查找图纸找出符合需更换腕臂的型号和尺寸及时更换。测量导高、拉出值并做好记录。量好套管双耳支撑线夹及各零部件在腕臂上的位置。将承力索卸载,用方木将平腕臂在端部顶起,拧松套管双耳、支撑线夹螺母,抽出腕臂使其与绝缘子分离,更换新平腕臂与绝缘子连接。紧固绝缘子螺母及其他螺母,将承力索恢复到原来状态。测量导高、拉出值,与原数据进行对比,不符合标准则进行调整。清理作业现场,检查各部件受力状态。

二、架空柔性接触网定位装置维护与检修的技术标准

1. 定位器

(1)定位器应保证接触线之字值、拉出值及工作面的正确性,以及定位点处两条接触线线距符合要求,并具有一定的弹性;当温度变化时,接触线自由伸缩,使受电弓有良好的取流状态。

(2)定位器(管)的型号和安装符合设计规定,支持器的方向要安装正确,支持器处定位管的伸出长度应为 20~150mm。

(3)定位器偏移。

标准值:在平均温度时垂直于线路中心线,温度变化时沿接触线纵向偏移,与接触线在该点的伸缩量相一致。

安全值:标准值 ±10%。

限界值:极限温度时其偏移值不得大于定位器管长度的1/3。

(4)定位环的安装要正确,距定位管根部的长度一般为200mm,困难时不得小于40mm。定位装置各管口要有管帽,各定位拉线的规格、安装要符合设计规定。

(5)反定位管、定位肩架及组合定位器的定位管的状态应符合设计规定,如设计有特殊

说明,则按设计要求执行。定位管 V 形拉线应顺直固定在承力索钩头鞍子两侧各 2m 处,两侧拉线的长度张力应相等。正定位管或反定位器的坡度应保证接触导线面至定位环中心高度为 150mm。安装在非补偿简单悬挂软横跨的定位器坡度应保持导线接触面至定位绳高度为 225mm。

(6)各部位螺栓紧固及受力良好,无脱扣缺陷、无锈蚀,弹垫、平垫齐全牢固,若不符合要求则进行更换或紧固调整及补装。

2. 检修步骤及处理方法(检修时间:40min)

(1)检查定位器(管)状态。

①检修结果判断:目视观察定位器(管)是否完好,管帽是否齐全,线夹主受力面是否正确,对有裂纹、变形、锈蚀严重的定位器(管)应进行更换。两接触线间距为 40mm,不符合标准的进行调整。

②处理方法:定位器(管)更换时,测量导高、拉出值并做好记录,在接触线上对原定位器(管)位置进行画线标记,将接触线力卸载,用力矩扳手松开定位线夹,取下原定位器(管),换上新定位器(管)夹,将力矩扳手调至力矩 25N·m,依次紧固定位线夹螺栓及螺母,将接触线恢复至原来状态,测量调整定位及前后定位导高、拉出值。定位点处两条接触线线距不符合要求的,先将接触线的张力进行卸载,调整两定位线夹的位置,使定位点处两条接触线线距满足要求。

(2)检查支持器状态。

①检修结果判断:利用卷尺测量支持器处定位管的伸出长度,对伸出长度超出 20～150mm 的情况进行调整。

②处理方法:伸出长度超出的,首先测量该处导高及拉出值,将接触线的张力进行卸载,在可调整范围内变动支持器在定位管上的位置,或者同时变动长定位单环(双环)在腕臂上的位置,使支持器处定位管的伸出长度满足 20～150mm。

(3)检查定位环状态。

①检修结果判断:检查定位环的安装是否正确,各定位拉线的规格、安装是否符合设计规定;测量定位环距定位管根部的长度,一般为 200mm,困难时不得小于 40mm,不符合要求的进行调整。

②处理方法:定位环距定位管根部的长度小于 40mm 的,首先测量该处导高及拉出值情况,再将接触线的张力进行卸载,在可调整范围内变动定位环在定位管上的位置,或者同时变动长定位单环(双环)在腕臂上的位置,使定位环处定位管的伸出长度满足要求。

(4)检查接触线定位线夹状态。

①检修结果判断:用抹布将接触线线夹表面擦净,目测接触线表面有无裂纹,发现裂纹应立即更换,使用力矩扳手对接触线线夹进行紧固,应无松动。

警告

更换线夹时,操作人员应站在接触线线夹受拉面一侧,防止接触线回弹危及人身安全。

②处理方法:施加一个反作用力,使接触线线夹处于不受力状态,拆除旧线夹,在接触线

原来的线夹安装位置上装上新线夹,按 25N·m 力矩要求上紧线夹螺母,把线夹装回到定位器上,确认连接良好且紧固后,缓慢释放原来施加的反作用力至线夹受力。

(5)测量定位器(管)坡度。

①检修结果判断:将水平尺放在定位器上方,调平,同时用钢卷尺测量出高度差,计算出定位器坡度(两点高度差/水平尺长度),计算数据若在 1/10～1/5 则为正常,若超出该范围则需要调整。

②处理方法:在保证接触网高度的前提下,确认调整量和调整方向。利用拉力带或手扳葫芦等,将定位器卸载,松动定位环线夹螺栓,通过移动腕臂上的定位环来调整定位管高度或提升水平腕臂,以达到满足定位器坡度的要求。

三、架空柔性接触网接触线维护与检修的技术标准

1. 接触线

(1)导高:接触线高度应符合设计规定。

标准值:设计值。

安全值:标准值 ±15mm。

限界值:标准值 ±15mm。

(2)拉出值:接触线之字值、拉出值(含最大风偏时跨中偏移值)。

标准值:直线区段之字值标准为 ±200mm,曲线区段根据曲线半径不同在 ±250mm 之间选用。

安全值:直线之字值≤250mm,曲线拉出值≤300mm。

限界值:直线之字值≤300mm,曲线拉出值≤350mm。

(3)坡度:接触线坡度(检修周期:5 年)。

标准值:坡度不大于 5‰。

安全值:坡度不大于 8‰。

限界值:坡度不大于 12‰。

(4)偏角:接触线偏角(水平面内改变方向)(检修周期:5 年)。

标准值:≤10°。

安全值:≤12°。

限界值:≤12°。

(5)双接触线链形悬挂两接触线间距:测量双接触线链形悬挂两接触线之间的水平间隙为 40mm,其所在的平面要与轨平面平行,以保证受电弓良好地取流及接触线磨耗均匀。

(6)接触线磨耗和损伤后不能满足规定的机械强度安全系数或不能满足该线通过的最大电流时,则应更换。

(7)接触线补强和接头要求。

①锚段长度在 800m 及以下。

标准值:0。

安全值:3 个。

限界值:3个。

②锚段长度超过800m。

标准值:0。

安全值:4个。

限界值:4个。

(8)磨耗:接触线磨耗重点测量位置为接头线夹两侧、跨桥定位、其他可能磨耗严重的点。

(9)接触线磨耗全面测量位置(检修周期:5年)为电连接线夹两侧、定位线夹两侧、各种接头线夹处接触线磨耗、跨中接触线磨耗和其他可能磨耗严重的点。

2.检修步骤及处理方法(检修时间:30min)

(1)测量、调整接触线高度。

①检修结果判断:利用导高测量仪器测量定位点及跨中接触线距轨面的高度,与标准值进行比较,允许误差为±15mm,超出误差范围应进行调整。

> **注意**
>
> 进行零部件更换作业时注意线索状态,更换完后要对接触网相关设备进行测量,确保参数达标。操作过程中不得用力过猛,防止损坏设备。

②处理方法。

a.简单悬挂的调整:将吊索线夹向定位点或跨中方向移动可以升高或降低接触线高度。

b.链形悬挂的调整:通过对接触悬挂的升降来进行调整。

松动定位线夹螺母,使定位器卸载,松开腕臂上的定位环螺母,通过调整定位环在腕臂上的位置以达到调整接触线高度的目的。调整定位管斜吊线长度,使定位管在水平状态(链形悬挂跨中的接触线高度可通过调整吊弦长度来完成),如图7-1所示。

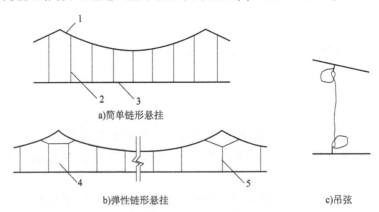

图7-1 不同类型的接触网悬挂导高调整图

1-承办索;2-吊弦;3-接触线;4-Π形弹性吊弦;5-Y形弹性吊弦

(2)测量、调整定位点处接触线之字(拉出)值和曲线段的偏移值。

①检修结果判断:利用拉出值测量仪器测量定位点处接触线之字(拉出)值和曲线段的偏移值,与该定位点的设计值进行对比,对不符合要求的进行调整。

注意

双接触线的测量,应以拉出值方向外侧的接触线为准。

⚠️ 警告

曲线张力较大需调整时,操作人员应站在接触线的曲线外侧,防止接触线回弹危及人身安全。

②处理方法:松动定位管上定位环或支持器螺母,使定位环或支持器能来回活动。直线定位点,根据需要调整的方向和数值确定定位环在定位管上的位置,重新紧固定位环螺母;曲线定位点,根据需要调整方向确定支持器在反定位主管上的位置,并重新紧固支持器螺母。

(3)测量检查接触线的磨耗情况。

①检修结果判断:当接触线局部磨耗和损伤截面积达到一定数值时(见表 7-1),应进行电气补强或更换。

②处理方法:参见表 7-1。

接触线的磨耗和损伤数值　　表 7-1

磨损类别	线种	磨损(张力)截面	整修方法
	TCG-120	12000kN	
局部磨耗和损伤 (mm²)	<20	<20	当允许通过电流不能满足要求时加补强线
	20~40	20~30	加补强线
	>40	>30	更换或切断后作接头
平均磨耗(mm²)	>25	>20	整锚段更换

四、架空柔性接触网承力索维护与检修的技术标准

1. 承力索

(1)承力索位置。

标准值:地面线路,直线地段承力索应位于两接触线中心线的正上方,曲线地段承力索与两接触线中心线的连线应垂直于轨面连线;隧道内线路,直线地段承力索应位于两接触线中心线的正上方,曲线地段承力索与两接触线中心线的连线应垂直于轨面连线。

安全值:地面线路,直线地段承力索在两接触线中心线的位置允许误差±50mm;曲线地段承力索在两接触线中心线的位置允许向曲线内侧偏移 30mm,但不得偏向曲线外侧;隧道内线路,直线区段承力索在两接触线中心线的位置允许误差为±8mm;曲线地段承力索在两接触线中心线的位置允许向曲线内侧偏移 5mm。

限界值:地面线路,直线地段承力索在两接触线中心线的位置其偏差不得超过±75mm;曲线地段承力索在两接触线中心线的位置允许向曲线内侧偏差不超过 50mm,但不得偏向曲线外侧;隧道内线路,同安全值。

(2)承力索补强和断股要求。

①锚段长度在 800m 及以下。

标准值:0。

安全值:4个。
限界值:4个。
②锚段长度超过800m。
标准值:0。
安全值:4个。
限界值:5个。

(3)承力索跨中部位、电连接线夹处及附近、钩头鞍子处、接头处和吊弦线夹等处无断股情况。

(4)承力索无锈蚀、腐蚀和磨损情况,若有,需按要求进行处理。

2.检修步骤及处理方法(检修时间:30min)

(1)检修步骤:检查承力索位置是否超标。

①检修结果判断:将实际测量值与承力索位置的标准值、安全值和限界值作对比,超标则为不符合标准。

②腕臂柱处理方法:根据测量值,确定承力索调整量,在平腕臂上做好标识,调整承力索座位置,使承力索位置达标。具体调整方法如下:

a.直线处,作业人员将承力索从承力索座内抬出,移动承力索座到规定位置,再将承力索放入承力索座线槽中,紧固好。

b.曲线外侧区段时,在支柱上底座处搭手扳葫芦拉住承力索,紧手扳葫芦,使腕臂不受力;将承力索从承力索座内抬出,移动承力索座到规定位置并紧固好;松手扳葫芦,再将承力索放入承力索座线槽中并紧固好。

c.曲线内侧时,先摘除腕臂管帽,在腕臂管插入一根带2个定位环的1m长定位管,调整定位管的外露长度,在定位管上搭手扳葫芦拉住承力索;紧手扳葫芦使腕臂不受力后从承力索座内抬出承力索,移动承力索座到规定位置并紧固好;松手扳葫芦,再将承力索放入承力索座线槽中并紧固好;最后,拆除手扳葫芦和插管。

> **注意**
>
> 作业人员不宜位于线索受力方向的反侧,并采取防止线索滑脱的措施;在曲线区段进行接触网悬挂的调整工作时,要有防止线索滑跑的后备保护措施。

③软横跨处理方法:根据测量值,确定承力索调整量,在上部固定绳上做好标识,松开斜拉线,调整上部固定绳上的定位环线夹,使承力索水平投影相对于接触线偏移达标。在曲线处调整定位环线夹时,先在上部固定绳上相邻的定位环处或在支柱上搭手扳葫芦,使承力索卸载,然后再移动定位环线夹。

(2)检修步骤:检查承力索有无散股、断股,检查隧道漏水、漏油有无滴到承力索上。

①检修结果判断:承力索有散股、断股;隧道有漏水、漏油并滴到承力索上。

②处理方法:对于现场发现水或油滴到承力索时,应报生产调度,通知相关部门及时安装引水槽,避免水或油滴到承力索上。对于隧道有滴水或滴油的情况除了按正常渠道上报外还必须采取防范措施,对隧道漏水情况进行统计。

a.对于水或油滴到承力索且长度未超过1000mm未造成断股的,要使用预绞丝接续条(麻花)进行机械补强;若超过1000mm则要使用并线的方法进行机械补强;若出现断股,除了使用预绞丝接续条(麻花)进行机械补强外,还需要使用并线的方法进行电气补强。

b. 对于水或油滴到承力索上的情况:当腐蚀长度小于50mm时,要使用进口的接触线接头线夹进行补强;当腐蚀长度为50～100mm时,要使用国产的接触线接头线夹进行补强;当腐蚀长度大于180mm时,要使用并承力索的方法进行补强;在所有的漏水、漏油、断股、补强点的隧道顶部做好标志。

c. 补强的要求:使用预绞丝接续条(麻花)对承力索补强时要注意将原线索卸载,并将表面的腐蚀层打磨后再进行补强。

使用并线索的方法进行机械补强时的安装方法及注意事项:

补强线的两端头要用绝缘胶布或细铜丝绑扎不少于20mm。安装的补强线较长时,中间可以用细铜丝或绑扎带扎紧,其绑扎间隔为300mm。若用细铜丝绑扎,每处绑扎宽度应不小于20mm。补强线原则上应安装在原线索的下方,特殊情况可以装在原线索的上方或侧面。补强线的安装长度不宜过长,一般不超过10m,特殊情况可以适当延长。安装好的补强线要有足够的安全距离。安装尺寸如图7-2所示。

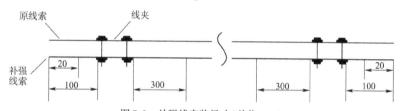

图7-2 补强线安装尺寸(单位:mm)

(3)检修步骤:检查线夹、螺栓等零部件是否稳固。

①检修结果判断:各零部件稳固,无松脱现象。

②处理方法:对线夹、螺栓等零部件紧固。

(4)检修步骤:检查各连接部分的连接情况,检查有无其他专业的电缆、电线影响。

①检修结果判断:各连接部分的连接情况良好,无其他专业的电缆、电线影响。

②处理方法:对连接部分的连接情况进行纠正,调整位置并紧固;若有其他专业的电缆、电线影响,则做好防护措施,并报相关专业人员处理。

(5)检修步骤:检查承力索有无锈蚀现象。

①检修结果判断:承力索有锈蚀现象。

②处理方法:先用钢丝刷清除锈迹,再用纯棉布擦净,最后涂锂基脂(黄油)进一步防腐处理。

五、架空柔性接触网吊弦维护与检修的技术标准

1. 吊弦

(1)吊弦偏移。

标准值:在无偏移温度时处于铅垂状态。

安全运行值:在极限温度时,顺线路方向的偏移值不得大于吊弦长度的1/3。

限界值:同安全运行值。

(2)吊弦分为铜绞线可调式整体吊弦和不锈钢整体吊弦两种。吊弦长度允许偏差为设计长度的±5mm;顺线路方向,吊弦位置允许偏差为±50mm。接触线线夹的安装要正确、紧固,不得沿接触线滑动。

(3)吊弦无腐蚀、磨损,无烧伤痕迹。若有缺陷则进行更换。

(4)吊弦线夹是否有裂纹等缺陷,安装是否正确、牢固。若有缺陷则进行更换或调整。

小心

吊弦线夹力矩应符合设计要求。

注意

安装吊弦时线夹必须完全卡入接触线线槽内。

2.检修步骤及处理方法(检修时间:30min)

(1)检查吊弦不锈钢铁线状态。

①检修结果判断:现场检修人员近距离对吊弦进行目视检查,检查吊弦不锈钢铁线有无折断、扭曲变形、锈蚀现象,如有需立即对吊弦进行更换。

②处理方法:吊弦有折断、扭曲变形和严重锈蚀时,必须对吊弦进行更换处理,用扳手将吊弦线夹拆除,更换准备好的预制吊弦,按照之前拆除时的相反顺序进行安装。安装时要注意吊弦线夹的安装位置和使用力矩扳手对螺母紧固;安装完成后要对更换处的接触网导高进行测量,使其达到设计要求。

(2)检查吊弦线夹有无完全卡到接触线槽内、是否有裂纹及螺栓紧固情况。

①检修结果判断:目测吊弦线夹有无完全卡到接触线槽内,是否有裂纹;用扭力扳手对吊弦线夹螺母进行紧固。

②处理方法:吊弦线夹没有完全卡到接触线槽内时,先将接触线抬起,用扳手松开线夹螺母对线夹进行调整;有裂纹的吊弦线夹要立即更换备用线夹,对更换和调整过后的线夹螺栓必须按设计要求进行力矩紧固。

(3)检查吊弦鞍子有无出现反转磨损承力索情况。

①检修结果判断:近距离目视检查吊弦鞍子是否反转。

②处理方法:对反转的吊弦鞍子要及时调整,使其恢复到开口朝下的状态,发现其承力索有轻度磨损时进行绑扎。

(4)检查吊弦偏移情况。

①检修结果判断:对吊弦整体进行目视观察,发现吊弦出现严重偏移现象。

②处理方法:发现吊弦出现偏移时,先将接触线抬起,用扳手松开线夹螺母对吊弦线夹进行调整,调至铅垂状态。

六、架空柔性接触网锚段关节维护与检修的技术标准

1.锚段关节

地铁柔性接触网锚段关节:两根下锚柱及两根转换柱组成的三跨式锚段关节,分为非绝缘锚段关节和绝缘锚段关节,如图7-3所示。

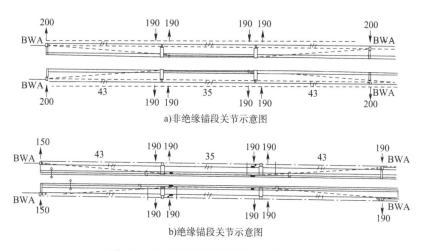

图 7-3 地铁柔性接触网锚段关节（单位：mm）

1) 绝缘锚段关节

（1）两根转换柱之间两支接触悬挂应在垂直面上保持平行，两支悬挂的线间距不小于 150mm。

（2）转换柱处非工作支接触线应比工作支接触线抬高不小于 150mm。

（3）非工作支接触线和下锚支承力索在转换柱内侧加设绝缘部件，并用电连接将锚段最后一跨的线索与相邻锚段线索连接起来。电连接设在锚柱与转换柱间距为 5~10m 处。

2) 非绝缘锚段关节

（1）地面段非绝缘锚段关节两转换支柱处承力索高度、位置及接触导线导线高度、拉出值符合设计要求，两支接触导线的立面交叉点应位于两转换柱之间的跨距中心处。两支接触线在两转换柱之间的垂直面上应水平设置，两接触悬挂线间距离及其误差应符合设计。

标准值：设计值。

安全值：100mm。

极限值：50mm。

（2）隧道内非绝缘锚段关节两转换支柱处承力索高度、位置及接触导线导线高度、拉出值符合设计要求，锚段关节内两接触线的立体交叉点应位于两转换柱之间的跨距中心处。

（3）两支接触线在两转换柱之间的垂直面上应平行设置，接触线高度、拉出值、线间距离及承力索高度、位置应符合规定。

（4）转换柱处非工作支接触线距轨面高度比工作支抬高 150~200mm。下锚处，非工作支接触线比工作支接触线抬高 500mm。

（5）在转换柱与锚柱间，距转换柱 5~10m 处分别加设一组电连接。

（6）下锚处接触线在水平面内改变方向时，其偏角一般不应大于 6°，困难情况下不得超过 12°。

2. 检修步骤及处理方法（检修时间：40min）

全体作业人员必须按规定佩戴安全防护用品，防止高空坠物伤人。

(1)使用卷尺及水平尺,测量转换柱处两支接触悬挂间的水平距离和垂直距离,测量非工作支绝缘棒与工作支接触线的垂直距离,符合设计要求(关键工序)。

①检修结果判断:使用卷尺与水平尺配合测量接触线第二、三根的水平距离及垂直距离,测量后判断其水平距离和垂直距离是否符合技术要求,同样,卷尺与水平尺配合测量绝缘棒处工作支与非工作支绝缘棒的垂直距离。

小心

锚段关节调整过程中注意受力工具状态,防止打滑。

警告

由于锚段关节处接触线、承力索受力较大,严禁在受力内侧进行关节调整。

②处理方法:水平距离与垂直距离不符合技术要求时,调整前必须使用工程车,首先确定参数是过大还是过小,在需要调整至标准距离的腕臂上做好标记,调整时先对非工作支最外侧一条接触线进行张力卸载,卸载后使用开口扳手缓慢松开定位支持环螺母,松动后配合手扳葫芦向外或内侧缓慢动作至标记处即可,调好后再对水平距离进行复核测量,符合标准后使用开口扳手对定位支持环进行紧固。垂直距离调整时同样要对非工作支两根接触线进行张力卸载,根据测量数据确定需要调整数值并在吊柱上做好标记,卸载后使用开口扳手缓慢松动腕臂底座,松动后使用胶锤向上或向下敲击腕臂底座高度,同样至标记处即可,完成后使用开口扳手紧固底座。

(2)使用卷尺及水平尺,测量跨中接触线的水平间距,检测接触线是否等高。

①检修结果判断:两人配合使用卷尺和水平尺测量出跨中接触线高差值。

②处理方法:如高差超出技术要求时,调整接触线垂直距离,即以调整腕臂底座的方式来满足跨中接触线高差的技术要求。

(3)使用卷尺及水平尺,测量转换柱至下锚侧支 500mm 处的抬高(关键工序)。

①检修结果判断:两人配合使用卷尺和水平尺测量出下锚支与工作支接触线高差值。

②处理方法:如非工作支抬高不足时,可通过调整非工作支侧悬挂的吊弦来抬高非工作支以满足高差的技术要求。

(4)使用激光测量仪测量悬挂点处承力索、接触线的高度,测量定位点拉出值,使其符合设计要求(关键工序)。

①检修结果判断:使用激光测量仪测量承力索、接触线的高度,测量定位点接触线的拉出值,测量后的实测值与设计图纸的标准值进行对比,判断参数是否符合技术要求。

注意

操作过程中不得用力过猛,防止损坏设备。

②处理方法:如定位点的导高或拉出值超出标准值允许的误差范围时,对相应的定位点进行调整,具体对定位点的导高及拉出值进行调整。

(5)检查锚支、工作支及定位器管是否灵活,有无卡滞现象。

①检修结果判断:检修人员近距离现场目测观察和用手晃动定位器,观察定位器是否活动灵活。

②处理方法:定位器存在卡滞现象时,首先目视判断是否有异物或锈蚀引起卡滞的情况,如有则对异物进行清除,生锈处用砂纸或钢丝刷进行除锈。如有因设备存在缺陷而引起的卡滞时,对有缺陷的设备进行更换处理。

(6)使用水平尺检查转换跨距内接触线的转换过渡情况是否良好(关键工序)。

①检修结果判断:检修人员使用水平尺在关节过渡区域按照行车方向进行水平滑动检测,同时目视观察过渡区域有无冲击、打火等现象。

②处理方法:发现有冲击的硬点时,检修人员使用整弯器对硬点进行整平处理;发现有打火现象时,检修人员使用砂纸进行打磨处理。

(7)检查接触线、承力索、电连接及绝缘棒等设备的状况。

①检修结果判断:检修人员近距离目视检查接触线、承力索、电连接及绝缘棒等设备的状况。电连接线检查时需要用手轻微晃动来判断电缆和线夹是否牢固,有无断股等现象。

②处理方法:现场检修人员检查发现电连接线断股或线夹连接不良时,判断如果断股不严重可使用绑扎线将断股的铜丝进行绑扎,如果断股严重必须进行更换处理。电连接线夹接触不良时,检修人员使用开口扳手先将电连接线夹拆下,拆下后使用电工刀将线夹内杂物进行清理,清理完成后重新安装好。安装时必须2人进行,一人安装,另一人近距离目视观察入槽情况。

(8)检查下锚柱、转换柱的工作状态,检查腕臂有无偏移现象,零部件是否有锈蚀、形变、倾斜等现象(关键工序)。

①检修结果判断:检修人员近距离目视检查下锚柱、转换柱是否与水平面垂直,检修人员站在与定位吊柱的水平垂直线上,目测观察腕臂是否存在偏移现象,目视观察相关零部件有无锈蚀、形变、倾斜等现象。

②处理方法:转换柱或下锚柱定位腕臂偏移的处理方法:转换柱定位偏移时将承力索支撑线夹螺杆松开(松至承力索可以滑动即可),腕臂摆正,然后将定位线夹按照技术要求分别安装在腕臂两侧。下锚柱腕臂偏移时可先将下锚处的坠砣使用手扳葫芦适当进行张力卸载,张力适当卸载到在下锚柱处人力可以对承力索及接触线进行位移即可,然后按照调整转换柱的方法进行调整腕臂偏移。

七、架空柔性接触网隔离开关维护与检修的技术标准

(1)隔离开关应动作可靠、转动灵活,合闸时触点接触良好,引线和电连接线的截面与开关的额定电流及所连接的接触网当量截面相适应,引线不得有接头。

(2)隔离开关的触点接触面应平整、光洁、无损伤,并涂以导电介质。隔离开关合闸时触点接触紧密、接触压力均匀无回弹现象。用 0.05mm×10mm 塞尺检查触点接触时,对于线接触者应塞不进去。对于面接触者的塞入深度,当接触表面宽度为 50mm 及以下时,不应超过 4mm;当接触表面宽度为 60mm 及以上时不应超过 6mm。

(3)隔离开关的分闸角度及合闸状态应符合产品的技术要求。GW4隔离开关合闸时,刀闸呈水平状态,两刀闸中心线相吻合;分闸时刀闸角度为90°,误差+1°;止钉间隙为1~3mm。

(4)操作机构应完好无损并加锁(锁孔注油),传动杆不得弯曲、变形,转动部分注润滑油,操作时平稳正确,无卡阻和冲击。带接地刀闸的隔离开关,操作机构的联动闭锁应正确可靠,保证主刀闸断开后才能合接地刀闸,接地刀闸断开后才能合主刀闸。

(5)隔离开关引线及电连接线应连接牢固、接触良好,无破损和烧伤。距接地体的距离不小于330mm,隔离开关引线距瓷瓶上裙边不小于150mm。引线的长度应保证当接触悬挂温度变化时有一定的活动余量,不得侵入限界,引线摆动至极限位置时对接地体的距离符合相关规定。

(6)支持绝缘子应清洁,无破损、烧伤、裂纹和放电痕迹,瓷釉剥落面积不超过300mm^2。

(7)电动操作的隔离开关电动机应转向正确,机械系统润滑良好,分合闸指示器与开关的实际位置相符。

(8)开关底座水平,瓷柱铅垂。电动隔离开关的操作机构箱应单独接地。

八、架空柔性接触网中心锚结维护与检修的技术标准

1. 中心锚结

(1)在锚段中部,接触线对于承力索、承力索对于锚柱(或固定绳)进行锚固的方式,称为中心锚结。即要求在两端装有补偿装置的锚段里,必须加设中心锚结。

(2)中心锚结布置的原则是使中心锚结两边线索的张力尽量相等。直线区段一般设在锚段中间处;曲线区段一般设在靠曲线多、半径小的一侧。

(3)中心锚结的安装形式有多种,对于不同的悬挂形式,中心锚结的结构形式也不同。一般分为半补偿中心锚结、区间全补偿中心锚结、站场全补偿中心锚结、简单悬挂中心锚结和隧道内中心锚结等形式。

(4)以广州地铁为例,广州地铁接触网系统中主要有半补偿中心锚结(图7-4)、隧道内中心锚结(图7-5)和站场全补偿中心锚结(图7-6)三种安装形式。

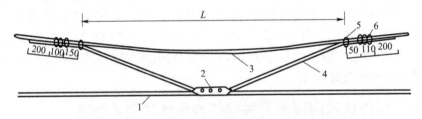

图7-4 半补偿中心锚结(单位:mm)
1-接触线;2-中心锚结线夹;3-承力索;4-中心锚结辅助绳;5-钢线卡子;6-绑扎段

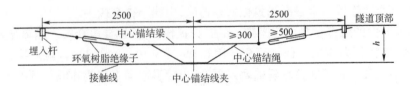

图7-5 隧道内中心锚结(单位:mm)

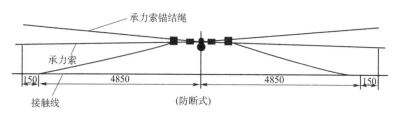

图7-6 站场全补偿中心锚结(单位:mm)

(5)为使锚固中心锚结绳的支柱保持受力平衡,应在与中心锚结辅助绳相反的方向打斜拉线,斜拉线与水平面的角度应为40°~60°。

(6)中心锚结所在的跨距内承力索、接触线不得有接头和补强,两端中锚辅助绳受力应均匀,不得出现弛度,两边的长度和张力力求相等,不得有接头和补强。

(7)中心锚结绳及辅助绳一般采用铜绞线或镀锌钢绞线,其型号、规格应根据接触网补偿张力的大小确定,应保证在承力索或接触线断线的情况下,中心锚结辅助绳能承受接触网上的全部负载而不发生松动或断股。

(8)中心锚结辅助绳的长度应根据中心锚结形式、悬挂结构高度、中心锚结所在跨距的大小、承力索弛度进行计算确定,应确保中心锚结绳处于合理的受力状态。

(9)中心锚结线夹处导线高度比正常导线高度高10~20mm,中心锚结线夹处接触线应平顺。

(10)处于直线区段和等半径圆曲线上的锚段,中心锚结一般布置在锚段的中间位置。

(11)处于直缓区段、缓和曲线区段、缓圆区段的接触悬挂,中心锚结应设置在曲线半径较小的一侧。

(12)接触线中心锚绳过长而处于松弛状态,则存在中心锚结绳低于被受电弓抬升后的接触线而打受电弓的可能;接触线中心锚结绳过短,则会导致接触线中心锚结线夹处接触线出现负弛度,影响受电弓取流,增大该处磨耗。

2.检修步骤及处理方法(检修时间:30min)

(1)对接触线中心锚结线夹进行外观检查,线夹本体及螺栓、销钉有无损伤、变形、裂纹、烧伤等现象(关键工序)。

①检修结果判断:检修人员近距离多角度目视观察中心锚结线夹有无损伤、变形、裂纹、烧伤等现象。

②处理方法:如果中心锚结线夹有损伤、变形、裂纹、烧伤时,立即进行更换处理,更换时必须将中心锚结绳的张力进行卸载,在线夹安装的位置做好标记,更换后恢复原位。

(2)检查中心锚结线夹与接触线沟槽是否密贴入槽,线夹螺栓穿向是否正确,有无开口销,开口销是否调整到位。

①检修结果判断:目视观察中心锚结线夹的入槽情况,力矩扳手复核线夹螺栓的紧固力矩,螺栓不得有松动现象,复核后对螺栓螺母做好标记。

②处理方法:如检查发现中心锚结有跳槽等现象时,现场立即对中心锚结绳张力进行卸载,在中心锚结绳上及接触线上做好安装标记,拆下后对线夹内及接触线卡槽进行异物清理,完成后安装时必须由两人进行,一人观察线夹入槽情况,另一人以标准力矩紧固螺杆及螺母,紧固后做好标记。

(3)用力矩扳手按照规定的力矩分别按序紧固、检查螺栓。接触线中心锚结线夹螺栓紧固力矩为100N·m(用19mm的套筒),承力索中心锚结线夹螺栓紧固力矩为46N·m(关键工序)。

①检修结果判断:检修人员使用力矩扳手对中心锚结线夹力矩进行复核紧固,紧固过程中如有螺栓出现松动或滑移等现象时,必须对螺栓进行仔细的外观检查和力矩检测。

②处理方法:力矩不符合要求时,使用力矩扳手调至标准力矩值后,对螺栓进行紧固,紧固后重新做好标记。

警示

选用的拉力带及紧线器一定要与线索张力大小相匹配,进行零部件更换作业时一定要两人以上进行。

(4)检查接触线中心锚结线夹处中锚辅助绳压接回头是否良好,心形环是否密贴,压接处是否有咬死、损伤线索现象。接触线中心锚结线夹处辅助绳压接后外露30mm,辅助绳在承力索线夹处外露为50mm,并不得散股。

①检修结果判断:近距离目视观察中锚辅助绳压接回头是否良好,心形环是否密贴,压接处是否有咬死、损伤线索现象,使用卷尺测量外露长度。

②处理方法:如果出现压接不良、外露不足或锚结绳出现损伤时,对中心锚结绳进行更换处理,更换后必须对定位点及前后定位进行数据测量复核。

(5)检查承力索中心锚结线夹状态是否良好,中锚辅助绳外露线夹长度是否符合标准,并用力矩扳手按规定数值进行交替紧固,检查线夹状态后将止动垫片掰弯,起到止动作用。承力索中心锚结线夹距定位处承力索座中心的距离为200mm,且两边线夹应对称。

①检修结果判断:使用卷尺测量承力索中锚线夹至定位点承力索支撑线夹的距离,并近距离目视观察线夹是否状态良好,按照标准力矩进行复核。

②处理方法:中心锚结线夹安装位置偏差较大时,对中心锚结线夹逐个进行位移,至符合标准为止,力矩复核后有松动的应立即紧固,做好标记,并在下个周期对此线夹再次进行力矩复核。

(6)观察承力索中心锚结辅助绳弛度是否符合张力弛度曲线安装要求(关键工序)。

①检修结果判断:目视观察承力索中锚绳弛度是否正常,弛度不得过大。

②处理方法:承力索中心锚结绳存在较大弛度时,首先在下锚底座处用手扳葫芦将中心锚结绳拉至张力符合要求后,重新进行连接固定。

(7)检修步骤:测量承力索终端锚固线夹螺栓外露长度,并检查开口销状态及各连接件的状态良好后,对终端锚固线夹用红漆做标志。

①检修结果判断:使用卷尺测量螺栓的外露长度,目视检查连接部件的状态,观察标记线是否有滑移等现象。

②处理方法:线夹螺栓存在滑移现象时,检修人员使用力矩扳手进行紧固,并重新做好标记。

判断中心锚结是否需要更换,如必须更换时则进行更换(如损伤、断股等);如出现缺陷(如生锈、腐蚀等),只需除锈做好防腐即可。

九、架空柔性接触网线岔维护与检修的技术标准

1. 线岔

(1)线岔的交叉点应在受电弓的有效工作范围内。

(2)由正线与侧线组成的交叉线岔,正线接触线位于侧线接触线的下方;由侧线和侧线组成的线岔,距中心锚结较近的接触线位于下方。

(3)两接触线相距500mm处的高差。

标准值:当两支均为工作支时,正线线岔的侧线接触线比正线接触线高5~10mm,侧线线岔两接触线等高;当一支为非工作支时,非工作支接触线比工作支接触线抬高50mm。

安全值:当两支均为工作支时,正线线岔侧线接触线比正线接触线高10~20mm;侧线线岔两接触线高差不大于30mm。当一支为非工作支时,非工作支接触线比工作支接触线抬高不小于40mm。

限界值:同安全值。

(4)线岔定位点拉出值应符合相关规定,采用双定位器定位时,两定位线夹的距离宜为70~90mm。在线岔的交叉点处,正线或重要的接触线要在下方,侧线上下活动间隙为1~3mm。线岔的限制管型号要符合要求,安装要正确,螺栓、垫片应齐全、坚固,接触线能自由伸缩无卡滞。

(5)线岔的型号要符合规定,安装正确、牢固,螺栓、垫片应齐全、紧固,无刮弓危险,线岔的安装不能影响接触线在温度变化时自由伸缩。

在调整完线岔处拉出值后,对于线岔的其他数据也会相应的改变,如导高、线岔前后500mm两接触线高差,限制管间隙都会有不同程度的影响,因此,在调整完线岔处导高后必须对线岔的各部位数据进行测量。

注意

操作过程中不得用力过猛,防止损坏设备。

2. 检修步骤及处理方法(检修时间30min)

调整拉出值时,必须先卸载接触线之字力,操作人员要站在接触线受力方向侧,防止接触线拉力卸载后反弹伤人。

(1)检测线岔两侧4个定位点的拉出值状态。

①检修结果判断:利用拉出值测量仪器测量定位点处接触线之字(拉出)值和曲线段的偏移值,与设计值进行比对,对不符合要求的进行调整。

②处理方法:当拉出值不符合要求需调整时,先松动定位管上定位环或支持器螺母,使

定位环或支持器能来回活动,直线定位点,根据需要调整的方向和数值确定定位环在定位管上的位置,重新紧固定位环螺母;曲线定位点,根据需要调整方向确定支持器在反定位主管上的位置,并重新紧固支持器螺母。

(2)检测两工作支始触点的高差状态。

①检修结果判断:正线线岔的侧线接触线比正线接触线高 5~10mm,侧线两接触线等高。测量非工作支的接触线高差,非工作支比工作支抬高不小于 50mm。

②处理方法:当两工作值不符合要求需调整时,在线岔两支接触线相距 500mm 处,两工作支及非工作支抬高要符合技术标准,如不符合标准需要调整。用水平尺和卷尺测量高差,高差值超出标准范围,可通过调整吊弦长度来解决;简单悬挂可以通过调整斜拉锁线夹前后位置来解决。在简单悬挂中调整线岔,只是单一地调整定位点斜拉锁可能无法实现两支数据符合标准,因此,也可通过调整相邻定位点的导高来解决,使线岔数据调整到标准。

(3)检查限制管及接触线的活动情况。

①检修结果判断:在线岔的交叉点处,正线或重要的侧线要在下方,侧线上下活动间隙为 1~3mm。各零部件应齐全完好,防腐涂油及间隙符合要求。检查限制管内两接触线交叉位置是否符合要求:若温度高于平均温度,则限制管应偏向下锚方向调整;若温度低于平均温度,则限制管应偏向中心锚节方向或硬锚方向调整。

②处理方法:当限制管上下活动间隙不符合要求时,可调整两端定位线夹上的垫圈数量,调整后的垫圈不得松动。若温度高于平均温度,则限制管应偏向下锚方向。按下式确认调整温度时线岔限制管的偏移数值。

$$E = L \cdot \alpha (t_x - t_p)$$

式中:E——调整温度时限制管偏移值(m);

L——限制管距线岔焦点下面接触线中心锚结的距离(m);

α——线岔交叉点下面接触线线胀系数($℃^{-1}$);

t_x——调整时温度(℃);

t_p——设计平均温度(℃)。

(4)检查电连接状况。

①检修结果判断:检查电连接安装是否牢固,安装位置是否符合规定,允许偏差不得大于 0.5m;检查线夹内壁是否氧化,接触面是否光洁,有无麻点和烧伤痕迹;检查线索夹持部分是否光洁,有无氧化和烧伤痕迹;检查电连接的预留量是否满足温度变化时承力索、接触线伸缩要求,测量数据要符合电连接预留量的施工要求。

②处理方法:如果电连接安装位置不符合规定,调整电连接线夹位置使其符合规定。检查电缆与接触网连接不紧密、电连接线夹不牢固,应及时将对应的螺栓进行紧固,注意紧固力矩要符合设备要求;线夹内壁若出现氧化,可以用除锈剂喷涂处理,若接触面有麻点和烧伤痕迹,在不影响使用的情况下可以用砂纸进行打磨处理;若电连接的预留量不满足温度变化使承力索与接触线伸缩的要求,重新按照规定长度制作电连接。

十、架空柔性接触网维护与检修的安全注意事项

(1)严格遵守《地铁接触网安全工作规程》的有关规定,办理相关的作业手续,做好安全

防护措施后方可进行作业。

(2)作业组人员必须穿戴好劳保防护用品,作业过程中应服从施工负责人的统一指挥。

(3)调整时应确保安全距离,防止人身受到伤害,安全带系于可靠部位。

(4)作业过程应避免工具使用不当造成其他设备损坏。

(5)作业结束后,工作领导人要确认机具、材料等收集完毕,无危及行车和设备安全,出清线路,方可消令。

任务实施

请完成"实训7.1 架空柔性接触网的维护与检修",见本教材配套实训活页。

单元7.2 架空刚性接触网维护与检修

单元导入

架空刚性接触网的维护与检修作业最常见的有哪些呢?这就需要学习这部分内容。

本单元是对架空刚性接触网的维护与检修相关内容的介绍,通过本单元的学习,能初步了解架空刚性接触网常见零部件的维护与检修要求,掌握简单的开展架空刚性接触网的维护与检修作业的技能。

学习目标

1. 知识目标

熟悉城市轨道交通架空刚性接触网典型零部件的维护与检修要求。

2. 能力目标

能按要求执行城市轨道交通架空刚性接触网典型零部件的维护与检修任务。

3. 素质目标

(1)养成安全运维的职业素养。

(2)爱岗敬业,能认真学习专业理论知识。

(3)钻研业务,具有独立思考能力。

基础知识

一、架空刚性接触网支持定位装置维护与检修的技术标准

1. 支持定位装置

(1)埋入杆件的螺纹完好,镀锌层完好,化学锚固螺栓孔填充密实;螺纹外露部分应涂油防腐;底座填充密实,表面光洁平整,无裂缝。

(2)支持装置各紧固件齐全,安装稳固可靠,浇筑水泥部分不得有松动和辐射性裂纹。

(3)槽钢底座应水平安装,悬吊槽钢、绝缘横撑与安装地点的轨道平面应平行;平坡线路

上悬垂吊柱及T形头螺栓应铅垂,倾斜度误差一般均不应大于1°,但位于坡道上的悬垂吊柱及T形头螺栓顺线路方向铅垂度偏差应以汇流排安装在悬挂金具内后能保证汇流排伸缩为原则。

(4)减振道床区间和车站结构风管等低净空处采用的硅橡胶绝缘横撑的金属连接件与芯棒连接可靠,密封良好,硅橡胶伞裙完整无破损,C型汇流排定位线夹的U形螺栓距接地体、接地线不得小于115mm,如图7-7所示。

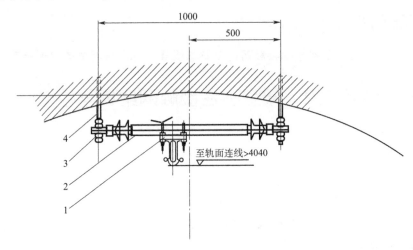

图7-7 低净空支持定位装置安装示意图(单位:mm)
1-C型汇流排定位线夹;2-绝缘横撑;3-M20型平垫圈;4-M20型化学锚栓

(5)支持结构的带电体距混凝土及金属结构的固定接地体的绝缘距离,静态值为150mm。

(6)汇流排悬挂定位线夹材质、规格、尺寸符合设计要求,表面无裂纹、无缺损。紧固件及内衬尼龙垫齐全、无松动,可旋转部位无阻滞现象。留有因温度变化使汇流排产生位移而需要的间隙。

(7)槽钢底座、悬吊槽钢、绝缘横撑、悬垂吊柱、T形头螺栓等构件无变形,镀锌层完整,应有不少于15mm的调节余量(净空限制地段除外),所有外露螺栓长度应保证电气绝缘距离。

(8)绝缘子安装端正,绝缘子瓷釉表面光滑、清洁,无裂纹、缺釉、斑点、气泡等缺陷,瓷釉剥落总面积不大于300mm²。

(9)槽钢底座与混凝土的接触面上应涂隧道内防腐漆。T形头螺栓的头部长边应基本垂直于安装槽道方向,螺纹部分应涂油防腐。

2.工序及步骤(作业时间:30min)

(1)对支持装置(垂直吊柱、槽钢底座、悬吊槽钢等)进行外观检查,应无裂痕或变形以及镀锌层完好;检查浇筑水泥部分是否有松动和辐射性裂纹。支持装置如有裂痕、变形或锈蚀等现象,应及时处理或更换零部件。详见以下内容:

①支持装置有锈蚀现象,应用砂纸打磨,涂钙基脂防腐。
②遇有裂痕或变形,以及锈蚀严重的应及时更换。

(2)用数显水平尺测量检查悬垂吊柱及T形头螺栓是否倾斜,是否导致B型线夹顺线

路方向水平倾斜卡滞住汇流排,使其不能在线夹内自由伸缩。遇有此种情况,处理如下:

①检查支持装置各紧固件、锚栓是否安装稳固可靠,是否有松动而导致线夹倾斜。

②抬升T形头螺栓螺母,使悬吊槽钢不受卡滞的力,然后整正。

③检查定位线夹紧固螺栓是否有松动,用安装锤左右敲打整正定位线夹。

(3)检查T形头螺栓的T头是否垂直安装于槽钢底座的槽道内,螺纹部分应涂油防腐。若有歪斜,应卸松整正。

(4)检查悬挂点与轨面的相对位置:用接触网测量仪测量悬吊槽钢或绝缘横撑垂直线路方向,两端头高度是否相等(是否与安装地点处的轨道平面平行)。若不平行,应以悬挂点的设计导高为调整依据,调整悬吊槽钢或绝缘横撑的倾斜度。

(5)用白棉布清扫并检查绝缘部件,检查硅橡胶绝缘横撑、针式绝缘子的外观:硅橡胶绝缘横撑金属连接件与芯棒应连接可靠,密封良好,伞裙完整无破损;针式绝缘子应无裂痕,瓷釉表面光滑,瓷釉剥落总面积不大于 $300mm^2$,且应无击穿和闪络现象,如有破损、裂痕或被击穿等现象,应及时更换。

(6)检查绝缘子安装是否端正,如有歪斜,予以整正。

(7)检查C型汇流排定位线夹的U形螺栓距接地体的距离,距离不得小于115mm,如不满足,处理如下:

①通过调整定位处导高或相邻导高来满足绝缘距离。

②遇有无法调整或定位前后点调整后,仍不符合规定的,现场应以保证行车供电安全为原则进行调整,并将此处情况向上级反映且备案。

(8)检查C型或B型线夹,应与汇流排连接紧固,不能出现松动及顺线路方向左右偏移。若有偏斜,用安装锤敲打整正。

(9)检查定位线夹表面有无裂纹、缺损。内衬尼龙垫是否齐全、无松动,可旋转部位无阻滞现象。若有缺陷,立即更换。

(10)检查支持定位处是否有漏水以及附近有无水滴到接触网上,如有漏水到汇流排上,应加装防护罩并及时通报桥隧堵漏部门进行处理。

(11)检查架空地线线夹的外观是否安装端正,零部件齐全、无锈蚀,与接触网支持结构及设备底座的连接紧固良好。

二、架空刚性接触网汇流排中间接头维护与检修的技术标准

1. 汇流排中间接头

(1)中间连接板适用于刚性悬挂每根汇流排之间的接头安装,由左右两个长400mm、宽90mm的鱼尾板组成,通过无螺母式螺栓与汇流排连接,将相邻两汇流排连接成一个整体。中间接头的外形尺寸应与汇流排的内表面相匹配,结合紧密。

(2)中间接头连接板与汇流排的连接具有方向性,要注意连接板上凸出的4道凸棱,其高度各不相同,最高一棱应置于下方,必须与汇流排内腔向下扩张的斜面相匹配。

(3)连接件的接触面清洁,汇流排连接缝两端夹持接触线的齿槽连接处平顺光滑,不平顺度不大于0.3mm。汇流排连接端缝夹持导线侧需密贴,汇流排上平面缝隙的平均宽度不大于2mm,紧固件齐全,螺栓紧固力矩为应符合产品说明书要求。

(4) 接触网跨中弛度不得大于跨距值的 1‰，且不应出现负弛度。

(5) 汇流排中间接头连接板螺纹、螺栓不允许滑丝，螺栓、垫片要齐全，要使用配套的不锈钢螺栓、锥形弹簧垫圈。

2. 工序及步骤（作业时间：30min）

(1) 利用激光测量仪测量汇流排中间接头处及所在跨距的相邻定位点导高（中间接头在定位点处只测量定位点），分析是否符合标准。若不符合标准，应进行调整，调整具体步骤如下：

① 调整过程中，应以悬挂点的设计导高为标准进行调整。

② 调整时，卸松连接板的紧固螺栓，通过稍微抬升或压低汇流排中间连接板处的接触线，使其符合规定。

③ 调整时，应注意因定位线夹卡滞，导致导高不符标准的现象出现；遇有此种情况，应先检查相邻定位线夹有无卡滞，然后再晃动附近的汇流排，使卡滞的伸缩量得以释放。

④ 汇流排中间连接板处 M10 的螺栓，紧固力矩为 16N·m。

⑤ 调整完毕后，需在已紧固好的螺栓上画线标记。

(2) 利用力矩扳手检查中间连接板处紧固螺栓，其紧固力矩是否是 16N·m，并应有标线。若有滑丝、滑牙等现象，应进行调整，调整步骤如下：

① 汇流排中间接头连接板本体螺纹滑丝，需先用放线小车将接触线放出，再卸除螺栓，用一字螺丝刀将两片中间接头连接板拨入一侧汇流排内，水平推移错开汇流排接缝，然后用一字螺丝刀将滑丝的中间接头连接板拔出。

② 装入准备好的中间接头连接板时，需注意安装方向。

③ 更换中间连接板后，需符合接触网导高。

④ 遇有汇流排中间接头 M10 紧固螺栓滑牙，需及时更换滑牙的螺栓。

 注意

此时应检查相应的汇流排中间接头连接板螺纹有无滑丝。

(3) 利用塞尺测量汇流排连接缝处的间隙是否符合标准，若不符合标准进行调整。

(4) 检查中间连接板螺栓、垫片是否齐全，是否使用配套的不锈钢螺栓、锥形弹簧垫圈。如有不符合要求的，予以更换。

(5) 清扫汇流排及相邻定位点绝缘子表面污迹。

三、架空刚性接触网接触悬挂维护与检修的技术标准

1. 接触悬挂

1) 接触线

(1) 接触线高度应符合设计规定。

标准值：设计值。

安全值：设计值 ±5mm。

限界值：设计值 ±10mm。

(2) 接触线拉出值应符合设计规定。

标准值：设计值。

安全值:设计值±10mm。

限界值:同安全值。

(3)悬挂点接触线高度应符合设计要求;相邻的悬挂点相对高差一般不得超过所在跨距值的0.5‰,设计变坡段不应超过1‰;跨中弛度不得大于跨距值的1‰,且不应出现负弛度。

(4)接触线磨耗重点测量位置:汇流排中间接头处、悬挂点下方、出站加速区段、与关键设备连接部位的两端、其他可能磨耗严重的点。接触线的磨耗要均匀,其最大磨耗量控制在汇流排,不能直接与碳滑板摩擦。

(5)接触线应可靠嵌入汇流排内,无跨接线、无硬弯。

(6)接触线在锚段末端汇流排外余长为100~150mm,沿汇流排终端方向顺延,末端符合电气净空要求。

2)汇流排及附件

(1)汇流排表面不允许有裂纹,不得扭曲变形,无明显转折角,表面光滑,无破损。

(2)汇流排横断面中轴线应垂直于所处的轨道平面,确保接触线无偏磨。

(3)连接件的接触面清洁,汇流排连接缝两端夹持接触线的齿槽连接处平顺光滑,不平顺度不大于0.3mm。汇流排连接缝夹持导线侧需密贴,汇流排上平面缝隙的平均宽度不大于2mm,紧固件齐全,螺栓紧固力矩应符合产品说明书或设计要求。

(4)汇流排终端到相邻悬挂点的距离应满足如下要求:

标准值:1800mm。

安全值:1700~2000mm。

限界值:同安全值。

(5)汇流排防护罩安装要牢固、稳定,不能有变形和老化现象。

全体作业人员按规定配备安全防护用品,作业人员不得攀爬出作业平台以外区域,作业人员扎好安全带,防止高空坠落,防止出现人身伤亡。

2.检修步骤及处理方法(作业时间:1h)

(1)测量、调整接触线导高。

①检修结果判断:利用激光测量仪测量定位点及跨中接触线距轨面的高度,与标准值进行比较,允许误差±5mm,超出误差范围应进行调整。

②处理方法:a.定位点导高调整。通过升降定位点两边T形头或化学锚栓与悬吊槽钢连接的上下部螺母配合激光测量仪来调整定位点接触线导高至设计标准。b.跨中导高调整。若跨中没有汇流排中间连接板,跨中导高变化或出现负弛度应先检查两端定位处汇流排与定位线夹是否卡滞,从而造成汇流排不能纵向自由伸缩产生变形。此时应松开两端定位线夹螺栓,晃动汇流排将卡滞的力充分释放,让汇流排自由伸缩至平顺后紧固定位线夹。复测跨中导高,如变化还是很大则汇流排已永久变形,应更换整根汇流排。若跨中有汇流排连接板,应调整连接板处的导高。将汇流排中间连接板处16颗M10的紧固螺栓稍松卸,用木方条顶在汇流排连接处通过稍微抬升或压低汇流排配合激光测量仪来调整跨中接触线导高至设计标准,紧固汇流排中间连接板处的螺栓,紧固力矩为16N·m。

（2）测量、调整定位点处接触线拉出值。

①检修结果判断：利用激光测量仪测量定位点处接触线拉出值，与该定位点的设计值进行比对，对不符合要求的进行调整。

②处理方法：a. 松开针式绝缘子与 A 型悬吊槽钢连接螺栓，通过横向移动定位点位置配合激光测量仪调整拉出值至设计标准后紧固各连接螺栓。b. 松开汇流排 C 型线夹与绝缘横撑连接螺栓，通过横向移动定位点位置配合激光测量仪调整拉出值至设计标准后紧固各连接螺栓。c. 松开 T 形头与 A 型底座槽钢连接螺栓，通过横向移动定位点位置配合激光测量仪调整拉出值至设计标准后紧固各连接螺栓。

（3）测量检查接触线的磨耗情况。

①检修结果判断：使用游标卡尺测量接触线磨耗重点位置，接触线的磨耗要均匀，若有偏磨或局部磨耗较大处要及时进行调整。当最大磨耗量使汇流排接近直接与碳滑板摩擦时要进行换线处理。

②处理方法：a. 若接触线有偏磨，应调整悬吊槽钢或绝缘横撑水平位置，使汇流排横断面中轴线垂直于所处的轨道平面。b. 若接触线局部磨耗较大，应调整邻近定位点及跨中导高、坡度，使其符合设计规定。c. 若最大磨耗量使汇流排接近直接与碳滑板摩擦时要根据刚性接触网局部换线方案进行换线。

（4）检查接触线线面状态。

将接触线重新放回汇流排卡槽内时要确认接触线可靠嵌入汇流排内。

①检修结果判断：目测接触线应可靠嵌入汇流排内，无跨接线、无硬弯。若发现跨接线、硬弯，应进行调整修正。

②处理方法：使用放线小车撑开汇流排夹口卡槽，将跨接线和有硬弯区段的接触线放线至下垂状，清洁汇流排夹口处及接触线沟槽内的杂物、碳酸钙等污垢，将接触线重新放回汇流排卡槽内后拆卸放线小车。

（5）检查汇流排表面状态。

①检修结果判断：目测汇流排表面有无裂纹、扭曲变形，有无明显转折角，有无漏水滴到汇流排上或汇流排腐蚀严重、破损现象。有以上现象应进行调整或更换。

②处理方法：汇流排扭曲变形应检查邻近定位处汇流排与定位线夹是否卡滞，若有卡滞则消除扭曲变形；汇流排有明显转折角应测量邻近定位点拉出值是否符合设计规定，若有变化则调整拉出值，消除转折角；隧道漏水滴到汇流排上应及时安装汇流排防护罩，以减少对汇流排的腐蚀；汇流排表面有裂纹、永久变形或隧道漏水造成汇流排夹口处卡槽严重腐蚀、破损，应根据刚性接触网局部更换汇流排方案进行更换。

（6）测量检查汇流排连接缝状态。

汇流排中间连接板处螺栓必须严格按照力矩标准紧固，并做好画线标记。

①检修结果判断:检查汇流排连接缝两端夹持接触线的齿槽连接处平顺光滑,平顺度符合技术标准。汇流排连接缝夹持导线侧需密贴,汇流排上平面缝隙的平均宽度符合技术标准,若不符合则进行调整。

②处理方法:松开汇流排中间连接板处紧固螺栓,重新对接汇流排连接缝至符合技术标准,按力矩设计要求紧固螺栓,紧固力矩为 16N·m。

(7)检查汇流排中间连接板螺栓状态。

> **注意**

安装汇流排中间连接板时应注意连接板方向。

①检修结果判断:目测紧固件齐全,螺栓画线清晰,螺栓紧固力矩应符合产品说明书或设计要求,螺栓松动、螺孔出现滑牙应进行更换。

②处理方法:螺栓松动、滑牙应更换新的 M10 螺栓,按力矩设计要求紧固螺栓并画线。若汇流排中间连接板螺孔滑牙则更换新的汇流排中间连接板。先用放线小车将接触线从汇流排连接处一端往另一端放线至合适位置,拆除汇流排连接板螺栓,从汇流排卡槽将连接板拨向一侧汇流排至连接缝能左右完全错开,取出连接板后插入新的连接板,对接连接缝,将新的连接板回拨至所有孔位对齐,安装垫片及紧固螺栓,将所有螺栓全部装入螺孔后先不完全紧固,待对接缝调整至符合技术标准后再按力矩设计要求紧固螺栓并画线,最后将接触线重新放回汇流排卡槽。

四、架空刚性接触网中心锚结维护与检修的技术标准

1. 中心锚结

(1)中心锚结应处于汇流排中心线的正上方,基座中心偏离汇流排中心不大于 ±30mm。

(2)中心锚结绝缘子表面应无损伤,接地端至带电体汇流排距离一般应不小于 150mm,困难情况不应小于 115mm。中心锚结线夹处接触线应平顺无负弛度。

(3)中心锚结绝缘子及拉杆受力均衡适度,与汇流排的夹角不大于 45°,中心锚结与汇流排固定牢固,螺栓紧固力矩符合设计要求,调整螺栓处于可调状态。

2. 工序及步骤(作业时间:30min)

(1)用激光测量仪测量中心锚结处接触线及两相邻跨中的导高,检查中心锚结处有无负弛度,若有负弛度,进行调整,具体调整步骤如下:

①通过调整中心锚结处支持装置的高度,以实现调整中心锚结定位点处的导高。

②以中锚定位处的标准导高为基准,通过调松或旋紧一侧的调节螺杆,使其符合要求。

③调整时,还应注意有无因附近定位线夹卡滞导致导高不符合标准的现象出现,遇有此种情况,应先检查相邻定位线夹有无卡滞,然后再晃动附近的汇流排,使卡滞的伸缩量得以释放。

④通过挪动中锚线夹夹持在汇流排上的位置,来调整中心锚结处的导高。

⑤复测调整后的中心锚结处定位点的导高,查看其是否符合规定。

(2)检查销钉安装是否牢固,受力不应偏向开口销一侧;对不符合要求的,应用安装锤敲至销钉帽侧受力。

(3)检查中心锚结线夹安装是否牢固端正,若有不正者,应卸松紧固螺栓予以敲正;所有紧固件应齐全,安装状态应良好。

(4)检查中锚两侧调节螺杆是否仍有调整余量,是否存在受力不均匀现象,若有调整余量,具体调整步骤参照(1)条。

(5)检查中心锚结绝缘棒与汇流排的夹角,不得大于45°;用卷尺测量带电体与地的距离是否符合规定,若有不符,参照(1)条予以调整。

(6)检查中心锚结绝缘棒硅橡胶表面,应整洁,无破损,若中心锚结绝缘棒有损伤,应及时更换;更换前应使用绝缘电阻测试仪(额定检测电压为2500V)对新绝缘棒进行绝缘检测后方可安装。

警告

对绝缘棒做绝缘测试时,应做好绝缘防护措施,以防电击伤人!

(7)使用白棉布清洁中心锚结绝缘部件。

五、架空刚性接触网锚段关节维护与检修的技术标准

1. 锚段关节

(1)锚段关节处的两支接触线在关节中间悬挂点处应等高,转换悬挂点处非工作支不得低于工作支,可以比工作支高出 0~7mm,且受电弓在双向通过时应平滑,无撞击和拉弧现象。

(2)汇流排终端到相邻悬挂点的距离为1800mm,允许误差为+200,-100mm。

(3)非绝缘锚段关节两支悬挂的拉出值一般分别为±100mm,中心线之间距离为200mm,允许误差±20mm。

(4)绝缘锚段关节两支悬挂的拉出值一般分别为±150mm,中心线之间距离为300mm,允许误差±20mm。

(5)锚段关节的检调周期为12个月,每次检修周期内应对锚段关节悬挂点处接触线的高度、水平距离及电连接进行全面的检查测量。

2. 工序及步骤(作业时间:35min)

(1)利用激光测量仪测量锚段关节各定位点的导高及拉出值,从而得出每个定位点的高差及两线间距。

①若所测工作支或非工作导高和拉出值有误差,则调整工作支或非工作支定位两侧悬挂槽钢高度使其符合标准。

②若测得两线间距不符合要求,则调整两侧定位间距。

(2)用卷尺测量汇流排末端到相邻定位点中心的距离。

(3)检查刚性锚段关节电连接处是否有放电现象,电连接线夹拆装时应在汇流排连接面涂电力复合脂,电连接与线夹连接处也须涂电力复合脂。

注意

严格按照要求涂电力复合脂。

①若检查发现电连接有放电现象,则拆除后重新预制作安装。
②若检查电连接线夹松动,对锚段关节各螺栓螺母紧固。
(4)检查刚性接触网锚段关节处非工作支与工作支接触线的水平过渡处是否有拉弧、打火痕迹。
①检查发现线面有打火痕迹,首先对工作支与非工作支导高进行测量,根据数据调整导高。
②对拉弧烧伤线面地方进行打磨处理。
(5)检查刚性锚段关节绝缘部件及锚固件是否完好,非绝缘锚段关节处电连接应连接牢固,电连接线夹螺杆紧固力矩要符合要求,检修时用力矩扳手检查和校核电连接线夹是否紧固。

 小心

严格按照力矩要求紧固螺栓,请勿损坏设备。

(6)检查完毕清扫绝缘部件,对螺栓进行紧固,并画线做标记。

刚性接触网锚段关节如图 7-8 所示。

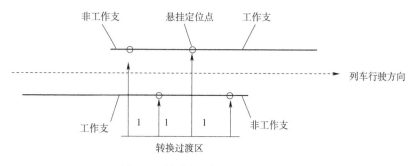

图 7-8 刚性接触网锚段关节(单位:m)

六、架空刚性接触网线岔维护与检修的技术标准

1. 线岔

(1)线岔处在受电弓同时接触的两支接触线范围内的两支接触线应与轨面等高;在受电弓始触点处,渡线接触线应比正线接触线高出 0~7mm;在受电弓双向通过时应平滑无撞击,不应出现明显拉弧点。

(2)单开线岔,悬挂点的拉出值距正线汇流排中心线一般为 200mm,允许误差为 ±20mm。

(3)交叉渡线处的线岔,在两线路中心线的交叉点处,两支悬挂的汇流排中心线分别距交叉点 100mm,允许误差为 ±20mm。

(4)绝缘部件不得有裂纹、破损、烧伤,瓷绝缘部件其瓷釉剥落面积不应大于 300 mm²。绝缘部件与接地体间的距离应符合相关规定。

(5)线岔处电连接螺栓连接牢固,力矩为 58N·m。

(6)按定位检修要求对各 T 形头、后切座底螺栓紧固。

(7)对接触线和汇流排表面拉弧点进行打磨处理,使接触线和汇流排表面光滑。

2. 工序及步骤(作业时间:60min)

(1)测量线岔处在受电弓接触两接触线始触点范围内的导高及拉出值。

①始触点导高不符合要求时:调整该处定位点槽钢,使导高与侧线导高符合标准。

②始触点拉出值不符合要求时:调整该处定位点T形头或绝缘子,使拉出值符合标准。

(2)测量线岔两支悬挂点的汇流排中心线间距满足设计标准要求。若中心线间距不符合标准,调整该处定位点拉出值,使其满足要求。

(3)检查交叉渡线道岔处的线岔,在交叉渡线处两线路中心的交叉点,两支悬挂的汇流排中心线交叉点处导高应等高。

(4)检查线岔处定位绝缘子破损情况及绝缘部件与接地体距离。

(5)检查线岔处电连接是否完整无遗漏,端子是否腐蚀,连接是否牢固。若端子有腐蚀现象,则更换端子;若端子连接松动,则紧固连接端子。

(6)检查线岔处各定位T形头螺栓、后切底座螺栓是否紧固。

(7)检查接触线及汇流排表面是否有拉弧、打火或磨耗严重现象。

①汇流排有拉弧、打火现象,轻微的可用砂纸打磨,斑点大的可用锉刀打磨处理。

②接触线磨耗严重时,如直接磨到汇流排影响受电弓运行,即对接触线做局部或整锚更换处理。

注意

对接触线做局部或整锚更换处理时,应按要求编写接触线更换方案。

(8)使用水平尺模拟受电弓通过是否平滑,观察有无明显撞击现象。若检查发现模拟受电弓通过有撞击现象,调整工作支与非工作支高差。

(9)检查发现电连接接线端子断裂,按要求进行更换。

①拆除断裂电连接接线端子,重新定制好电连接长度。

②压接新的铜铝过渡接线端子力矩应符合要求,电连接线与接线端子压接应良好。

警告

压接铜铝过渡接线端子时应注意不要压爆端子。

③清洁电连接线夹与接线端子连接处后用螺栓连接紧固,电连接线夹与电连接线接触应良好。

④线夹安装应端正牢固,螺栓紧固力矩应符合要求。

七、架空刚性接触网维护与检修的注意事项

(1)在刚性接触网检修过程中,要遵循《地铁接触网安全工作规程》的有关规定,办理相关的作业手续后,将作业地点两端接触网接地,并封锁线路后方可进行作业。

(2)在刚性接触网检修过程中,要合理调配人力、物力,提高工作效率。作业组人员必须带好个人工具,穿好荧光服,戴好安全帽,扎好安全带。

(3)参加作业人员要听从指挥、服从安排,在刚性接触网检修过程中,要注意人身安全,

并注意不要损伤其他接触网设备。

(4) 若因更换设备不当造成其他设备损坏的,应立即恢复损坏的设备,然后再更换,并遵循"先通后复"的原则,确保接触网技术状态良好。

(5) 在完成检修后,要做好工清、场清,所使用的机具、材料等收集完毕,勿将材料、机具遗留在隧道内,确认无危及行车及供电安全,方可消除作业令。

  任务实施

请完成"实训7.2 架空刚性接触网的维护与检修",见本教材配套实训活页。

单元7.3 接触轨式接触网维护与检修

 **单元导入**

接触轨式接触网的维护与检修作业最常见的有哪些呢?

本单元是对接触轨式接触网的维护与检修相关内容的介绍,通过本单元的学习,能初步了解接触轨式接触网常见零部件的维护与检修要求,掌握简单的开展接触轨式接触网的维护与检修作业的技能。

学习目标

1. 知识目标
熟悉城市轨道交通接触轨式接触网典型零部件的维护与检修要求。
2. 能力目标
能按要求执行城市轨道交通接触轨式接触网典型零部件的维护与检修任务。
3. 素质目标
(1) 养成安全运维的职业素养。
(2) 爱岗敬业,能认真学习专业理论知识。
(3) 钻研业务,具有独立思考能力。

 **基础知识**

一、接触轨式接触网钢铝复合轨及相应附件维护与检修的技术标准

1. 检修
1) 钢铝复合轨及相应附件检修内容
钢铝复合轨的检修周期设置为12个月,检修内容如下:
(1) 对钢铝复合轨及普通中间接头等进行全面详细的检查,对不符合要求的进行记录、维护处理。
(2) 全面详细检查、测量各绝缘支架点处的接触轨受流面至走行轨面的垂直高度、接触轨受流面中心线至相邻轨内侧的水平距离,对不符合要求的点进行记录、维护处理,确保各

参数符合要求。

（3）检查钢铝复合轨、普通接头等有无烧伤、变色现象。

（4）检查普通接头连接有无松动，导电油脂涂层是否均匀足够，接头处钢带接触面过渡是否平滑。

（5）检查不锈钢带受流面的磨损是否均匀，对钢带磨损不均匀或磨耗过大的地方要做好记录，及时整修和反馈。

2）钢铝复合轨及相应附件检修的技术标准

（1）钢铝复合轨竖直方向中轴线应垂直于其所在处的走行轨道平面，垂直距离为200mm，允许偏差为±5mm；钢铝复合轨中心线距相邻轨内侧的水平距离为726.5mm，允许偏差为±5mm。

（2）钢铝复合轨钢带的连接应平滑顺畅、无阶梯，其平顺度要控制在0.25mm范围内，钢铝复合轨的连接缝隙应密贴，不得大于2mm。

（3）钢铝复合轨检修时，严禁硬拉、硬扯或敲击整体绝缘支架。

（4）正线上接触轨受流面在两相邻绝缘支架处相对高差不得大于2.5mm，困难条件下不大于5mm。

（5）连接螺栓紧固力矩应满足设计要求，如无特殊力矩要求，按现行国家标准执行，见表7-2。

螺栓紧固力矩对照表　　　　表7-2

螺栓直径(mm)	8	10	12	14	16	18	20	22	24
紧固力矩(N·m)	13	25	44	70	70	85	130	180	230

（6）各镀锌螺栓无变形，镀锌层和螺纹完好。

2. 故障处理

钢铝复合轨的常见故障主要有三种：过热故障、接触轨不锈钢接触面的不均匀磨损和在轨间连接处产生微小的弯曲。

1）过热故障

对于钢铝复合轨的过热故障应当十分注意，因为如果钢铝复合轨发生过热故障，周围的部件很可能因为燃烧或电弧而损坏。在这种情况下，应当视具体损坏情况进行维修。

发生钢铝复合轨过热故障通常有三种可能原因：

（1）普通接头连接松动。处理方法是：①松开普通接头，用金属刷清扫接触面。②彻底检查有电弧损伤的部件，如无异常，用金属刷清理接触面的毛刺并涂上一层导电油脂，重新安装普通接头并注意垫片的顺序。③螺栓紧固力矩为70 N·m。

（2）电流过载。处理方法是：检查电气负荷，根据系统参数调整。

（3）电连接用中间接头松动。处理方法是：拆开电连接用中间接头，重新清理接触面，涂导电油脂，然后按照安装说明重新安装。

2）接触轨不锈钢接触面的不均匀磨损

发生该故障的可能原因通常是集电靴与接触轨未对准。处理方法是：①参照走行轨检查接触轨的接触面。接触轨的中心与最近的走行轨内侧的水平距离应为(726.5±5)mm，垂直距离为(200±5)mm。调整相关的支架。如果接触轨和受电靴的角度不同，将会导致有效接触面减小，局部发生过热现象，并可能产生严重的电磨损。②检查支架表面。如有损坏则更换。③检查支架的紧固件是否松动。按照供货商的规范重新调整和紧固螺栓。

3）在轨间连接处产生微小的弯曲

发生该故障的可能原因通常是普通接头紧固件松动。处理方法是：①重新调整——拆开普通接头，清理干净，在接触面涂导电油脂；②用70N·m的力矩紧固螺栓、螺母。

二、接触轨式接触网端部弯头维护与检修的技术标准

1. 检修

1）端部弯头检修内容

端部弯头的检修周期设置为6个月，对端部弯头进行全面详细的检查，对不符合要求的内容进行记录、维护处理。检修内容如下：

（1）检查端部弯头的受流面是否有电弧烧伤痕迹。

（2）测量检查端部弯头上弯状态是否符合要求，不符者进行调整。

（3）测量端部弯头末端、上弯始点绝缘支架处受流面与走行轨平面的高度、与相邻走行轨面内侧的水平距离，检查是否符合要求，不符者进行调整。

2）端部弯头检修的技术标准

（1）端部弯头的断口与接触轨之间密贴，没有高低差及由此产生的集电靴。

（2）端部弯头的抬升量应符合要求，5.2m的端部弯头的坡度为1:40，3.4m的端部弯头的坡度为1:22。

（3）高速端部弯头（5.2m）竖直方向中轴线应垂直于其所在处的走行轨道平面，垂直距离为282mm，允许偏差为±5mm；低速端部弯头（3.4m）竖直方向中轴线应垂直于其所在处的走行轨道平面，垂直距离为274mm，允许偏差为±5mm。端部弯头中心线距相邻轨内侧的水平距离为726.5mm，允许偏差为±5mm。

2. 故障处理

端部弯头的常见故障主要是接触轨过度弯曲。

发生该故障的主要可能原因通常有两种：

（1）振动。处理方法是：①检查绝缘支架底座固定螺钉，用正确的力矩紧固；②检查支架的紧固螺栓，用正确的力矩紧固螺栓。

（2）连接电缆松动。处理方法是清理接触面，重涂导电油脂，重新按照正确的力矩紧固螺栓。

三、膨胀接头

1. 检修

膨胀接头的检修周期设置为3~6个月，在线路曲线半径小于500m的膨胀接头的检修周期为3个月，其余的为6个月。对膨胀接头进行全面详细检查，对不合要求的内容进行记录、维护处理和处理后记录。检修内容如下：

（1）检查膨胀接头有无过热变色、烧伤现象。

（2）检查膨胀接头的磨损是否均匀，补偿间隙过渡是否平滑。

（3）检查膨胀接头所有紧固件是否松动，所有螺栓紧固力矩是否满足要求。

（4）测量膨胀接头处受流面与轨面的高度及限界。

（5）测量膨胀接头补偿间隙的大小，可参考安装温度曲线，检查其是否符合要求。

（6）检查膨胀接头与接触轨的连接是否平顺。

（7）检查膨胀接头的电气连接状况。

膨胀接头检修的技术标准：

（1）膨胀接头的补偿间隙参考安装温度曲线。

（2）膨胀接头的各螺栓紧固力矩符合设计要求，其锚固夹板3个螺栓的紧固力矩不相同，紧固螺栓时，用力矩扳手交替拧紧。中间螺栓的紧固力矩为59N·m，两边为20N·m。电流连接器与接触轨连接的M10螺栓紧固力矩为25～31N·m，U形螺栓弹簧长度为15～16mm，在M16U形螺栓与螺母连接处有红油漆标记。要保证膨胀接头在温度变化的情况下能伸缩自如，无卡滞现象。

2. 故障处理

膨胀接头的常见故障主要有三种：过热故障、接触轨不锈钢接触面的不均匀磨损和在轨间连接处产生微小的弯曲。

1）过热故障

膨胀接头发生过热故障时的特别注意事项和处理方法与钢铝复合轨及中间接头类似，这里不再赘述。

发生膨胀接头过热故障通常有三种可能原因：

（1）轨间连接松动。处理方法是重新调整普通中间接头。

（2）电连接板接触不良。处理方法是松开U形螺栓，调整电连接板主副板位置。

（3）电流过载。处理方法是检查负载情况，根据设计要求调整。

2）接触轨不锈钢接触面的不均匀磨损

发生该故障的可能原因通常是接触轨和受电靴对正不好。处理方法是：①参考走行轨检查膨胀接头的接触面。膨胀接头中心与最近的走行轨的内侧的水平距离、接触面间的垂直距离应符合设计要求。如果接触轨和受电靴的接触面不平，将会减小有效接触面，产生过热现象，进而可能产生严重的电磨损。②检查支架的紧固件是否松动。

3）在轨间连接处产生微小的弯曲

发生该故障的可能原因通常是轨间的连接松动。处理方法是：①重新调整普通接头；②使用金属刷清理配合面，并重涂导电油脂。

四、接触轨式接触网中间接头维护与检修的技术标准

1. 检修

中间接头检修内容如下：

普通中间接头和电连接用中间接头的检修周期设置为12个月，对普通中间接头和电连接用中间接头进行全面详细检查，包括螺栓、螺母、垫片等，对松动、不符合要求的部件进行记录、维护处理和处理后记录。

普通中间接头的检修内容如下：
(1)检查接头处的铝排和不锈钢带是否变色。
(2)检查普通接头非紧固件的紧固力矩是否正常。
(3)根据图纸检查紧固件的紧固力矩是否正确。
电连接用中间接头的检修内容如下：
(1)检查电连接中间接头周围区域是否有变色现象，配合面的检查需要拆下线鼻子或电连接中间接头。
(2)检查电缆的位置。因环境温度变化或负载引起的接触轨的伸缩不应受到限制。
(3)检查是否有断裂和剥落现象。

2. 故障处理

中间接头包括普通中间接头和电连接用中间接头，其常见故障主要是过热故障。发生该故障时，其注意事项与钢铝复合轨过热故障相同，因为其周围的部件也很可能因为燃烧或电弧而造成损坏。在这种情况下，其处理方法同钢铝复合轨过热故障。

造成中间接头过热故障的原因主要是钢铝复合轨间的中间接头板松动。处理方法是：①检查螺栓、螺母、垫圈；②拆开普通接头，用金属刷清理配合面；③在普通接头和接触轨的配合面涂导电油脂；④安装普通接头和螺栓，使用防卡死润滑剂防止不锈钢螺栓卡死；⑤确保螺栓的紧固力矩为 70 N·m。

五、接触轨式接触网绝缘支架及底座维护与检修的技术标准

1. 绝缘支架及底座检修内容

绝缘支架及底座的检修周期设置为 12 个月，对绝缘支架、支架底座进行全面详细检查，包括紧固螺栓、支架底座、绝缘支架及连接螺栓等，对松动、不符合要求的部件进行记录、维护处理和处理后记录。检修内容如下：
(1)检查绝缘支架及底座紧固螺栓是否紧固，有无松动。
(2)检查绝缘支架及底座有无变色、表层剥落、裂纹及其他异常现象。
(3)检查绝缘支架及底座有无镀锌层脱落、锈蚀现象。
(4)检查绝缘支架与接触轨的对正情况。

2. 绝缘支架及底座检修的技术标准

(1)绝缘支架及底座无损伤变形等，紧固件齐全、安装牢固可靠，各连接螺栓的紧固力矩满足设计要求，卡爪及托架固定螺栓力矩均为 44N·m。
(2)绝缘支架及底座整体纵向轴线垂直于线路中心线，横向轴线平行于线路中心线。
(3)整体绝缘支架以及接触轨托块的防滑齿完好，同时齿间正确咬合。
(4)接触轨托块和卡爪完好无损坏，其横向轴线应平行于线路中心线，以满足接触轨能顺线路方向顺畅滑动要求。
(5)各镀锌螺栓无变形，镀锌层和螺纹完好，预留调节余量满足设计要求，螺栓外露部分要涂防腐油。

六、接触轨式接触网上网电缆及电连接电缆维护与检修的技术标准

1. 上网电缆及电连接电缆检修内容

上网电缆及电连接电缆检修周期设置为 12 个月，对分段钢铝复合轨间的电连接电缆和

端部弯头的上网电缆进行全面详细的检查,对于不符合要求者进行记录、维护处理和处理后记录。检修内容如下:

(1)检查电连接用中间接头的电缆连接板周围有无过热变色现象。
(2)检查电缆接线板与接触轨的连接状态。
(3)检查上网电缆或电连接电缆的接线端子与电缆接线板的连接是否正确、紧固。
(4)检查电缆接线端子的压接处有无松动及异常。
(5)检查上网电缆或电连接电缆表面有无损伤,电缆固定是否稳固,电缆绝缘层有无老化变色及表皮剥落现象。

2. 上网电缆及电连接电缆检修的技术标准

(1)上网电缆或电连接电缆与接线端子压接良好,电气接触面涂抹导电油脂,螺栓紧固。
(2)分段钢铝复合轨间的电连接电缆或端部弯头的上网电缆相互连接良好。

七、接触轨式接触网防爬器维护与检修的技术标准

1. 防爬器检修内容

防爬器的检修周期设置为12个月,对防爬器进行全面详细检查,对不符合要求的内容进行记录、维护处理和处理后记录。检修内容如下:

(1)检查防爬器与接触轨的连接状态,有无导电油脂,紧固螺栓有无松动。
(2)检查防爬器及绝缘支架接触面有无损伤。
(3)检查防爬器与绝缘支架的状态。
(4)检查防爬器防护罩的安装状态。

2. 防爬器检修的技术标准

(1)防爬器带电端至接地体的距离不允许小于150mm。
(2)防爬器和绝缘支架无变形或破坏。
(3)防爬器螺栓间距为100mm,内侧螺栓距离绝缘支架边缘为50mm。

八、接触轨式接触网绝缘防护罩维护与检修的技术标准

1. 绝缘防护罩的检修内容

绝缘防护罩的检修周期设置为12个月,对防护罩绝缘支承块、防护罩(包括支架防护罩、电缆接线板防护罩、膨胀接头防护罩)等进行全面详细检查,对不符合要求的内容进行记录、维护处理和处理后记录。检修内容如下:

(1)检查防护罩有无变色、表层剥落、裂纹及其他异常现象。
(2)检查防护罩上的警示标志是否清晰、有无脱落。
(3)检查防护罩、绝缘支承块与接触轨的结合状态,特别是膨胀接头、防爬器、电缆接线板处的防护罩,应不影响接触轨的自由伸缩。
(4)对不符合要求的防护罩进行更换。

2. 绝缘防护罩检修的技术标准

(1)防护罩规格型号、各种电气性能和力学性能符合产品技术条件,无损伤。
(2)防护罩选型正确,安装规范、牢固可靠。

(3)防护罩绝缘支承块布置合理,无损坏,防护罩绝缘支承块每隔500mm布置一处。
(4)防护罩上的警示标志齐全、明显。

九、接触轨式接触网接地扁铝(铜)维护与检修的技术标准

1. 接地扁铝(铜)检修内容

接地扁铝(铜)的检修周期设置为12个月,对各种接地设备进行全面详细检查,对不符合要求的内容进行记录、维护处理和处理后记录。检修内容如下:

(1)检查接地扁铝(铜)与支架底座间、接地扁铝(铜)接头处接触是否良好,螺栓是否紧固。

(2)检查接地扁铝(铜)有无裂纹、过热变色、烧伤痕迹,沿线布置平顺,不应落于道床面上。

(3)检查接地扁铝(铜)的电连接电缆连接是否牢固可靠,电缆的固定是否稳固。

2. 接地扁铝(铜)检修的技术标准

(1)接地扁铝(铜)的规格应符合要求,接地扁铝(铜)间连接及接地扁铝(铜)与底座间的连接应牢固可靠,无虚连。

(2)任何独立的金属底座都应牢固地与接地扁铝(铜)相连,进行接地。

(3)接地扁铝(铜)应连续不间断,且应与变电所接地母排相连。

十、接触轨式接触网隔离开关维护与检修

隔离开关的检修周期设置为6个月,对隔离开关的开关刀口、底座绝缘子、传动机构、电动箱等进行全面检查,核对数据及清洁设备灰尘,对不符合要求的内容进行记录、维护处理和处理后记录。检修内容如下:

(1)隔离开关的本体外观应无明显损坏,绝缘子应完好、清洁。
(2)隔离开关的1500V直流电缆连接正确、规整。
(3)电动隔离开关的电源和控制回路接线正确,在允许电压波动范围内能正确、可靠动作。有联锁要求的开关,联锁关系正确、可靠。机构的分/合闸指示与开关的实际分、合位置一致。
(4)隔离开关合闸时闸刀要水平,其中心线应与静触点的中心线相吻合;合闸时应接触良好,以0.05mm×10mm的塞尺检查刀闸的接触点,应塞不进去。开关在打开时,刀口距接地体、洞壁最小距离不应小于150mm。
(5)隔离开关触点带电部分至顶部距离应小于150mm。
(6)隔离开关底座和操作机构底座应与接地线相连。
(7)隔离开关底座和操作机构底座应呈水平状态,安装牢固,电动操作机构箱应密封良好,门锁和钥匙应完好、齐全。
(8)隔离开关操作机构连接应牢固,无松动现象,铰接处活动灵活,并涂有中性凡士林。
(9)设备接线端子与隔离开关连接接触面应涂导电油脂。
(10)运行中的隔离开关,每年要用2500V的兆欧表测量一次绝缘电阻,与最近的前一次测量结果比较,不应有显著降低。新安装的隔离开关在投入运行前,要按规定进行直流耐

压试验。

(11)隔离开关应接触良好、转动灵活,引线截面段与隔离开关的额定电流及所连接的接触轨当量截面相适应,引线不得有接头。

十一、接触轨式接触网绝缘部件的清扫内容

接触轨系统绝缘部件的清扫周期设置为12个月。对于污秽较严的工区段,应根据实际情况制定清扫周期。要求对接触轨系统绝缘部件进行全面清扫,工作的主要内容包括:

(1)检查膨胀接头上的积尘、铁屑情况,定期(周期12个月)清扫干净。

(2)检查绝缘支架上的积尘、污物、铁屑等情况,定期(周期12个月)清扫干净。

十二、接触轨式接触网磨耗测量的内容

钢铝复合轨不锈钢带磨耗严重点测量周期设置为12个月,不锈钢带磨耗全面测量周期为3年。工作的主要内容包括:检查不锈钢带受流面的磨损是否均匀,测量不锈钢带的磨耗,重点测量普通接头处、膨胀接头处、端部弯头始端及其他磨耗严重的点。

任务实施

请完成"实训7.3 接触轨式接触网的维护与检修",见本教材配套实训活页。

模块八　接触网设备的维护与检修管理制度

导读：本模块主要围绕接触网维护与检修管理相关工作开展学习,主要以接触网检修组织及周期、作业方式及程序、安全工作知识、生产管理制度这四个单元为载体。通过单元实施,能初步掌握接触网运营管理涉及的基础理论、工作流程、安全知识和生产管理要求,为后续完成接触网维护与检修工作奠定基础。

单元8.1　接触网检修组织及周期

接触网维护与检修作业是一项需要团队协作且有周期性的工作,那么它的检修组织方针是什么呢?接触网检修作业的周期又是如何规定的?让我们一起来学习吧!

本单元是对接触网检修及周期的认知学习,通过学习,能掌握接触网检修的方针、维护组织的单元和内容、周期,为后续完成复杂的接触网检修作业奠定基础。

1. 知识目标
(1)熟悉城市轨道交通接触网检修组织的方针和内容。
(2)熟悉接触网维修分类和维护周期。
2. 能力目标
(1)理解城市轨道交通接触网检修组织的方针。
(2)能区分接触网维修类型。
(3)能正确判断各典型接触网设备的维护周期。
3. 素质目标
(1)养成安全运维的职业素养。
(2)爱岗敬业,能认真学习专业理论知识。
(3)钻研业务,具有独立思考能力。

一、接触网检修组织的单元和内容

各城市轨道交通系统的运行管理模式、组织架构不尽相同,但设备维修的单元与原则、维修计划的编制及调整却大致相同。

1. 接触网检修组织的方针

在城市轨道交通供电系统接触网的维护组织工作中应贯彻落实"质量第一、修养并重、预防为主"的方针,实行"三定、四化、记名检修",并逐步向"定期检测、状态维修、限值管理、寿命管理"过渡。

1)"三定"

"三定",就是定设备、定人(或班组)、定检修周期和范围。定设备是把电气设备的管理范围按工种划分清楚,明确分界点,以防止漏检漏修。定人(或班组)是把设备的保管、维护和检修单元落实到人(或班组),做到分工明确,各负其责,从而加强工作责任感,以利于提高质量,减少事故。定检修周期和范围是根据不同的设备和修程,确定其检修周期和范围,以实现计划检修。

2)"四化"

"四化",就是作业制度化、质量标准化、检修工艺化、检修机具和检测手段现代化。作业制度化是指检修作业和设备操作要按规定程序和安全制度执行。质量标准化是按技术要求精检细修,达到统一的质量标准。检修工艺化是坚持按工艺要求进行检修,保证质量,提高效率,降低成本。检修机具和检测手段现代化是利用现代科学技术及装备进行检修和测试,以适应现代技术不断发展的需要。

3)"记名检修"

"记名检修",就是记录检修者和验收者的姓名,要求检修者根据设备的技术状态提出检修依据,采取针对性措施,按工艺检修,并做到修前有计划,修中有措施,修后有结语。

2. 接触网维护组织的单元和内容

城市轨道交通供电系统接触网的运行管理工作就是为了保证接触网持续地为用户提供合格的电能而采取的技术措施和组织措施。其工作内容包括正常运行、异常情况及事故处理、设备检修、运行分析、人员培训和技术资料管理六个方面。

1)正常运行

正常运行工作即按规定周期对接触网进行监测,包括巡视、检测、全面检查和非常规检查四个方面的内容。

①巡视。按照规定的周期和项目,对接触网外观及列车的取流情况进行检查,通过有关测量仪表和显示装置及时掌握设备的运行情况(如电压、电流、功率和温度等),以预防设备事故。凡遇高温、严寒、雷害、迷雾、台风和汛期时,要分别按重点检查项目进行特殊巡视。根据设备缺陷的等级,按职责范围加以消除或隔离,以保证供电的安全和质量。具体形式分为步行巡视和登乘列车巡视。

②检测。接触网检测包括静态检测和动态监测两部分。静态检测是用测量仪器和工具等手段,在静止状态下测量接触网的技术状态。动态监测是用接触网检测车、巡检车、列车弓网动态监测装置等手段,在运行中测量接触网的技术状态。

在评价接触悬挂受流性能优劣时,一般要进行以下几个方面的静态特性和动态特性的测试:a.接触线的高度,包括轨面以上接触线的高度变化曲线;b.在运行中接触悬挂的弹性性能及受电弓的实际运行轨迹;c.沿跨距内接触线和受电弓间的接触压力;d.接触悬挂——受电弓振动系统的最大幅度;e.受电弓在高速运行中沿铅垂方向及顺线方向的振动及冲击值;f. 接触悬挂和受电弓的接触状态,即离线次数及离线燃弧的持续时间;g. 受电弓的静态特性和动态特性(在动态特性中,包括抬升力和空气动力的测量)。

除此之外,为保证受电弓的均匀磨耗、安全运行和维护的需要,还应测量出以下若干项目:a. 接触线的拉出值及偏移值;b. 在线岔始触区两组接触线的高差;c. 在锚段关节及道岔处接触线的相对位置;d. 在定位点处定位管的侧斜度;e. 接触线的磨耗;f. 特殊硬点测量(区分绝缘器等);g. 在流过最大持续电流时接触线的温升;h. 在紧密运行状态下馈电区首末端接触网的电压水平等。

在以上测试过程中应同时记录测试状态,即测量中的运行速度、支柱号、区间及测试的日期、时间等。

③全面检查。全面检查具有巡视检查和维护双重职能。巡视检查的内容包括无法或不易通过间接测量手段掌握设备运行状态的所有项目,如接触悬挂、附加悬挂、支持装置的内在质量,螺栓是否紧固等;维护的内容主要是巡视过程中必要的防腐处理、注油和零部件的紧固、更换等。全面检查可以在轨道作业车的作业平台、车梯或支柱上进行。

④非常规检查。非常规检查是指在特殊情况下所进行的状态检查。一般用于接触网发生故障后或在自然灾害(暴风、洪水、火灾、冰凌、极限温度等)出现后对相应接触网设备的状态变化、损伤、损坏情况进行检查。非常规检查的范围和手段根据检查的目的确定。

根据检测结果,对设备的运行状态用三种量值来界定。

a. 标准值:该值一般根据设计规定的技术条件及《接触网运行检修规程》规定的标准值来确定。

b. 安全值:该值一般根据技术条件规定的允许偏差范围来确定。

c. 限界值:该值为一临界值,当设备运行状态超过安全值,但仍在限界值内运行时,其出故障的概率应小于事先规定的值。在没有充分依据的条件下,该值一般由运行实践来确定。

2) 异常情况及事故处理

设备的异常状态是指设备在规定的外部条件下,部分或全部失去额定工作能力的状态,它是相对设备的正常工作状态而言的。

事故本身也是一种异常状态。事故通常是指异常状态中比较严重的或已经造成设备部分损坏、引起系统运行异常、中止或部分中止了对用户供电的状态。

在发生故障时,运行人员要迅速、准确地判断和处理。在事故处理中必须牢固树立"安全第一"的思想,遵循"先通后复"的原则。在事故抢修中,电力调度须与行车调度、环控调度密切配合,严格掌握供电和行车、环控的基本标准条件,根据设备的技术条件和现场具体情况,采取有效措施,适当调整运行方式,尽可能减小对行车的影响,及时安排抢修和处理时间,尽快恢复对接触网的供电和正常行车秩序,在允许的条件下保证环控设备的运行,保证城市轨道交通的服务质量。

3) 设备检修

接触网检修分维修和大修两种修程。

(1) 维修。维修是指在接触网系统的实际状态与安全运行状态之间出现不允许的误差或发生事故时,对接触网系统进行的必要修复,以重新建立接触网系统的正常功能。维修分为维持性修理和故障修复。维持性修理主要是处理定期监测发现后未处理的缺陷,保持接触网的正常技术状态。维持性修理可以按计划进行。故障修复就是对导致接触网功能障碍的故障立即进行修复或采取临时替代措施。故障修复是一种须立即投入施工的、无事先计划的维修方式。

(2)大修。大修指恢复性地彻底修理,主要是整锚段地更换接触网(含附加导线),并通过新设备、新技术的采用,改善接触网的技术状态,增强供电能力,适应运输发展需要。

4)运行分析

运行分析主要是针对设备运行、操作和异常情况及人员执行规章制度的情况进行分析总结,摸索规律,找出薄弱环节,及时发现问题,掌握运行规律,有针对性地制定保证运行安全的措施,以防事故发生,不断提高安全经济运行水平和管理水平。

5)人员培训

不断提高运行人员的技术和管理水平也是保证安全运行、提高供电质量的重要条件之一。为此,供电系统管理部门应对值班和检修人员加强安全和技术业务教育,积极开展事故预想活动(反事故演练),不断提高值班业务和维护、检修水平及事故处理的能力。

6)技术资料管理

供电系统的运行检修工应具备管理部门制定的各项管理规程、安全工作规程,各种技术图样、技术资料,各种工作记录簿和指示图表的能力,以使工作有章可循,同时便于积累资料进行运行分析,提高工作质量和效益。

二、接触网维修分类和维护周期

1. 维修分类

接触网的检修分为计划修(周期修)、状态修、故障修和临时修,其中计划修又分为小修和大修。

(1)状态修:预知性维修,主要通过对设备进行的状态监测和技术诊断,随时掌握设备出现的故障及工作情况,能根据设备当时的情况,确定是否需要维修、恰当的维修时间和修程等,不需要维修的则免维修,避免维修中的盲目性。

(2)故障修:是指设备在故障状态下进行的修理。

(3)临时修:是指设备临时安排的修理。

(4)小修:维持性地修理,主要是对接触网进行检测、清扫、涂油;对磨损、锈蚀到期的接触线、承力索、馈电线、汇流排及架空地线进行整修、补强或局部更换,以保持接触网的正常工作状态。

(5)大修:恢复性地彻底修理,主要是成批更换磨耗、损伤到期的接触线、承力索、馈电线、汇流排、架空地线;更新零部件、支持装置和支柱、定位立柱;对接触悬挂、馈电线和架空地线进行必要的改造,提高供电能力。凡是大修更新的设备及其零部件等,均应符合新建工程的技术标准。

2. 维护周期

计划修又叫周期修。目前我国城市轨道交通及国铁接触网一般都采用周期修的维修模式,也就是按照一定的周期对设备进行检查维护。部分供电部门接触网专业也在逐步探索状态修的模式,也就是平时只对设备进行检查、检测,对达到维修标准的设备进行维修,其他的只进行检测。这两种维修模式各有优缺点,因此各个维修单位维修模式应依据设备状态、人员构成等具体情况确定。也有的维修单位采用两种维修模式结合的维修体制。

周期修也因为各个单位对设备的掌控程度不同而确定了不同的检修周期。

某市轨道交通接触网专业采用了周期修的维修模式,其各类设备检修项目/周期见表8-1、表8-2。

柔性接触网项目/周期　　　　　　　　　　　表8-1

序号	项目及设备名称	维护检修内容	周期
1	承力索及接触线	(1)检查拉出值、导高; (2)检查张力及弛度是否符合规定; (3)检查线材有无损伤、断股、散股现象; (4)检查导线磨耗情况	12个月
2	吊弦及吊索	(1)检查偏移量是否符合规定; (2)检查有无脱落、断裂现象; (3)检查零部件安装状态,紧固力矩	6个月
3	软(硬)横跨	(1)全面检查有无锈蚀现象; (2)检查固定绳有无断股、散股现象; (3)检查固定绳弛度是否符合要求; (4)检查各连接部位安装情况,紧固力矩	12个月
4	线岔	(1)检查线岔安装状态,紧固力矩; (2)检查两支导线拉出值、导高、等高及抬高	6个月
5	分段绝缘器	(1)检查安装位置是否正确,相对钢轨面偏移; (2)检查有无明显变形、裂纹及破损; (3)检查绝缘部件性能、污染情况并清扫; (4)检查各连接部件状态,紧固力矩	6个月
6	电连接线(器)	(1)检查温差产生的偏移、预留位移长度; (2)检查电连接线有无断股、散股等现象; (3)检查有无烧伤损坏现象; (4)检查各连接部件紧固力矩	6个月
7	定位器(管)及支持装置	(1)检查各零部件安装状态、紧固力矩; (2)检查定位器坡度、偏移是否符合要求; (3)检查腕臂安装状态、偏移是否符合规定; (4)检查有无变形、破损及锈蚀情况	12个月
8	下锚补偿装置	(1)检查坠砣有无破损、裂纹、卡滞现象; (2)检查a、b值是否符合设计规定值; (3)检查滑轮、棘轮有无卡滞、摩擦等现象; (4)检查断线制动装置,测量制动间隙; (5)检查补偿绳有无断股、散股等现象; (6)检查各零部件状态及紧固力矩	12个月

续上表

序号	项目及设备名称	维护检修内容	周期
9	支柱、基础、地线及拉线	(1)检查支柱受力情况,有无倾斜情况; (2)检查有无变形、破损、裂纹、露筋等情况; (3)检查螺栓螺母是否齐全,有无锈蚀情况; (4)检查接地线安装状态,涂油防腐; (5)检查拉线有无散股、断股等现象	12个月
10	隔离开关	(1)检查有无破损、裂纹等情况; (2)检查操作各铰接部位是否灵活; (3)检查测试绝缘电阻是否符合规定; (4)检查触点接触情况等,触点涂凡士林; (5)检查电源及控制汇流状态; (6)检查绝缘瓷柱有无烧伤、破损、污秽等情况; (7)检查引线有无脱落、断股、散股、烧伤等情况	3个月
11	避雷器、放电间隙	(1)检查各连接处金属有无氧化,接触应良好并涂复脂; (2)检查各部位螺栓紧固情况,紧固力矩应符合规定; (3)检查引线有无烧损、裂纹、断股,弛度应符合要求; (4)检查测试接地电阻是否符合设计规定	12个月
12	绝缘子及绝缘器件	(1)对绝缘子进行全面的清扫工作; (2)检查绝缘器件是否有破损、裂纹等; (3)检查绝缘器件是否有烧伤,检测放电痕迹指标是否符合规定; (4)检查绝缘性能,测量空气安全距离是否符合规定	12个月
13	馈线及架空地线	(1)检查弛度是否符合设计规定值; (2)检查线材有无散股、损伤、断股等现象; (3)检查各零部件安装螺栓紧固情况	12个月
14	锚段关节(柔性)	(1)检查两支悬挂相对间距、抬高是否符合设计值; (2)检查两支悬挂有无摩擦、卡滞等现象; (3)检查各连接部件安装状态,紧固力矩; (4)检查关节处两支悬挂过渡是否平滑; (5)检查电连接安装状态	6个月
15	中心锚结(柔性)	(1)检查中锚绳弛度是否符合设计要求; (2)检查中锚绳有无散股、断股、磨损现象; (3)检查中锚处导高是否符合规定; (4)检查中锚线夹安装状态,紧固力矩	12个月
16	杂散电流防护及监测装置	(1)清扫排流柜内灰尘、水汽; (2)检查接线端子连接是否牢固; (3)检查铜母线有无过热烧伤、氧化发黑等痕迹; (4)检查熔断指示器跳动情况; (5)用万用表检查各电阻参数有无异常;	12个月

续上表

序号	项目及设备名称	维护检修内容	周期
16	杂散电流防护及监测装置	(6)检查控制电路及照明是否正常工作; (7)检查加热装置是否正常工作; (8)检查负开工作是否正常,开合有无阻碍; (9)检查各螺栓安装状态,紧固力矩	12个月
17	均、回流装置	(1)检查连接电缆连接是否牢靠,有无缺失; (2)检查绝缘子是否脏污及放电情况; (3)检查电缆表面有无破损、腐蚀、老化、变形等损伤; (4)检查均、汇流电缆与钢轨和均、汇流排连接良好,各连接端子无腐蚀,并涂抹导电膏	12个月
18	各类标志牌	(1)检查各标志牌安装位置是否正确; (2)检查各标志牌字迹是否清晰,并进行清扫; (3)检查各标志牌有无破损、丢失现象; (4)检查各连接螺栓安装、紧固情况	12个月
19	限界门及保安装置	(1)检查限界门安装位置是否正确; (2)检查吊板有无脱落,字迹是否清晰等; (3)检查防护桩有无倾倒、破损等; (4)对黑白警示标线进行补漆刷制	12个月

刚性接触网项目/周期　　　　　　　　　　　　　　　　　　表8-2

序号	项目	设备名称	维护检修内容	周期
1		汇流排	检查汇流排及防护罩有无变形、破损、磨损、灼伤等	
2		中间接头及附件	检查螺栓有无松动、脱落等	
3	接触悬挂	接触线	(1)检查有无烧伤、硬点、脱落等; (2)检查导高、拉出值等,并对磨耗严重部位进行测量,全面磨耗测量周期为3年	12个月
4		中心锚结	(1)检查有无偏移,拉杆受力情况; (2)检查测量接地与带电部分距离; (3)检查线夹、螺栓等紧固状况; (4)螺栓涂油防腐	
5		分段绝缘器	(1)检查距轨面高度及平行轨面情况; (2)检查相对线路中心的位置; (3)检查与接触线接头、过渡状况; (4)检查导流板磨耗,测量角隙; (5)检查绝缘部件状态并清扫; (6)检查螺栓紧固状态并涂油防腐	6个月

续上表

序号	项目	设备名称	维护检修内容	周期
6	接触悬挂	刚柔过渡体	(1)检查本体位置有无变化; (2)检查刚柔过渡及摩擦情况; (3)检查线夹、螺栓紧固情况	12个月
7		锚段关节	(1)检查高度、水平间距情况; (2)对电连接进行全面检查; (3)检查零件、螺栓紧固状态	12个月
8		道岔(线岔)	检查导高及拉出值状况	
9	支持定位装置	固定螺杆锚栓	检查有无锈蚀、松动并涂油防腐	12个月
10		吊柱	检查有无松动、变形、锈蚀等	
11		悬吊底座槽钢	检查有无变形、锈蚀等	
12		T形头螺栓	检查有无松动、锈蚀、弯曲等	
13		汇流排定位线夹	检查安装状态、螺栓紧固情况	
14	绝缘部件	针式绝缘子	检查有无破损、断裂、污秽等	12个月
15		棒式绝缘子		
16	架空地线	架空地线	(1)检查有无断股、散股等; (2)检查弛度是否符合要求	12个月
17		地线线夹	检查安装状态、螺栓紧固情况	
18		下锚吊柱	(1)检查螺栓有无松动、脱落等; (2)检查吊柱有无变形、锈蚀等; (3)检查地线下锚线夹安装状态	
19		隔离开关	(1)检查有无破损、裂纹等情况; (2)检查操作各铰接部位是否灵活; (3)检查测试绝缘电阻是否符合规定; (4)检查触点接触情况等,触点涂凡士林; (5)检查电源及控制回流状态; (6)检查绝缘瓷柱有无烧伤、破损、污秽等情况; (7)检查引线有无脱落、断股、散股、烧伤等情况	6个月
20		杂散电流防护及监测装置	(1)清扫排流柜内灰尘、水汽; (2)检查接线端子连接是否牢固; (3)检查铜母线有无过热烧伤、氧化发黑等痕迹; (4)检查熔断指示器跳动情况; (5)用万用表检查各电阻参数有无异常; (6)检查控制电路及照明是否正常工作; (7)检查加热装置是否正常工作; (8)检查负开工作是否正常,开合有无阻碍; (9)检查各螺栓安装状态、紧固力矩	12个月

模块八　接触网设备的维护与检修管理制度

续上表

序号	项目	设备名称	维护检修内容	周期
21		均、汇流装置	（1）检查连接电缆连接是否牢靠，有无缺失； （2）检查绝缘子是否脏污及放电情况； （3）检查电缆表面有无破损、腐蚀、老化、变形等损伤； （4）检查均、汇流电缆与钢轨和均、汇流排连接是否良好，各连接端子有无腐蚀，并涂抹导电膏	12个月

任务实施

请完成"实训8.1　接触网检修组织以及周期认知"，见本教材配套实训活页。

单元8.2　接触网检修作业方式及程序

单元导入

真实的接触网检修作业方式和程序有哪些呢？让我们一起来学习吧！

本单元是对接触网检修作业方式及程序相关内容的介绍，通过本单元的学习，能初步了解接触网作业方式及程序，掌握简单的开展接触网检修作业的技能，为后续单元的执行奠定基础。

学习目标

1. 知识目标
(1)熟悉城市轨道交通接触网检修作业方式。
(2)理解城市轨道交通接触网检修作业流程。
(3)理解城市轨道交通接触网检修生产计划的内容和编制原则。
2. 能力目标
(1)能判断具体的城市轨道交通接触网检修作业方式。
(2)能通过团队合作正确执行城市轨道交通接触网检修作业流程。
(3)能正确编制城市轨道交通接触网检修生产计划。
3. 素质目标
(1)养成安全运维的职业素养。
(2)爱岗敬业，能认真学习专业理论知识。
(3)钻研业务，具有独立思考能力。

基础知识

一、接触网检修作业方式

城市轨道交通接触网一般采用停电检修和远离带电体检修作业两种检修方式。

(1)停电检修作业:在停电的接触网设备上进行的作业。

(2)远离带电体检修作业:在距离接触网带电体足够安全距离的设备上进行的作业。接触网1m及以外作业工作票,用于距带电部分1m及其以外的高空作业和较复杂的地面作业。

二、接触网检修作业流程

1.接触网设备检修计划的制定

接触网专业生产管理组制定"接触网设备年度检修计划表",按照设备检修周期和检修内容及要求,将接触网设备全年的检修工作计划细分至每月,形成月度检修单元下达到工班。

接触网工班根据"接触网设备年度检修计划表"中制定的月度工作单元,进行合理统筹安排月中每日接触网检修工作,并汇报给接触网专业生产管理组,由生产管理组审核后于每周二前向调度部提报该周中每日的检修作业计划,待计划经营部审核后发令实施。

遇有特殊检修单元或紧急情况下的设备缺陷故障处理,由接触网专业组向调度部提报"临时计划"或"日补充计划",进行设备维修的实施。

2.接触网设备检修作业的准备

(1)接触网工班工作票签发人在作业前24h签发接触网检修工作票。

(2)接触网工班施工负责人审核接触网检修工作票。

(3)接触网工班向电力调度提报接触网检修工作票。

(4)出工前,由接触网工班施工负责人召开检修作业的预想会,向作业组全体成员宣读工作票内容,布置安全措施。

(5)检修作业组准备好检修工具、材料及安全防护用品。

(6)检修作业组出动到达作业现场。

3.接触网设备检修作业的实施

(1)施工负责人向OCC[电力调度员(简称电调)和行车调度员(简称行调)]申请检修作业命令。

(2)作业组做好验电接地和安全防护工作。

(3)作业组进行设备检修。

(4)设备检修完成。

(5)施工负责人向OCC(电调和行调)消除检修作业命令。

(6)检修作业结束。

4.接触网施工组织流程

1)接触网施工作业前

(1)填写工作票:发票人根据进场施工作业令签发停电作业工作票,并在工作前1h交工作领导人审核。

(2)审核工作票:工作领导人对工作票内容有不同意见时要向发票人及时提出,经过认真分析,确认无误,方准作业。

(3)传送工作票:待发票人与工作领导人都确认无误并签名后,由值班人员将填写好的工作票传送给电调审核。

(4)开安全预想会:工作领导人组织开安全预想会,突出关键点、关键、关键安全问题,布置安全措施(此项可在宣读工作票时同时进行)。

(5)宣读工作票:每次开工前工作领导人要向作业组全体成员宣读工作票内容,布置安全措施并做好分工,责任到人,各负其责。每个作业组必须设有安全员、材料员、地线操作人员与监护人员,以及要令人员和测量人员。

(6)签认工作票:作业人员明确作业时间、地点、内容、安全措施及自己的职责后,在工作票上签名确认。

(7)人员及工器具、材料准备:根据作业内容,由材料员将当次作业的所有工器具、材料准备好并列出工器具及材料清单,便于作业结束后清点,防止遗漏。

(8)出车:联系好作业所需的交通工具,并把作业所需的工、器具全部放到交通工具上,作业人员准备乘坐交通工具到作业地点。

2)接触网施工作业中

(1)检修作业:请点人员到车站控制室向行调办理线路封锁手续(填写施工作业登记簿,在车站施工管理系统专用电脑输入各项信息),待行调发出封锁线路的命令后方可向电调办理停电手续。停电命令必须有值班电力调度批准的命令编号和批准时间。

(2)配合作业:请点人员到车站控制室向电调报告配合人员已到达指定车站待令,待电调发出停电命令接令后即可按规定开始验电接地,也必须有值班电调批准的命令编号和批准时间。地线全部挂好后即刻回复电调,已按要求把地线挂好。

(3)验电接地:请点人员办理好封锁线路手续及停电命令后通知工作领导人,工作领导人通知验电接地人员进行验电接地。验电接地需一人操作一人监护,其安全等级分别不低于二级和三级。验电接地时必须先验电后挂接地线,验电时先将接地端与牵引轨连接并验声光,再将另一段轻靠汇流排导线,无声光则表示已停电。待验明已停电后方可挂地线,挂地线时先将接地端与牵引轨连接,再将另一端与汇流排连接,接地端要连接牢固,接触良好。装设和拆除地线时,不得短接两根钢轨。装设接地线时,人体不得触及接地线。装设和拆除接地线时,操作人必须戴好安全帽和绝缘手套,借助绝缘杆进行,绝缘手套、绝缘杆要保持清洁、干燥。接地线采用截面不小于 $70mm^2$ 的裸铜软绞线,并不得有断股、散股和接头。挂好地线后要在地线杆上装设防护灯。

3)接触网施工作业后

(1)拆除接地线:工作票中规定的作业单元完成后或到点后,先由材料员清点材料、工器具,确认所有的材料、工器具都齐全后撤出安全地带,方可通知拆地线人员拆除地线,拆地线时要戴绝缘手套,先拆与汇流排连接端,再拆接地端。

(2)消令:作业人员、工器具、材料出清后,确认所检修的设备正常,满足送电、行车条件后,工作领导人通知要令人员向值班电调请求消除停电作业命令及向行调解除线路封锁手续。

(3)工、器具放置:作业回来后,根据材料单将工、器具再认真清点一遍,做好清洁、维护工作,准确无误后放回原位。

(4)后序工作:在作业结束回到值班室后工作领导人先完成 MIXMO 工单,然后根据作业记录做好检修报表及台账的填写。

三、接触网检修生产计划

生产计划可简单分为年度检修生产计划、月度检修生产计划和设备普查计划。

(1)年度检修生产计划:根据设备检修规程对部门管辖区段内所有设备制订年度的检修计划。年度检修生产计划示意图如图8-1所示。

运营事业总额2014年三北线接触网设备检修计划

设备序号	设备名称	设备数量	设备单位	1月	2月	3月	4月	5月	6月	7月	8月	9月	10月	11月	12月	工作地点
3	分段绝缘器	3	台	半年检						半年检						龙归存车线
4	分段绝缘器	2	台	半年检						半年检						嘉禾出入段线
5	分段绝缘器	4	台	半年检						半年检						同和存车线
6	分段绝缘器	1	台	半年检						半年检						广州东渡线
7	分段绝缘器	3	台	半年检						半年检						体育西折返线
8	隔离开关(含电动/手动)	6	台	半年检						半年检						机场南上下行线
9	隔离开关(含电动/手动)	8	台	半年检						半年检						高增上下行线
10	隔离开关(含电动/手动)	6	台	半年检						半年检						人和站上下行线
11	隔离开关(含电动/手动)	6	台	半年检						半年检						龙人区间所上下行线
12	隔离开关(含电动/手动)	2	台	半年检						半年检						龙归站上下行线/龙归折返线
13	隔离开关(含电动/手动)	6	台	半年检						半年检						嘉龙区间所上下行线

图8-1 接触网年度检修生产计划示意图

(2)月度检修生产计划:按年度生产计划总体安排,制订某一个月的设备检修计划(具体到该月某一天做某项设备检修)。月度检修计划示意图如图8-2所示。

(3)设备普查计划:发生故障后,为了保障设备运营安全,对某项或多项设备进行全面的设备普查的计划;根据上级指示对设备进行大排查的计划。设备普查计划示意图如图8-3所示。

(4)年度检修计划、月度检修计划、设备普查计划的特点及相互关系。

①年度检修计划:年度检修计划要能体现出全年所有设备检修单元,体现设备总数,体现一年中每个月的单元量。年度检修计划要根据设备的检修修程编制,要统计出所有需要检修的设备,年度检修计划要综合考虑上一年设备检修周期、本年度特殊单元等(设备大修、施工环境等)。

设备名称	检修内容	修程	单位	统计数量		每月设备检修量												设备总量	设备检修进度(%)
				区域	数量	1	2	3	4	5	6	7	8	9	10	11	12		
接触悬挂	检修、调整、维护	1年检	处	JHD2											100	76		522	0.00
				计划															
				完成															
				JHD4					101	52									
				计划															
				完成															
				JHD5											32	36			
				计划															
				完成															
				JHD6							46								
				计划															
				完成															
				JHC3												41			
				计划															
				完成															
				JHR3											38				
				计划															
				完成															
中心锚结	检修、调整、维护	1年检	个	计划														0	#DIV/01
				完成															
分段绝缘器	检修、调整、维护	半年检	台	JHD2						6	10			6	10			60	16.67
				计划															
				完成															
				JHD4		10	2					10	2						
				计划															
				完成		10													
				JHD5				2					2						
				计划															
				完成															

图 8-2 接触网月度检修计划示意图

3 号线接触网隔离开关上网电缆普查计划

站点	电动	手动	合计	普查完成情况	发现问题	备注
天客	2	2	4	5月30日晚完成手动,电动5月31日完成		
华师	6	0	6	5月24日晚完成上行,下行6月1日完成		
体西	10	2	12	5月26日晚完成		
赤岗塔	6	0	6	5月26日晚完成		
客村	0	3	3	5月20日晚完成		
大塘	6	0	6	5月29日晚完成		
沥滘	6	0	6	5月29日晚完成		
大石	6	2	8	5月23日晚完成手动,电动5月28日完成		
汉溪	6	0	6	5月27日完成		
汉市区间	6	0	6	5月22日晚完成上行,下行5月24日晚完成		
市桥	6	0	6	上行5月27日晚完成,下行5月30日晚完成		
番广	2	2	4	5月30日晚完成		
合计	62	11	73			

图 8-3 设备普查计划示意图

②月度检修生产计划:月度检修计划要与年度检修计划相统一,月度检修生产计划要体现该月要检修设备的名称、所在位置、检修数量。月度检修生产计划还要根据设备检修进度进行合理安排,此外还要综合考虑除预防性的设备检修维护之外的检修单元(设备普查,配合其他专业的检修计划)。

③设备普查计划:设备普查计划不纳入年度检修生产计划,主要针对设备缺陷或设备故障排查,保障设备安全运营。设备普查计划在时间上有严格要求,这就要结合月度检修生产计划和人员配置情况,合理安排,尽量不影响月度检修进度。

(5)检修生产计划进度跟踪与控制。

检修生产计划进度跟踪与控制主要通过检修计划完成率来跟踪控制。

①年度检修生产计划完成率:体现全年总体设备检修单元的完成情况、完成百分比,通过年度检修生产计划的完成率可以掌握本专业检修单元的总体完成情况,在年中和年底时对检修进度缓快程度进行跟踪、分析。对于进度慢的,分类进行协调,确保年度检修生产单元的完成。

②月度检修生产计划完成率:体现该月设备检修单元完成情况,该数据要精细到具体设备和该设备的具体完数量。通过对该月的月度检修生产计划完成率分析,对下月月度检修生产计划进行适当调整,保证工班能及时补上滞后进度。

③设备普查计划完成率:要体现设备普查计划的落实情况,对该数据要及时向负责人反馈,反馈内容包括普查进度、普查时发现和解决的问题。

任务实施

请完成"实训8.2 接触网检修作业方式及程序认知",见本教材配套实训活页。

单元8.3 接触网安全工作知识

单元导入

接触网检修作业具有高空、高压、高危的"三高"作业特征,因此,大家一定要切记安全作业规程要求,切实执行安全用电和安全作业措施。

本单元是对接触网安全工作内容的介绍,通过本单元的学习,能了解安全电压、安全电流、跨步电压、安全距离、工作接地、保护接地的概念,懂得接触网安全工作规定,树立安全用电与安全作业的观念。

学习目标

1. 知识目标

(1)熟悉城市轨道交通接触网安全作业的相关概念。

(2)理解城市轨道交通接触网安全作业的相关规定。

2. 能力目标

(1)能区分实际城市轨道交通接触网检修作业中的安全要求。

(2)能执行城市轨道交通接触网安全作业的相关规定。

3.素质目标

(1)养成安全运维的职业素养。

(2)爱岗敬业,能认真学习专业理论知识。

(3)钻研业务,具有独立思考能力。

一、接触网安全工作的相关概念

1.安全电压

安全电压是在一定条件下、一定时间内不危及生命安全的电压。根据欧姆定律,可以把加在人身上的电压限制在某一范围内,使得在这种电压下,通过人体的电流不超过允许的范围,这一电压就叫作安全电压。

安全电压限值是在任何情况下,任意两导体之间都不得超过的电压值。工频安全电压有效值的限值为50V,这一限值是根据人体电流30mA和人体电阻1700Ω的条件确定的。

安全电压的额定值为42V、36V、24V、12V、6V五个等级。凡特别危险环境使用的携带式电动工具,应采用42V安全电压;凡有电击危险环境使用的手持照明灯和局部照明灯应采用36V或24V安全电压;金属容器内、隧道内、水井内以及周围有大面积接地导体等工作地点狭窄、行动不便的环境应采用12V安全电压;水下作业等特殊场所应采用6V安全电压。当电气设备采用24V以上安全电压时,必须采取直接接触电击的防护措施。例如,机床照明灯采用36V供电,汽车使用24V、12V供电;在潮湿、有导电尘埃、高温的环境中,安全电压是12V。

安全电压应满足以下3个条件:

(1)标称电压不超过AC50V、DC120V;

(2)由安全隔离变压器供电;

(3)安全电压电路与供电电路及大地隔离。

2.安全电流

1)安全电流定义

当电流通过导线或电缆时,阻抗的存在会造成电能的消耗,使导线或电缆发热,温度升高。通过导线或电缆的电流越大,导线或电缆的温度也越高。当温度上升到一定数值,可能使导线或电缆的绝缘损坏,从而引起漏电、断线等,严重时可能引起火灾等事故。

为了保证电气线路的安全运行,所有线路的导线和电缆的截面都必须满足发热条件,即在任何环境温度下,当导线和电缆连续通过最大负载电流时,其线路温度都不大于最高允许温度(通常约为70℃),这时的负载电流称为安全电流。导线和电缆的安全电流是由它们的种类、规格、环境温度和敷设方式等决定的。有专门表格可查考。

2)人体安全电流

人体安全电流,即通过人体电流的最低值。

一般 1mA 的电流通过时即有感觉,25mA 以上电流人体就很难摆脱,50mA 电流即有生命危险(可以导致心脏停止和呼吸麻痹)。一般情况下,人体能够承受的安全电流为 10mA。

3) 人体对电流的反应情况

(1) 0.6~1.5mA:手指开始感觉发麻,无感觉。

(2) 2~3mA:手指感觉强烈发麻,无感觉。

(3) 5~7mA:手指肌肉感觉痉挛,手指感灼热和刺痛。

(4) 8~10mA:手指关节与手掌感觉痛,手已难以脱离电源,但尚能摆脱电源,灼热感增加。

(5) 20~25mA:手指感觉剧痛,迅速麻痹,不能摆脱电源,呼吸困难,灼热更增,手的肌肉开始痉挛。

(6) 50~80mA:呼吸麻痹,心房开始震颤,强烈灼痛,手的肌肉痉挛,呼吸困难。

(7) 90~100mA:呼吸麻痹,持续 3s 后或更长时间后,心脏停搏或心房停止跳动,呼吸麻痹。

由以上可以看出,当人体通过 0.6mA 的电流,会引起麻木的感觉;通过 20mA 的电流,会引起剧痛和呼吸困难;通过 50mA 的电流,会有生命危险;通过 100mA 以上的电流,能引起心脏停搏、心房停止跳动,直至死亡。

3. 安全距离

安全距离又称间距,是指为防止带电体与带电体之间、带电体与地面之间、带电体与其他设施之间、带电体与工作人员之间因距离不足,而在期间发生电弧放电现象,从而引起电击或电伤事故,因此应规定期间必须保持的最小距离或最小空气间隙。例如,作业人员在设备维修时,与设备带电部分的最小安全距离见表 8-3。

作业人员与带电设备的最小安全距离　　　　表 8-3

电压等级(kV)		10 及以下	20~35	22	60~110	220	330
安全距离 (m)	无遮拦	0.70	1.00	1.20	1.50	2.00	3.00
	有遮拦	0.35	0.6	0.9	1.5	2.00	3.00

4. 保护接地和工作接地

为保证人身和设备安全,接触网应设立接地装置,将接触网设备中非带电的金属部分与大地直接相连。

接触网接地根据其目的不同可分为工作接地和保护(安全)接地。为保证设备安全运行而设置的接地称为工作接地,如混凝土柱、钢柱接地等。以防护为目的而设置的接地称为保护(安全)接地,如距接触网带电体 5m 以内的金属结构。

5. 跨步电压定义及其触电防护

当电气设备发生接地故障或者一相带电导线断落在地面时,接地电流通过接地体向大地流散,若人在接地短路点周围行走,其两脚之间的电位差,就是跨步电压。由跨步电压引起的人体触电,就是跨步电压触电。发觉跨步电压威胁时,应赶快把双脚并在一起,或赶快用一条腿跳着离开危险区。人离接地点越近,跨步电压越高,危险性越大。一般在距接地点 20m 以外,可以认为地电位为零。在低电压 380V 的供电网中,如一根电线掉在水中或潮湿的地面上,在此水中或潮湿的地面上就会产生跨步电压;在高压故障接地处同样会产生更加危险的跨步电压,因此要求在检查高压设备的接地故障时,室内不得接近故障点4m以内,室外不得接近故障点8m以内。若进入上述范围,工作人员必须穿绝缘靴。

二、过电压保护

电力系统运行中,出现危及电气设备绝缘的电压称为过电压。过电压对电气设备和电力系统的安全运行是很危险的,因此必须采取相应的保护措施。

1. 过电压及其危害

电气设备在正常运行时,所受电压为其相应的额定电压。由于受各种因素的影响,实际电压会偏离额定电压某一数值,但不能超越允许的范围。

为了考核电气设备的绝缘水平,我国有关技术标准规定了与电力系统额定电压对应的允许最高工作电压。例如,10kV 对应的最高工作电压为12kV,66kV 对应的最高工作电压为72.5kV。总的来说,电力系统的运行电压在正常情况下是不会超过最高工作电压的。

但是,由于雷击或电力系统中的操作事故等原因,某些电气设备和线路上承受的电压大大会超过正常运行电压,危及设备和线路的绝缘。电力系统中这种危及绝缘的电压升高称为过电压。过电压对电力系统的安全运行有极大危害,如雷击会造成人员伤亡。同样,雷击也会造成电力线路或电气设备绝缘击穿损坏,不仅会中断供电,甚至会引起火灾。而且由于电气设备运行操作不当引起的内部过电压,同样会引起电气设备绝缘击穿损坏,造成电力系统的极大破坏。

2. 过电压分类

一般把电力系统的过电压分成雷电过电压和内部过电压两大类。雷电过电压与气象条件有关,是外部原因造成的,因此又称为大气过电压或外部过电压。

内部过电压是由电力系统内部能量的传递或转化引起的,与电力系统内部结构、各项参数、运行状态、停送电操作和是否发生事故等多种因素有关,十分复杂。不同原因引起的内部过电压,其过电压数值大小、波形、频率、延续时间长短也并不完全相同,防止的对策也有区别。为便于研究,一般把内部过电压又分为工频过电压、谐振过电压和操作过电压。这三类内部过电压中的工频过电压和谐振过电压又称为暂时过电压。

雷电放电是雷云所引起的放电现象。如果天空中有两块带异号电荷的雷云,当它们互相接近时,会使两块云之间的空气绝缘击穿,这就是发生在空中的闪电。如果雷云较低,其附近又没有带异号电荷的其他雷云,这时,雷云就会对地放电,特别是对地面上的高大树木或高大建筑放电。

3. 直接雷击过电压

雷云直接对电气设备或电力线路放电,雷电流流过这些设备时,在雷电流流通路径的阻抗(包括接地电阻)上产生冲击电压,引起过电压,这种过电压称为直接雷击过电压。

4. 雷电反击过电压

雷云对电力架空线路的杆塔顶部放电,或者雷云对电力架空线路杆塔顶部的避雷线放电,这时雷电流流经杆塔入地。雷电流流经杆塔入地时,在杆塔阻抗和接地装置阻抗上存在的电压降,称为雷电反击过电压。

5. 感应雷过电压

感应雷过电压是指在电气设备(如架空电力线路)的附近不远处发生闪电,虽然雷电没有直接击中线路,但在导线上会感应出大量的和雷云极性相反的束缚电荷,形成雷电过电压,称为感应雷过电压。

6. 雷电侵入波

因直接雷击或感应雷击在输电线路导线中形成迅速流动的电荷称为雷电进行波。雷电进行波对其前进道路上的电气设备构成威胁,因此也称为雷电侵入波。一般的变电所,如果有架空进出线,则必须考虑对雷电侵入波的预防。

7. 内部过电压

1) 工频过电压

电力系统中的工频过电压一般是由线路空载、单相接地或三相系统中发生不对称故障时引起的。在中性点不接地系统或经消弧线圈接地系统里,当发生单相接地故障时,其他两健全相的对地电压可增高至3倍相电压。

如高电压长线路空载运行时,在导线中流动的主要是对地和线间电容电流。电容电流在导线的阻抗上有电压降。由于超高压架空线路的阻抗主要是电感电抗,电容电流流经感抗后使末端电压升高,即通常所说的电容效应。

工频过电压的特点是持续时间可能较长,但工频过电压数值并不很大,对电力系统的正常绝缘危险不大。但是,如果在发生其他内部过电压时,又存在工频过电压,则过电压更为严重。

2) 谐振过电压

如果串联电路中包括电感、电容,当电感电抗和电容电抗数值都很大,而且彼此绝对值相等或十分接近相等时,其综合阻抗会十分微小,这时即使在不太高的电源电压下也会出现极大的电流,这个极大的电流在电感、电容上产生很高的电压降。这就是串联谐振过电压。

当谐振过电压发生在铁磁电感与电容组成的电路中时,称为铁磁谐振电路,有可能出现过电压事故。

3) 操作过电压

操作过电压是指电力系统中由于操作或事故,使设备运行状态发生改变(如停、送电时分,台闸操作),而引起相关设备电容、电感上的电场、磁场能量相互转换,这种电、磁场能量的相互转接可能引起振荡,从而产生过电压。如果电路中的电阻较大,能起到较好的阻尼作用,则振荡时能量消耗较快,电流电压迅速衰减进入稳态,过电压较快消失。

在电力系统运行操作时,较容易发生操作过电压的常见操作项目有切合高电压空载长线路,切合空载变压器,切合电容器,开断高压电动机等。

8. 直接雷击过电压保护

为防止直接雷击电力设备,一般采用避雷针或避雷线。为防止直接雷击高压架空线路,一般多用架空避雷线(俗称架空地线)。

对接触网的过电压保护,采用安设避雷器的方法。避雷器一般设置在绝缘锚段关节、长大隧道两端、变电所、开闭所、分区亭等处,对接触网线路进行过电压保护;同时是变电所、开闭所、分区亭防雷的第一道屏障。另外,在站场的钢柱上或行人较多的地方通常设有架空地线,架空地线将钢支柱或支持装置的金属部分通过跨接线连接起来,并每隔一定距离与接地极连接。在两接地极中心位置,架空地线通过放电器与回流线或保护线连接。当绝缘设备发生闪络或击穿时,架空地线对回流线或保护线的电位升高,击穿放电器。闪络电流由回流线或保护线流回牵引变电所,使保护装置动作,切断电源,从而保证了人身和设备安全。

架空地线是接触网绝缘发生闪络或破坏时的保护接地装置,其作用相当于避雷线。

三、接触网安全工作规定

从事接触网工作的职工,必须牢固树立"安全第一、预防为主"的安全工作方针,在运行、检修工作中确保人身及设备安全。

1. 一般规定

所有接触网设备,自第一次受电开始即认为是带电设备,之后,接触网上的一切作业,均必须按本规程的各项规定严格执行。

为保证接触网运行和检修作业的安全,对从事接触网运行和检修工作的有关现职人员,要每年定期进行一次安全考试,成绩合格后,方能参加相应的接触网运行和检修工作。此外,对属于下列情况的人员要事先进行安全考试:

(1)开始参加接触网工作的人员;
(2)当职务或工作单位变更,但仍从事接触网运行和检修工作的人员;
(3)中断工作连续6个月以上而仍继续担任接触网运行和检修工作人员。

在进行接触网检修作业时,必须戴安全帽,穿工作鞋,穿上有高可见度的安全背心,高空作业时必须扎安全带。

接触网工每年进行一次身体检查,对不适合接触网运行和检修工作的人员要及时调整。

雷电时禁止在接触网上进行作业。

对接触网进行检修必须停电进行,停电作业时,除具备规定的工作票外,还必须有值班电调批准的作业命令。除遇有危及人身或设备安全的紧急情况,电调发布的倒闸命令可以没有命令编号和批准时间外,接触网所有的作业命令,均必须有命令编号和批准时间。

接触网的巡视工作,要由具有施工负责人资格的人员担任。在巡视中不得攀登支柱,并时刻注意避让列车。隧道巡视必须在接到行调已封闭区间命令后进行。

2. 工作票制度

工作票是在接触网上进行作业的书面依据,要字迹清楚、正确,不得用铅笔书写和涂改。

工作票一式两份,1份由发票人保管,1份交给施工负责人。

事故抢修和遇有危及人身或设备安全的紧急情况下作业时,可以不开工作票,但必须有电调的命令。

城市轨道交通接触网使用两种工作票:

第一种:接触网停电作业工作票(见图8-4二维码)。

图8-4 接触网停电作业工作票

第二种：远离作业工作票。

发票人一般应在工作前一天将工作票交给施工负责人，使之有足够的时间熟悉工作票中的内容及做好准备工作。

施工负责人对工作票内容有不同意见时要向发票人及时提出，经过认真分析，确认无误后方准作业。

每次开工前，施工负责人要向作业组全体成员宣读工作票内容，布置安全措施。作业结束后，施工负责人要及时收回工作票（见图8-5 二维码），交给工班专人统一保管不少于3个月。工作票的有效期不得超过6个工作日。

图8-5　接触网停电作业命令票

工作票中规定的作业组成员，一般不应更换；若必须更换时，应经发票人同意，若发票人不在可经施工负责人同意，但施工负责人要更换时，仍需经发票人同意，并在工作票上签字。

施工负责人或一个作业组，同时只能接一张工作票。

对简单的地面作业项目不开工作票，但施工负责人在布置单元时应说明作业时间、地点、内容及安全措施，并记入值班日志。

3. 作业人员的职责

停电作业的工作票签发人和施工负责人须由具备相应资格的人员担当。同一张工作票的签发人和施工负责人必须由2人分别担当，不得相互兼任。

工作票签发人在安排工作时，要做好下列事项：

（1）所安排的作业项目是必要和可行的。

（2）所采取的安全措施是正确和完备的。

（3）所配备的施工负责人和作业组成员的人数和条件符合规定。

施工负责人要做好下列事项：

（1）作业地点、时间、作业组成员等均应符合工作票提出的要求。

（2）作业地点所采取的安全设施正确且完备。

（3）时刻在场监督作业组成员的作业安全，如果必须短时离开作业地点时，要指定临时代理人，否则应停止作业，并将人员和机具撤至安全地带。

（4）作业组成员要服从施工负责人的指挥、调动，要遵章守纪，对不安全和有疑问的命令要及时果断提出，坚持安全作业。

4. 停电作业

1）安全距离

在进行停电作业时，作业人员（包括所持的机具、材料、零部件等）与周围带电设备的距离：33~35kV 为1000mm，10kV 以下为700mm，DC1500V 为700mm。

2）停电命令程序

每个作业组在停电作业前由施工负责人指定1名作业组成员作为要令人员，向电调申请停电。在申请的同时，要说明停电作业的范围、内容、时间和安全措施等。

3）发布停电作业命令前的准备工作

电调在发布停电作业命令前，要做好以下工作：

将所有的停电作业申请进行综合安排,审查作业内容和安全措施,确定停电区段。

通过行调,办理停电作业封闭线路的手续,对可能通过受电弓导通电流的分段部位采取封闭措施,防止各方面来电的可能;确认作业段所有的电动车已降下受电弓,断开有关馈电线断路器、接触网开关、作业区段的接触网已经停电,方可发布停电作业命令。电调发布停电作业命令时,受令人认真复诵,经确认无误后,方可给命令编号和批准时间,在发、受、停电命令时,发令人要将命令内容等记入"作业命令记录"中,受令人要填写"接触网停电作业工作票"。

5. 高空作业

高空作业必须设专人监护,其监护要求如下:

停电作业时,每一监护人的监护范围,不超过2个跨距,在同一组软横跨上作业时不超过4条股道,在相邻线路同时进行作业时,要分别派监护人各自监护。

当停电成批清扫绝缘子时,可视具体情况设置监护人员。攀登支柱时要尽量避开设备,且要与带电设备保持规定的安全距离。

接触网检修作业用梯车和梯子必须符合下列要求:结实、轻便、稳固,梯车和梯子须按规定标准进行试验。

用梯车进行作业时,工作台上的人员不得超过2名,所用的零件、工具等均不得放置在工作台台面上。推车人必须服从台上人员的指挥,梯车走行速度不得超过5km/h,并不得发生冲击和急剧启、停车;施工负责人和推梯人员要时刻注意和保持梯车的稳定状态,曲线和大风天气作业时,应采取防止倾倒措施;坡道作业采取用制动等防滑移的措施;梯车、梯子作业完毕后,应存放在固定地点或安全可靠的地方,并加固以防止倾倒,侵入限界。

作业车作业前,负责人要检查工作台与驾驶室之间的联系装置,该装置必须处于良好状态;作业车作业时,应在工作台内进行,工作台端部承受负荷不大于300kg,作业台升降过程中严禁有人在爬梯上下;作业车作业中司机应听从工作台上负责人的指挥,移动速度不得超过10km/h,且不得急剧启、停车。

6. 验电接地

作业组在接到停电作业命令后,须先验电接地,然后方可作业。

用验电器验电的顺序是:将验电器端头轻靠接触网导线,无响声则为已停电(验电器在使用前要验声)。

当验明接触网已停电后,须在作业点的两端及和作业地点相连可能来电的所有停电设备上装设接地线。在装设接地线时,将接地线的一端先行接地,再将接地线夹紧固在已停电的一根辅助线或一根接触网导线上。拆接地线顺序相反,先拆连接接触网导线端,然后再拆接地轨端。接地线要连接牢固,接触良好。装设接地线时,人体不得触及接地线。接地线采用截面不小于70mm²的裸铜软绞线,并不得有断股、散股和接头。

验电和装设、拆除接地线,必须由2人进行,一人操作,一人监护。

7. 作业结束

工作票中规定的作业单元完成后,由工作负责人宣布作业结束,作业人员、机具、材料撤至安全地带,拆除接地线,确认具备送电、行车条件后,通知受令人向电调请求消除停电作业命令。几个作业组同时作业时,要分别向电调请求消除停电作业命令。电调经了解,确认完全达到送电、行车条件后,给予消除停电作业命令的时间,双方均按规定做好记录,整个停电作业方告结束。

电调在送电时须按下列顺序进行:先确认整个供电臂所有的作业组均已消除停电作业命令;再按照规定进行倒闸作业;最后通知列车调度员 OCC 接触网已送电,可以开行列车。

8. 倒闸作业

凡接触网人员进行隔离开关倒闸时,必须有电力调度的命令。对车场控制中心有权操作的隔离开关,由车场控制中心自行制定有关制度予以操作。从事隔离开关倒闸作业人员,必须具备相应资格。

在进行隔离开关倒闸作业时,先由操作人向电调提出申请,电调审查后,发布倒闸作业命令,操作人受令复诵,电调确认无误后,方可给命令编号和批准时间;每次倒闸作业发令人要将命令内容等记入"倒闸操作命令记录",受令人要填写"隔离开关倒闸命令票"。

倒闸人员接到倒闸命令后,要迅速进行倒闸。倒闸时操作人必须戴好安全帽和绝缘手套,操作要准确迅速,一次开闭到底,中途不得停留和发生冲击。

倒闸作业完成后,操作人要立即向电调汇报,并填写"隔离开关倒闸完成报告单";电调要及时发布完成时间和编号,并记入"倒闸操作命令记录",至此倒闸作业方告结束。

注意事项:

严禁带负荷进行隔离开关倒闸作业。

各隔离开关的传动机构必须锁住,钥匙存放固定地点,由专人保管并有标签注明开关号码。

相邻支柱的隔离开关及同一根支柱上有多台隔离开关,其钥匙不得相互通用。

9. 作业区行车防护

在停电的线路上进行接触网检修作业时,除对有关区间、车站办理封锁手续外,还要在作业区两端以及可能来车方向采取设置红闪灯防护。

在有电区间巡视检查时,应在作业组前后分别设置防护人员,一旦发现来车应及时通知作业组避让列车,其防护距离一般设在距作业组 50m 以外。

防护人员在执行单元时,要思想集中、坚守岗位,履行职责,要认真、及时、准确地进行联系和显示各种信号。一旦联系中断,必须立即通知施工负责人,必要时停止作业。

10. 事故抢修

各种事故的抢修,应根据不同事故发生的具体情况采取有针对性的、有效的安全防护措施,在电力调度统一指挥下,迅速设法送电通车。在遇有接触网断线事故时,必须采取防护措施,任何人在装设接地线前不得进入距断线落下地点 10m 范围内。

事故抢修时,虽然事故的设备已经停电,但必须按停电作业的规定办理停电作业命令,经过验电接地后,方准接触故障的设备或进行抢修。在事故抢修中,如与电调的直接通信联系中断时,可设法通过列车调度、区间电话等方式进行联系。当一切电话中断时,在作业前必须采取下列措施做好施工地点的安全防护:

(1)与牵引变电所保持联系,断开有关的断路器和隔离开关。

(2)断开接触网有关隔离开关并加锁,必要时派人看守。

(3)在可能来电的空气间隙和绝缘器处派专人进行防护。

(4)按规定装设接地线。
(5)施工负责人要将事故有关情况,通过各种方式尽快报告给电调。

11. 隔离开关倒闸作业

隔离开关操作倒闸作业必须2人同时进行,一人操作,一人监护。

在申请倒闸命令时,先由操作人向电力调度提出申请,电力调度员审查后,发布倒闸命令;操作人员受令复诵,电力调度员确认无误后,方可给命令编号和批准时间。

每次倒闸作业,发令人要将命令内容等记入"倒闸操作命令记录",受令人要填写"隔离开关倒闸命令票"。

倒闸人员接到倒闸命令后,要迅速进行倒闸。操作时要准确迅速,一次开闭到底,中途不得停留和发生冲击。

倒闸作业完成后,操作人要立即填写"隔离开关倒闸完成报告单";电力调度员要及时发布完成时间和编号,并记入"倒闸操作命令记录",至此倒闸作业方告结束。

隔离开关操作安全要点:
(1)倒闸时操作人员必须戴好安全帽和绝缘手套。
(2)倒闸前确认开关编号,检查开关状态和开关接地装置是否良好。
(3)操作时要迅速果断,合闸终了时用力不可过猛,避免发生冲击;断开隔离开关主闸刀时由慢到快。
(4)当刀片一旦离开固定触点时应迅速操作,以便能迅速消弧。
(5)倒闸后确认各部位技术状态是否良好。
(6)严禁在接地刀闸闭合的情况下强行闭合主刀闸。
(7)严禁带负荷进行隔离开关倒闸作业。
(8)遇有危及人身或设备安全的紧急情况,可以不经电力调度批准,先行操作断开断路器或隔离开关并立即报告电力调度;但再闭合时必须有电力调度员的命令。
(9)严禁雷雨天气在室外进行隔离开关的倒闸作业。

 任务实施

请完成"实训8.3 接触网安全工作知识考核",见本教材配套实训活页。

单元8.4 接触网生产管理制度

 单元导入

"无规矩不成方圆",那么在接触网检修作业过程中,我们要遵守哪些与生产管理有关的制度呢?

为了规范作业标准和日常事务性管理,各个接触网运营管理单位都制定了一系列生产管理制度,以保障正常生产和设备、人身安全。本单元是对接触网相关生产管理制度的学习,通过本单元的学习,能初步熟知接触网相关生产管理制度,做到遵章守纪,为后续单元的执行奠定基础。

学习目标

1. 知识目标

(1) 熟悉城市轨道交通接触网交接班制度。

(2) 熟悉城市轨道交通接触网开、收工制度。

(3) 知道城市轨道交通值班制度。

(4) 理解城市轨道交通接触网工作票和要令、消令制度。

(5) 了解城市轨道交通接触网倒闸操作、作业防护、验电接地、高空作业和巡视检查制度。

2. 能力目标

(1) 能执行城市轨道交通接触网交接班制度。

(2) 能执行城市轨道交通接触网开、收工制度。

(3) 能执行城市轨道交通值班制度。

(4) 能执行城市轨道交通接触网工作票和要令、消令制度。

(5) 能执行城市轨道交通接触网倒闸操作、作业防护、验电接地、高空作业和巡视检查制度。

3. 素质目标

(1) 养成安全运维的职业素养。

(2) 爱岗敬业,能认真学习专业理论知识。

(3) 钻研业务,具有独立思考能力。

基础知识

一、接触网交接班制度

(1) 接触网接班人员必须提前15min到岗。

(2) 交班时间:8:00—19:00。

(3) 接班人员必须精神饱满,无酗酒或病态现象,否则不得接班。

(4) 交班负责人应将当日主要作业及设备遗留问题、待办事项及上级有关指示,向接班负责人一一交代清楚。

(5) 处理事故(故障)期间不得交接班,待事故(故障)处理告一段落,再办理交班手续。

(6) 接班人员应检查值班记录,至少熟悉一个班次的安全生产情况。

(7) 交接班时共同检查工具材料、照明设备、图纸和台账,双方签字确认。

(8) 交班前应搞好清洁卫生,整理好工具、材料。

(9) 接班人员到齐后,交班人员方可下班。

二、接触网开、收工制度

(1) 施工负责人出工前召集作业组员列队宣读工作票,检查作业组成员精神状态,布置工作单元,填写分工单。

(2) 布置安全措施和技术交底,召开作业组安全分析会,对作业中的不安全因素制定针对性的预防措施。

(3) 抽查作业组员的单元明确情况及安全措施掌握情况,未充分领会的单独进行交代。

(4) 检查作业所需工具、材料是否状态良好、准备齐全。不合格料具严禁使用。

(5) 确认设好地线和防护,安全措施完备后,方可开工。

(6) 检修作业结束后,施工负责人检查设备状态,确认不影响送电和行车,方可通知人员、料具撤离。

(7) 确认人员全部撤离,地线拆除,线路出清后,方可消除施工作业命令,结束作业。

(8) 集体作业必须坚持同去同回。

(9) 施工负责人召开收工会,对安全情况及设备进行评议,并负责填写专项检修记录。

(10) 出工和返回途中,人员不得坐车沿、车钩连接处,手脚不得伸出车外。料具放置稳固可靠。

三、接触网值班制度

(1) 接触网值班为 24h 值班,值班员应根据上级命令和当值工班长的安排进行工作。

(2) 不得擅自离开,遇有特殊情况短时离开时,应经当值工班长批准。

(3) 负责工具、材料、台账保管及借还手续,不得丢失和损坏;负责所有通信设备及红闪灯、测距仪、照明工具(工段)的充电。

(4) 值班电话为专用电话,不得以任何形式干扰和占用。

(5) 内容规范、字迹工整地填写值班日志。值班日志要保持清洁、完整。

(6) 接到临时抢修通知,应迅速通知轮值工班长及有关人员,做好出动准备。

(7) 值班人员不得做与工作无关的事。

(8) 记录工作电话及私人电话,并负责传达到相关人员。

(9) 负责回收工作票、施工作业令、倒闸作业令、停电命令票,并整理归档,督促相关人员填写记录。

(10) 接班人员搞好库房清洁卫生及整理工作。

四、接触网工作票制度

工作票是接触网检修作业的书面依据。工作票的填写要字迹清楚、作业地点明确,安全措施完善,不得涂改和用铅笔填写。工作票签发人和施工负责人必须由具有相应资格的人员担当。工作票签发人、施工负责人要共同审票。如有疑问,施工负责人及时向发票人提出,必要时重新填写工作票。确认无误后双方签名。临时抢修时不填写工作票,只填写"临时抢修计划申报单",传真到 OCC 或 DCC。在车场范围内但影响列车出入车场的抢修需报 OCC 确认。简单的地面作业可以不开工作票,由有关负责人向施工负责人布置,说明作业的时间、内容安全措施,并记入值班日志。站名、年、月、日及作业组成员、发票人、施工负责人姓名等不能简写,安全等级以"2、3、4"标注,空格画"/"填满。工作票有效期不得超过 2 个工作日。作业结束后,工作票、分工单、命令票、施工作业令订在一起统一交由工班保管 3 个月。停电范围大于接地线范围,接地线范围大于作业范围。

五、接触网要令消令制度

(1) 施工负责人及小组负责人必须在作业前 15min 到达车站车控室。

(2)在车站车控室登记,填写相应内容,申报轨行区施工命令。

(3)填写施工登记时严禁使用他人工号登录。

(4)向电调申请命令时,应报清部门和本人姓名、作业内容、接地线位置、施工作业令号等。

(5)无命令编号和批准时间、发令人编号的命令无效。

(6)临时抢修或危及人身、设备安全的紧急情况,作业时可不开工作票,但必须有OCC调度员的命令方可作业。

(7)作业结束,在确认人员、机具、材料撤离,设备无妨碍送电和行车的情况下,施工负责人方可向OCC(或车场DCC)消除施工作业命令。

(8)接触网的检修作业不得晚消令。确需延时,应提前30min向OCC(或车场DCC)申报,得到批准后方可延时作业。

六、接触网倒闸操作制度

(1)操作权由电调管辖的开关,倒闸前必须按电调命令填写倒闸作业票,操作人复诵,电调审查无误后,给出命令编号、批准时间、发令人后,方可执行倒闸作业。

(2)操作前确认开关编号和分/合闸位置,刀闸状态良好。

(3)操作人戴好安全帽和绝缘手套,穿好绝缘靴。

(4)操作时站立位置适当,分、合开关力求迅速、准确、平稳,一次开闭到底,中途不得发生停留和冲击。

(5)操作完毕,再次确认开关位置,无误后加锁,向OCC电调汇报。填写隔离开关倒闸作业完成票。

(6)在事故和危及人身安全的紧急情况下,可不经OCC电调批准,先行断开有条件断开的隔离开关,及时向OCC电调汇报,但合闸时必须有OCC电调的命令。

(7)倒闸作业由2人共同完成,一人操作,一人监护。

(8)隔离开关不得带负荷分、合操作。

七、接触网检修作业防护制度

(1)占用股道影响行车或人身安全的作业应设置行车防护人员。

(2)防护人员要坚守岗位,传递信号,信息准确、及时。

(3)严格执行复诵制度,呼唤应答时报全名,不得简化称呼。

(4)施工作业人员必须穿荧光服,并根据作业性质及作业要求使用其他安全防护用品。

(5)接触网停电检修作业,接地线人员负责在该作业地段两端挂接地线,并设置红闪灯防护。

(6)站间线路施工、站内线路施工、跨越站内站间时,由施工负责人或指派的作业组成员在作业区外两端轨道上设置红闪灯防护,并知会相关车站。

(7)防护人员及红闪灯的设置不得影响邻线行车。

八、接触网验电接地线制度

(1)工前检查验电器及地线状态,要求连接可靠,音响正常。

(2)验电接地线人员接到验电接地命令后,应按照工作票注明的验电接地位置,先验电后接地。

(3)验电时使用 DC1500V 的验电器。

(4)接地线截面积为不小于 70mm² 的裸铜软绞线,并不得有断股和接头,各部件螺栓紧固无松动。

(5)地线应接在作业区两端以及与作业区相联通的所有来电导线上。

(6)接地线及验电器装设时,先将接地端(钢轨端)接好,再将另一端挂在导线上。

(7)拆除地线的程序与接地线时相反。

(8)现场验电时再次试验音响。

(9)验明需要检修的设备已停电,立即接地线。

(10)地线装设应牢固可靠、接触良好。

(11)验电接地线由两人共同完成,一人操作,一人监护。

(12)验电接地人员按规定穿戴好劳保用品。

九、接触网高空作业制度

(1)作业人员按规定穿戴好劳保用品。

(2)高空作业扎好安全带,不得扎在将要卸载的线索或梯车框架上。

(3)作业人员避开线索跑脱方向。

(4)使用专门工具传递料具,严禁高空抛掷传递。

(5)高空作业必须设专人监护。

(6)双线路区段作业,必须封锁邻线并要求邻线停电。

(7)梯车移动时必须上下呼唤应答、复诵。

(8)梯车推行速度不得超过 5km/h,推扶梯车人员听从台上作业人员指挥。曲线及坡道作业时采取可靠的防滑倾措施。

(9)登高作业中,选好攀登方向,手把牢靠,脚踩稳准。

(10)线索带张力作业时,必须打好防滑线夹。

(11)作业车行进、转动、升降中,严禁人员上下作业台。

(12)长大笨重料具必须平吊,不得肩扛上下。

十、接触网巡视检查制度

(1)梯车巡视每 2 个月一次,乘车巡视每月一次,检测车检测每 3 月一次。

(2)步行巡视不少于 2 人,其中 1 人必须为施工负责人。

(3)巡视人员穿荧光衣、戴安全帽,带红闪灯、个人工具、无线群呼、记录用具。

(4)步行巡视中不得攀登各类支架,不得触及带电导体。

(5)重大缺陷立即上报电调、生产调度,通知工班准备抢修。地面部分的问题采取措施立即处理,其他问题做好记录。

(6)巡视人员按施工作业令范围进行,不得超越巡视范围。

(7)按下发的巡视重点逐项进行,以脱落、烧伤、电地距离、卡滞、偏磨、打碰弓为主。

任务实施

请完成"实训 8.4 接触网生产管理制度认知",见本教材配套实训活页。

附录1 轨道交通接触网系统相关名词定义

(1) 承力索:是电气化铁路悬挂接触导线的配套产品,主要通过吊弦将接触线悬挂起来;另外,还可承载一定电流来减小牵引网阻抗,降低电压损耗和能耗。

(2) 接触线:与列车受电弓直接接触并起传导电流作用的铜合金导线。

(3) 吊弦:接触网中位于承力索与接触线之间,用来悬挂接触线并可调节长度以控制接触线高度。

(4) 线岔:在道岔处,连接并固定两条汇交接触线的装置。

(5) 定位器:用来固定接触线的位置,使接触线在受电弓滑板工作范围内的装置。

(6) 支持装置:用来悬挂电气化铁路接触网承力索和接触线的装置。

(7) 架空地线:在接触网接地系统中,为减少对钢轨的连接,作为接地回来一部分而专门设置的架空导线。

(8) 电连接:把接触网中不同带电设施之间连通的电流导通的设施。

(9) 电分段:在纵向或横向将接触网从电气连接上互相分开的装置。

(10) 分段绝缘器:用以实现电气分段的专用绝缘装置。

(11) 锚段关节:实现锚段之间平稳过渡的设施,可分为非绝缘锚段关节和绝缘锚段关节。

(12) 柔性中心锚结:在柔性接触网区段里,用来防止承力索、接触线窜动的装置。

(13) 隔离开关:在接触网无负荷情况下用来切断或闭合供电回路的电气设备。

(14) 避雷器:一种能释放过电压能量,限制过电压幅值的保护设施。

(15) 限界门:为了保证车辆、行人及货物的安全,避免发生触电事故,在电气化铁路区段道口设置的限高标志,用于限制货物、车辆和行人携带杆件等通过道口的高度。

(16) 汇流排及附件:在刚性接触网中用于夹持、固定接触线,承载和传输电能的铝排装置,附件包括中间接头、终端。

(17) 均流线:用于连接上、下行牵引轨,平衡上、下行电流,减少杂散电流的电缆线。

(18) 回流线:连接牵引轨与变电所供牵引回路电流流回变电所的输电导线。

(19) 刚性中心锚结:在刚性接触网区段里,用来防止汇流排窜动的装置。

(20) 牵引轨:承载并传输牵引回路电流的钢轨。

(21) 刚柔过渡:接触网由刚性悬挂形式过渡到柔性悬挂形式的转换装置。

附录2　教材思政案例设计

本教材全面落实课程思政要求,进行思政元素挖掘及教学案例设计,配有思政案例电子版资源包,便于教师根据教学实际进行案例的选取、挖掘和拓展,任课教师可联系出版社获取,具体思政案例设计见下表。

教学模块	思政元素	思政案例
模块一　供电系统概述	责任保安全、创新精神、民族自信、大国工匠	轨道交通宣传片"轨行千里,道达万家" 中国企业参与起草轨道交通直流牵引供电系统国际标准 节能型轨道交通牵引供电系统宣传片
模块二　接触网相关基础理论	责任意识、奉献精神、创新精神、民族自信、大国工匠	站在巨人肩上的中国轨道交通 郑州地铁首邀乘客探秘地铁供电"心脏" 带您走进青岛地铁供电的世界!
模块三　接触网结构	制度优势、团队合作精神、创新精神、大国工匠	新华网报道:地铁接触网技术取得新突破 优酷视频:地铁接触网无轨条件下施工技术
模块四　接触网专业识图	技术保安全、精细作业、职业规划、优质服务、大国工匠	我如何从高职生成长为地铁高级工程师——帮你提高作业效率的最佳捷径:精准识读接触网专业图纸
模块五　接触网常用工、器具及仪表	技术保安全、精细检修、团队合作精神、奉献精神、大国工匠	国家发改委原副主任张国宝:地铁接触网工器具的国产化之路 从细节做起,用标准规范过程——宝鸡保德利电气设备有限责任公司的发展历程
模块六　接触网零部件安装	技术保安全、精细检修、团队合作精神、奉献精神、大国工匠	那个淳朴的接触网工人——记中国中铁电气化局集团一公司高级技师巨晓林 反面警示:南京地铁"3.23"弓网事故分析
模块七　接触网设备维护与检修	技术保安全、精细检修、团队合作精神、奉献精神、大国工匠	人民网:"蜘蛛侠"地铁接触网工的飞天梦 反面警示:上海地铁1号线突发接触网跳闸
模块八　接触网设备的维护与检修管理制度	责任保安全、制度优势、安全态度、团队合作精神、大国工匠	人民网:新春走基层,访谈夜班作业的地铁接触网工 搜狐新闻:战高温·体验记:地铁接触网检修工的"地下"工作 反面警示:广州地铁1号线接触断线事故

参 考 文 献

[1] 中华人民共和国建设部.城市公共交通分类标准:CJJ/T 114—2007[S].北京:中国建筑工业出版社,2007.
[2] 唐志平.供配电技术[M].北京:电子工业出版社,2009.
[3] 张灵芝.接触网设备检修与维护[M].2版.成都:西南交大出版社,2018.
[4] 中华人民共和国住房和城乡建设部.城市轨道交通架空接触网技术标准:CJJ/T 288—2018[S].北京:中国建筑工业出版社,2018.
[5] 南京地铁集团有限公司.城市轨道交通接触网维护职业技能等级标准[EB/OL].(2021-3-31). https://pvc-e7031f9b-6522-11e9-883f-fa163e9e2c22.obs.cn-north-1.myhuaweicloud.com/prod%2Fimage%2F2021-03-31%2Ff32a16c85c104b028164156f19592877.pdf.

《城市轨道交通接触网维护与检修》配套实训活页

实训1.1 城市轨道交通牵引供电系统认知

学　　院		专　　业		学生互评成绩（占50%）	
姓　　名		学　　号		教师评价成绩（占50%）	
组长姓名		小组序号		总成绩	

一、任务提出

请同学们自行收集资料，查找我国有哪些城市目前建设有轨道交通（至少5个城市），列举出每个城市的轨道交通的具体情况。

二、素质要求

城市轨道交通对现代人们生活的影响深远，其中城市轨道交通牵引供电系统是其正常运行的"大动脉"。作为城市轨道交通专业学生，需要从现在开始培养爱岗敬业、无私奉献、敢于牺牲个人利益的职业素养和钻研技术的工匠精神，一起为维护城市轨道交通牵引供电系统的正常运营而努力吧！

三、任务要求

通过杂志、网络或者其他途径查找相关资料，并将查询到的资料做成PPT。

四、知识回顾

1. 填空题

（1）城市轨道交通供电系统由电源系统、＿＿＿＿＿＿、动力照明供电系统和电力监控系统组成。

（2）牵引供电系统包括＿＿＿＿＿＿和＿＿＿＿＿＿两部分。

（3）＿＿＿＿＿＿是牵引供电系统的核心。

（4）＿＿＿＿＿＿利用列车走行轨作为牵引电流回流的电路。

（5）由＿＿＿＿＿＿、＿＿＿＿＿＿、＿＿＿＿＿＿及回流线组成的供电网络称为牵引网。

（6）"五遥"是电力系统中对调度自动化＿＿＿＿＿＿、＿＿＿＿＿＿、＿＿＿＿＿＿、遥调和遥视的简称。

2. 简答题

（1）简述城市轨道交通牵引供电系统组成和各部分功能。

（2）画出两种地铁外部电源引入供电方式示意图。

（3）简述城市轨道交通供电系统对电源的基本要求。

五、任务实施

（1）学生分组并编号，各组进行人员分工安排，收集相关资料。
（2）各小组派代表将收集好的资料做成PPT进行展示。
（3）各小组根据PPT展示情况进行评比，并逐项打分。
（4）各小组进行自评考核，并按照考核成绩进行排序。

六、任务评价

（1）每个小组代表一一叙述后，自己小组选派代表说出不足之处。
（2）其他小组成员根据评分表进行打分，再派代表说出叙述人员的不足之处。
（3）教师进行总体点评。
（4）每名学生写出在整个实训过程中自身或他人存在的问题或感悟，以便进一步提高。

评 分 表

序号	考核内容	分值	学生互评	教师点评	存在的问题或感悟
1	PPT美观，内容翔实，表述清楚	20			
2	能写出5个以上有轨道交通的城市并说明其牵引供电系统的具体情况	20			
3	能说出所列城市的轨道交通总线路长度	20			
4	能说出所列城市的轨道交通的接触网类型	20			
5	能说出所列城市的轨道交通牵引供电系统的其他情况	20			

七、学习反思

通过本单元的学习，请对自己在课堂及实训过程中的表现进行反思及评价。

自我反思：＿＿

自我评价：＿＿

实训1.2 城市轨道交通牵引变电所认知

学　　院		专　　业		学生互评成绩（占50%）	
姓　　名		学　　号		教师评价成绩（占50%）	
组长姓名		小组序号		总成绩	

一、任务提出

请结合书中所学内容，初步了解牵引变电所内的各部分，并说出各部分的主要作用。

二、素质要求

牵引变电所是城市轨道交通的"心脏"，承担着变换电压等级、分配电能和输送电能等多种功能，同时整个牵引供电系统的运行保护装置也大多设置在牵引变电所中，因此，牵引变电所工作人员的责任重大，上班时需注意力高度集中，认真做好规定的每项任务，才能确保持续不断地向城市轨道交通系统提供稳定的电能。

三、任务要求

分小组并编号，在笔记本上记录好本组收集的相关资料。各小组讨论后画出牵引变电所内各部分的连接示意图。

四、知识回顾

1. 填空题

（1）_____从城市轨道交通供电系统中的主变电所获得电能，经过降压、整流后变成车辆所需要的直流电。

（2）_____电缆将地方_____变电所的电能引入。

（3）直流馈线断路器本体设大电流脱扣保护（直流母线短路保护），又叫_____保护。

（4）_____是利用馈线电流的变化，区分短路电流和列车启动电流，使馈线开关在线路发生最小短路电流时跳闸，而列车启动时保护不动作。

（5）一般情况下电流变化率主要针对中远距离的_____故障，电流增量主要针对中近距离的_____故障。

（6）定时限过电流保护，作为电流速断保护和直流短路电流变化率及增量保护的_____保护。

（7）接触网导线热过负荷保护主要根据接触网的_____、电阻率修正系数、长度、横截面积、电流计算出接触网的发热量。

（8）如果重合闸的次数超过预定次数（1~3次），合闸仍不成功，则认为是_____。

（9）直流速断保护由直流快速断路器本身自带的电流脱扣装置实现，其整定值应躲过_____运行时馈线可能出现的最大电流。

（10）框架泄漏电压元件保护分为框架泄漏电压报警和_____两种情况。

2. 简答题

（1）简述直流短路电流变化率及增量保护。

（2）城市轨道交通牵引变电所具体可分为哪四类？

五、任务实施

（1）学生分组并编号，各小组分别制定小组目标和任务安排。

（2）各小组展示本组所画的牵引变电所内的各部分的连接示意图，并各派一名代表对示意图进行解说。

（3）各小组对展示的图纸进行班级评价考核，学习完成后，各小组进行组内自评考核，并按照考核成绩进行排序。

六、任务评价

（1）每个小组代表一一叙述后，自己小组选派代表说出不足之处。

（2）其他小组成员根据评分表进行打分，再派代表说出叙述人员的不足之处。

（3）教师进行总体点评。

（4）每名学生写出在整个实训过程中自身或他人存在的问题或感悟，以便进一步的提高。

评 分 表

序号	考核内容	分值	学生互评	教师点评	存在的问题或感悟
1	着装得体，语言表述清楚，说话自信大方，声音洪亮	20			
2	所画示意图内容明确、条理清晰	20			
3	能描述出各部分的基本作用	20			
4	能描述出各部分之间的关联	20			
5	能大致描述出整个牵引变电所内的各个部分的连接示意图的运行过程	20			

七、学习反思

通过本单元的学习，请对自己在课堂及实训过程中的表现进行反思及评价。

自我反思：_____

自我评价：_____

实训1.3 供电系统各接口专业认知

学　　院		专　　业		学生互评成绩（占50%）	
姓　　名		学　　号		教师评价成绩（占50%）	
组长姓名		小组序号		总成绩	

一、任务提出

请结合书中所学内容，初步了解牵引供电系统相关接口专业，并针对其中一个专业查找相关资料。

二、素质要求

城市轨道交通系统是个完整的运营系统，整个系统里由多个不同的接口专业组成，每个专业都很重要，缺一不可，所以不管从事哪个专业的岗位，都要严格遵守作业流程和规章制度，齐心协力，共同维护城市轨道交通系统的安全运营。

三、任务要求

学生分小组并编号，在笔记本上记录好本组关于任务项目收集的相关资料。各小组讨论所查找专业与牵引供电系统间的相互关系。

四、知识回顾

1. 填空题

（1）_____是城市轨道列车运行的道路设施，是城市轨道交通系统的基本组成部分。

（2）城市轨道交通正线是供列车运行的线路，大多数线路为_____。

（3）传统轨道结构由_____、_____、_____、_____、_____等组成。

（4）_____是一种使机车车辆从一股道转入另一股道的线路连接设备，也是轨道的薄弱环节之一，通常在车站、编组站大量铺设。

（5）_____是保证行车安全的设备，是指示列车及调车作业的命令，行车有关人员必须熟知信号的显示方式。

（6）在直流牵引系统中，由于操作电流和短路电流的存在，可能会引起回流回路和大地间产生超过安全许可的_____。

（7）当发生超出安全许可的接触电压时，此钢轨电位限制装置就将钢轨与大地快速短接，自动进行_____保护，从而保证人员和设施的安全。

（8）接触网检修作业人员注意事项：在车辆段接触网进行停电检修作业前，必须先联系电力调度合上_____后，方可进行作业。

(9) 城市轨道交通直流牵引回流系统各部分相辅相成，共同构成了_____，以保证牵引电流常规情况和故障情况下都能顺利回流到电源负极。

2. 简答题

(1) 简述城市轨道交通系统中除牵引供电系统外还有哪些相关专业。

(2) 请简述折返线形式。

(3) 有人说城市轨道交通系统中乘务专业的工作最重要，你认为是这样吗？

五、任务实施

(1) 学生分组并编号，各小组分别制定小组目标和任务安排。

(2) 各小组展示本组所查找专业与牵引供电系统间的相互关系，并派一名小组代表进行解说。

(3) 各小组对专业资料展示情况进行班级评价考核，学习完成后，各小组进行组内自评考核，并按照考核成绩进行排序。

六、任务评价

(1) 每个小组代表一一叙述后，自己小组选派代表说出不足之处。

(2) 其他小组成员根据评分表进行打分，再派代表说出叙述人员的不足之处。

(3) 教师进行总体点评。

(4) 每名学生写出在整个实训过程中自身或他人存在的问题或感悟，以便进一步提高。

评 分 表

序号	考核内容	分值	学生互评	教师点评	存在的问题或感悟
1	着装得体，语言表述清楚，说话自信大方，声音洪亮	50			
2	所查找专业与牵引供电系统间的相互关系内容明确、条理清晰	50			

七、学习反思

通过本单元的学习，请对自己在课堂及实训过程中的表现进行反思及评价。

自我反思：_____

自我评价：_____

实训1.4 城市轨道交通接触网认知

学　　院		专　　业		学生互评成绩（占50%）	
姓　　名		学　　号		教师评价成绩（占50%）	
组长姓名		小组序号		总成绩	

一、任务提出

请结合书中所学内容，初步了解城市轨道交通接触网系统，并针对其中一种接触网类型查找其具体结构特点、运用情况等资料。

二、素质要求

接触网担负着把从牵引变电所获得的电能直接输送给城市轨道交通列车使用的重要单元，因此，接触网的质量和工作状态直接影响着城市轨道交通列车的运行状态。接触网检修人员应具备相应的职业素养，爱岗敬业，有责任心，为城市轨道交通供电系统的正常运营提供技术支持。

三、任务要求

学生分小组并编号，在笔记本上记录好本组收集的相关资料。各小组讨论所查找城市轨道交通接触网的各自特点。

四、知识回顾

1. 填空题

（1）_____是沿铁路线上空架设的向城市轨道交通列车供电的特殊形式的输电线路。

（2）为便于检修和缩小事故范围，将接触网分成若干段称为_____。

（3）_____是从牵引变电所向接触网输送牵引电能的导线。

（4）我国城市轨道交通接触网电压分为DC750V和DC_____V两个等级。

（5）我国城市轨道交通接触网分为接触轨（第三轨）、架空柔性接触网、_____三种方式。

（6）_____的优点是电动车辆受电靴与第三轨接触面较大且对其磨损极小，故维护简单。

（7）_____地铁率先采用了DC1500V架空线式接触网。

（8）架空柔性接触网由_____、_____、_____、_____及附加导线等部分组成。

(9) 刚性接触网由_____、_____、_____、_____及架空地线等部分组成。

(10) 接触网设备及零件有足够的_____性（尤其是接触线）和抗腐蚀能力。

2. 简答题

(1) 请比较架空刚性接触网与架空柔性接触网。

(2) 为什么国内铁路大多采用架空柔性接触网，地铁目前较多采用架空刚性接触网？

五、任务实施

(1) 学生分组并编号，各小组分别制定小组目标和任务安排。

(2) 各小组展示本组所查找的某一种城市轨道交通接触网类型的特点，并派一名代表进行解说。

(3) 各小组对专业资料展示情况进行班级评价考核，学习完成后，各小组进行组内自评考核，并按照考核成绩进行排序。

六、任务评价

(1) 每个小组代表一一叙述后，自己小组选派代表说出不足之处。

(2) 其他小组成员根据评分表进行打分，再派代表说出叙述人员的不足之处。

(3) 教师进行总体点评。

(4) 每名学生写出在整个实训过程中自身或他人存在的问题或感悟，以便进一步提高。

评 分 表

序号	考核内容	分值	学生互评	教师点评	存在的问题或感悟
1	着装得体，语言表述清楚，说话自信大方，声音洪亮	50			
2	所查找某一种城市轨道交通接触网类型的特点，内容明确、条理清晰	50			

七、学习反思

通过本单元的学习，请对自己在课堂及实训过程中的表现进行反思及评价。

自我反思：_____

自我评价：_____

实训1.5　城市轨道交通接触网工程案例分析

学　　院		专　　业		学生互评成绩（占50%）	
姓　　名		学　　号		教师评价成绩（占50%）	
组长姓名		小组序号		总成绩	

一、任务提出

对应书中案例介绍情况，自行选择查找国内某一城市轨道交通接触网工程相关资料。

二、素质要求

掌握接触网施工的基本概况，是后续的技能学习的认知基础。学生学习过程中，需要熟知施工案例中的各项安全措施。通过实例，切实养成安全施工意识，掌握施工安全设备的使用技能，完成各项施工安全措施。

三、任务要求

学生分小组并编号，在笔记本上记录好本组收集的相关资料。各小组讨论所查找的国内某一城市轨道交通接触网工程特点。

四、知识回顾

1. 填空题

（1）某市轨道交通1号线为贯通该市轨道交通网南北向的核心线路，与形成线网的_____，是该市轨道交通线网中的重要线路之一。

（2）某市轨道交通设计列车行车最高速度为80km/h，初、近、远期均采用B型车六辆编组，采用_____接触网供电。

（3）某市轨道交通1、2号线一期接触网工程采用了_____+地面段架空柔性接触网的形式。

（4）某市轨道交通工程按区段分为隧道段、_____、地面段（车辆段）三部分。

（5）某市轨道交通隧道段的正线、渡线、折返线、联络线、区间停车线采用架空Π形刚性悬挂，出入段线、地面高架段和试车线接触网采用_____，车场线接触网采用全补偿简单悬挂。

（6）某市轨道交通中出入段线（高架段）及试车线采用带补偿链行接触网，其余车场线采用_____。

（7）架空柔性接触网线材（承力索、接触线、架空地线）额定张力为_____。

（8）接触网额定电压直流为1500V，允许波动范围为_____。

（9）接触网定位设计：线路隧道内刚性定位跨距为_____，接触网拉出值直线±250mm，曲线不大于±300mm。

(10) 线路标准轨距为1435mm；正线、车辆段试车线、出入段线采用钢轨类型为_____，车场线采用钢轨类型为50kg/m。

2. 简答题

（1）为什么城市轨道交通接触网正常供电方式为双边供电方式，而车辆段一般采用单边供电的方式？

（2）你觉得目前国内和国外城市轨道交通的发展趋势是什么呢？

五、任务实施

（1）学生分组并编号，各小组分别制定小组目标和任务安排。

（2）各小组展示本组所查找国内某一城市轨道交通接触网工程情况，并派一名小组代表进行解说。

（3）各小组对专业资料展示情况进行班级评价考核，学习完成后，各小组进行组内自评考核，并按照考核成绩进行排序。

六、任务评价

（1）每个小组代表一一叙述后，自己小组选派代表说出不足之处。

（2）其他小组成员根据评分表进行打分，再派代表说出叙述人员的不足之处。

（3）教师进行总体点评。

（4）每名学生写出在整个实训过程中自身或他人存在的问题或感悟，以便进一步提高。

评 分 表

序号	考 核 内 容	分值	学生互评	教师点评	存在的问题或感悟
1	着装得体，语言表述清楚，说话自信大方，声音洪亮	50			
2	所查找国内某城市轨道交通接触网工程情况真实，内容明确、条理清晰	50			

七、学习反思

通过本单元的学习，请对自己在课堂及实训过程中的表现进行反思及评价。

自我反思：_____

自我评价：_____

实训 2.1　电工基础知识考核

学　　院		专　　业		学生互评成绩（占50%）	
姓　　名		学　　号		教师评价成绩（占50%）	
组长姓名		小组序号		总成绩	

一、任务提出

请结合书中所述的电工基础理论，应用于城市轨道交通接触网系统分析，并针对城市轨道交通接触网典型电路运行过程进行分析，查找一个接触网电路运行过程或故障现象等相关资料。

二、素质要求

接触网相关理论涉及电工、机械和力学等方面的基础知识。学生在学习的同时，需切实提高职业素养，培养刻苦钻研的工匠精神。

三、任务要求

学生分小组并编号，在笔记本上记录好本组关于任务项目收集的相关资料。各小组讨论所查找的接触网电路运行过程或故障现象。

四、知识回顾

1. 填空题

（1）两个带电体并没有直接接触，却有相互作用力，是因为带电体周围存在着一种特殊物质，叫作＿＿＿＿＿＿。

（2）电场是物质存在的一种形式，其相互作用力叫＿＿＿＿＿＿。

（3）单位正电荷（1库）在电场中某点所受到的＿＿＿＿＿＿称为该点的电场力。

（4）电场强度的符号是＿＿＿＿＿＿。

（5）容易导电的物质叫＿＿＿＿＿＿。不易导电的物质叫＿＿＿＿＿＿。导电能力介于导体和绝缘体之间的物质叫＿＿＿＿＿＿。

（6）电流即＿＿＿＿＿＿有规律的定向移动。

（7）规定＿＿＿＿＿＿运动的方向为电流方向。

（8）通过导体某一截面的电荷量（电量）的多少叫电流强度（简称电流），用符号 I 表示，Q 表示通过某一截面的电量，t 表示通过电量 Q 所用的时间，则＿＿＿＿＿＿。电压是指电路中 a、b 之间的＿＿＿＿＿＿（简称＿＿＿＿＿＿），其大小等于单位正电荷因受电场力作用从 a 点移动到 b 点所做的＿＿＿＿＿＿。

（9）电压是衡量单位电荷在静电场中由于＿＿＿＿＿＿所产生的能量差的物理量。

2. 选择题

（1）电压是指电路中 a、b 之间的（　　），其大小等于单位正电荷因受电场力作用从 a 点移动到 b 点所做的（　　）。

  A. 电压，功   B. 电位差，力
  C. 电位差，距离   D. 力，距离

（2）在电路中任选一个（　　），则电路中某一点到它的电压就叫这一点的电位。即电场力将单位正电荷从某点移到它所做的功叫该点的电位。

  A. 高度   B. 距离
  C. 点   D. 大小

（3）参考点是（　　）的，电位随参考点变化而变化，一般把参考点叫零电位点。

  A. 任意   B. 固定
  C. 指定   D. 既定

（4）当一个电容器的（　　）不够时，需将几个电容器串联使用。

  A. 大小   B. 宽度
  C. 容量   D. 耐压

（5）当一个电容器的（　　）不够时，需将几个电容器并联使用。

  A. 耐压   B. 容量
  C. 大小   D. 介质

（6）在电阻电路中，电流的大小与电阻两端的电阻成（　　），与电阻值成（　　），这就是欧姆定律。

  A. 正比，反比   B. 反比，正比
  C. 相同，相同   D. 不同，相同

（7）回路中电动势（电位升）的（　　）等于电阻上电压降（电位降）的（　　）。

  A. 差，和   B. 和，和
  C. 和，差   D. 差，差

（8）电源的功率等于电源的电动势和电流的（　　），负载功率等于负载两端的电压和通过负载的电流的（　　）。

  A. 积，和   B. 和，积
  C. 积，积   D. 积，差

3. 简答题

接触网是一条特殊的供电线路，它特殊在哪里呢？

五、任务实施

（1）学生分组并编号，各小组分别制定小组目标和任务安排。

（2）各小组展示本组所查找的接触网电路运行过程或故障现象，并派一名小组代表进行解说。

（3）各小组对专业资料展示情况进行班级评价考核，学习完成后，各小组进行组内自评考核，并按照考核成绩进行排序。

六、任务评价

（1）每个小组代表一一叙述后，自己小组选派代表说出不足之处。

（2）其他小组成员根据评分表进行打分，再派代表说出叙述人员的不足之处。

（3）教师进行总体点评。

（4）每名学生写出在整个实训过程中自身或他人存在的问题或感悟，以便进一步提高。

评 分 表

序号	考核内容	分值	学生互评	教师点评	存在的问题或感悟
1	着装得体，语言表述清楚，说话自信大方，声音洪亮	50			
2	所查找接触网电路运行过程或故障现象典型、分析时条理清晰	50			

七、学习反思

通过本单元的学习，请对自己在课堂及实训过程中的表现进行反思及评价。

自我反思：_____

_____

_____

_____

_____

自我评价：_____

_____

_____

_____

_____

实训2.2　机械和力学基础知识考核

学　　院		专　　业		学生互评成绩（占50%）	
姓　　名		学　　号		教师评价成绩（占50%）	
组长姓名		小组序号		总成绩	

一、任务提出

请结合书中所学内容，对城市轨道交通接触网涉及的机械传动和力学相关理论进行初步的了解，每组查找一个城市轨道交通接触网典型机械传动和力学应用案例并进行分析。

二、素质要求

接触网是一门融合机、电的综合学科。学生在学习过程中既要学会电路分析，也要掌握运行过程中的受力状态分析，才能真正满足接触网工岗位职业素养需求。

三、任务要求

学生分小组并编号，在笔记本上记录好本组收集的相关资料。各小组讨论所查找的城市轨道交通接触网典型机械传动和力学应用案例。

四、知识回顾

1. 填空题

（1）机械传动的作用为＿＿＿＿＿＿。

（2）由于链传动属于带有中间挠性件的啮合传动，所以可获得准确的＿＿＿＿＿＿。

（3）蜗杆传动机构由＿＿＿＿＿＿和＿＿＿＿＿＿组成。

（4）蜗杆传动的特点为＿＿＿＿＿＿、＿＿＿＿＿＿、＿＿＿＿＿＿。

2. 选择题

（1）常用机械传动系统的类型（　　）。

　　A. 带传动、链传动、蜗轮蜗杆　　　B. 带传动、链传动、齿轮传动、蜗轮蜗杆

　　C. 带传动、链传动、齿轮传动　　　D. 带传动、链传动、齿轮传动、机械

（2）力的三要素包括（　　）。

　　A. 大小、方向、距离　　　　　　　B. 方向、距离、作用点

　　C. 作用点、方向、大小　　　　　　D. 大小、作用点、时间

（3）平面力偶系的平衡条件是：力偶系中所有力偶矩的代数和等于（　　）。

　　A. 1　　　　　B. 0　　　　　C. 1.5　　　　　D. 2

（4）胡克定律公式表示应力未超过一定限度时，（　　）。

　　A. 应力与应变成正比　　　　　　　B. 应力与应变成反比

　　C. 应力与应变无关　　　　　　　　D. 以上说法都不正确

(5) 所谓（　　），是指构件在外力作用下抵抗破坏的能力。
　　A. 强度　　　　B. 应力　　　　C. 内力　　　　D. 剪应力
3. 简答题
为什么说城市轨道交通接触网是机、电并重的专业？

五、任务实施
（1）学生分组并编号，各小组分别制定小组目标和任务安排。
（2）各小组展示本组所查找的城市轨道交通接触网典型机械传动和力学应用案例，并派一名小组代表进行解说。
（3）各小组对专业资料展示情况进行班级评价考核，学习完成后，各小组进行组内自评考核，并按照考核成绩进行排序。

六、任务评价
（1）每个小组代表一一叙述后，自己小组选派代表说出不足之处。
（2）其他小组根据评分表进行打分，再派代表说出叙述人员的不足之处。
（3）教师进行总体点评。
（4）每名学生写出在整个实训过程中自身或他人存在的问题或感悟，以便进一步提高。

评 分 表

序号	考核内容	分值	学生互评	教师点评	存在的问题或感悟
1	着装得体，语言表述清楚，说话自信大方，声音洪亮	50			
2	所查找一个城市轨道交通接触网典型机械传动和力学应用案例内容明确、分析条理清晰	50			

七、学习反思
通过本单元的学习，请对自己在课堂及实训过程中的表现进行反思及评价。
自我反思：_____

自我评价：_____

实训 3.1　架空柔性接触网的结构认知

学　院		专　业		学生互评成绩（占50%）	
姓　名		学　号		教师评价成绩（占50%）	
组长姓名		小组序号		总成绩	

一、任务提出

请结合书中所述内容，对架空柔性接触网进行深入了解，并针对其结构和性能特点进行分析。

二、素质要求

架空柔性接触网设备结构的作用和特点，是架空柔性接触网维护与检修作业的理论基础。架空柔性接触网设备结构是接触网检修岗位的必备理论知识。通过学习，培养相关工作人员精益求精的工匠精神。

三、任务要求

学生分小组并编号，在笔记本上记录好本组收集的相关资料。各小组讨论查找架空柔性接触网的典型结构和优缺点。

四、知识回顾

1. 填空题

（1）_____和_____承受着接触悬挂和支持装置所传递的全部负荷（包括自重），并将接触悬挂固定在规定的位置和高度上，保证其稳定性。

（2）在城市轨道交通中，通常支柱采用_____支柱。

（3）接触网支柱的_____是指支柱靠线路一侧至线路中心线的距离。支柱侧面限界任何时候都不得小于_____ mm。

（4）我国接触网中采用预应力钢筋混凝土支柱和_____柱。

（5）电力机车运行中其受电弓滑板直接与_____摩擦，并与它接触获得电能。

（6）一般中间站和区间的接触线最低高度不小于_____ mm。

（7）定位器将接触线固定在正确的位置上叫作定位，定位器定位线夹与接触线固定处叫定位点。定位点至受电弓中心运行轨迹的水平距离，在直线区段叫作_____，在曲线区段叫作_____。

2. 简答题

架空柔性接触网为什么要设承力索?

五、任务实施

（1）学生分组并编号，各小组分别制定小组目标和任务安排。

（2）各小组展示本组所查找的架空柔性接触网的典型结构和优缺点，并派一名小组代表进行解说。

（3）各小组对专业资料展示情况进行班级评价考核，学习完成后，各小组进行组内自评考核，并按照考核成绩进行排序。

六、任务评价

（1）每个小组代表一一叙述后，自己小组选派代表说出不足之处。

（2）其他小组根据评分表进行打分，再派代表说出叙述人员的不足之处。

（3）教师进行总体点评。

（4）每名学生写出在整个实训过程中自身或他人存在的问题或感悟，以便进一步提高。

评 分 表

序号	考核内容	分值	学生互评	教师点评	存在的问题或感悟
1	着装得体，语言表述清楚，说话自信大方，声音洪亮	20			
2	查找的架空柔性接触网结构齐全，条理清晰	50			
3	查找的架空柔性接触网的优缺点，内容明确、条理清晰	30			

七、学习反思

通过本单元的学习，请对自己在课堂及实训过程中的表现进行反思及评价。

自我反思：_____

自我评价：_____

实训3.2 架空刚性接触网的结构认知

学　院		专　业		学生互评成绩（占50%）	
姓　名		学　号		教师评价成绩（占50%）	
组长姓名		小组序号		总成绩	

一、任务提出

请结合书中所述内容，对架空刚性接触网进行深入了解，并针对其结构和性能特点进行分析。

二、素质要求

刚性接触网设备结构的作用和特点，是刚性接触网维护与检修作业的理论基础。刚性接触网设备结构是接触网检修岗位的必备理论知识。通过学习，培养相关工作人员精益求精的工匠精神。

三、任务要求

学生分小组并编号，在笔记本上记录好本组收集的相关资料。各小组讨论查找架空刚性接触网的典型结构和优缺点，分析典型参数对接触网运营的实际影响。

四、知识回顾

1. 填空题

（1）架空刚性接触网的_____主要用于刚性悬挂接触网汇流排的曲线地段。

（2）某地铁1号线的接触悬挂车辆段采用_____接触网，正线隧道内主要采用_____接触网。

（3）刚性接触悬挂主要由_____、_____、_____、中心锚结等部分组成。

（4）城市轨道交通接触网汇流排主要采用_____，用于对接触线进行固定，同时保证在线岔、刚柔过渡及关节处受电弓的平滑过渡。

2. 简答题

架空刚性接触网相对于柔性接触网更稳定，但对运行中的受电弓来说是否更能适合高速运行呢？

五、任务实施

（1）学生分组并编号，各小组分别制定小组目标和任务安排。

（2）各小组展示本组所查找架空刚性接触网的典型结构和优缺点，分析典型参数对接触网运营的实际影响，并派一名小组代表进行解说。

（3）各小组对专业资料展示情况进行班级评价考核，学习完成后，各小组进行组内自评考核，并按照考核成绩进行排序。

六、任务评价

（1）每个小组代表——叙述后，自己小组选派代表说出不足之处。

（2）其他小组根据评分表进行打分，再派代表说出叙述人员的不足之处。

（3）教师进行总体点评。

（4）每名学生写出在整个实训过程中自身或他人存在的问题或感悟，以便进一步的提高。

评 分 表

序号	考核内容	分值	学生互评	教师点评	存在的问题或感悟
1	着装得体，语言表述清楚，说话自信大方，声音洪亮	20			
2	查找的架空刚性接触网结构齐全，条理清晰	20			
3	查找的架空刚性接触网的优缺点，内容明确、条理清晰	30			
4	举例分析典型参数对接触网运营的实际影响，内容明确、条理清晰	30			

七、学习反思

通过本单元的学习，请对自己在课堂及实训过程中的表现进行反思及评价。

自我反思：_____

自我评价：_____

实训3.3 接触轨式接触网的结构认知

学　院		专　业		学生互评成绩（占50%）	
姓　名		学　号		教师评价成绩（占50%）	
组长姓名		小组序号		总成绩	

一、任务提出

请结合书中所述内容，对接触轨式接触网进行深入了解，并针对其结构和性能特点进行分析。

二、素质要求

接触轨式接触网设备结构的作用和特点，是接触轨式接触网维护与检修作业的理论基础。接触轨式接触网设备结构是接触网检修岗位的必备理论知识。通过学习，培养相关工作人员精益求精的工匠精神。

三、任务要求

学生分小组并编号，在笔记本上记录好本组收集的相关资料。各小组讨论查找接触轨式接触网的典型结构和优缺点。

四、知识回顾

1. 填空题

（1）接触轨系统主要包括＿＿＿＿＿＿、＿＿＿＿＿＿、＿＿＿＿＿＿、＿＿＿＿＿＿、＿＿＿＿＿＿、绝缘支架、支架底座、上网电缆、电连接电缆、回流母排、均流线、避雷器、电动隔离开关和其他零件等。

（2）接触轨与机车集电靴接触位置不同可分为＿＿＿＿＿＿、＿＿＿＿＿＿、＿＿＿＿＿＿。

2. 简答题

对比接触轨式接触网与架空式接触网的优势和缺点。

五、任务实施

（1）学生分组并编号，各小组分别制定小组目标和任务安排。

（2）各小组展示本组所查找的接触轨式接触网的典型结构和优缺点，并派一名小组代表进行解说。

（3）各小组对专业资料展示情况进行班级评价考核，学习完成后，各小组进行组内自评考核，并按照考核成绩进行排序。

六、任务评价

（1）每个小组代表——叙述后，自己小组选派代表说出不足之处。

（2）其他小组根据评分表进行打分，再派代表说出叙述人员的不足之处。

（3）教师进行总体点评。

（4）每名学生写出在整个实训过程中自身或他人存在的问题或感悟，以便进一步提高。

评 分 表

序号	考核内容	分值	学生互评	教师点评	存在的问题或感悟
1	着装得体，语言表述清楚，说话自信大方，声音洪亮	50			
2	查找接触轨式接触网结构齐全，条理清晰	20			
3	查找接触轨式接触网的优缺点内容明确、条理清晰	30			

七、学习反思

通过本单元的学习，请对自己在课堂及实训过程中的表现进行反思及评价。

自我反思：_____

自我评价：_____

实训4.1　接触网平面图识图

学　院		专　业		学生互评成绩（占50%）	
姓　名		学　号		教师评价成绩（占50%）	
组长姓名		小组序号		总成绩	

一、任务提出

请根据指定图纸，查找该接触网平面布置图上的接触网设备数据和信息。

二、素质要求

接触网识图包括掌握工程相关典型图纸的识图要求、内容和技巧，看懂简单的接触网工程典型图纸，这是接触网的维护检修作业的基础。每一个合格的接触网技术人员，都应立足本岗位的职业技能要求，熟练掌握此项技能，做到爱岗敬业。

三、任务要求

学生分小组并编号，在笔记本上记录好本组收集的相关资料。各小组讨论图纸上所查找到的接触网设备数据和信息。

四、知识回顾

1. 填空题

（1）接触网平面图综合了＿＿＿＿＿＿、＿＿＿＿＿＿、＿＿＿＿＿＿等项内容。

（2）接触网平面图集中反映了接触网设计上的主要技术原则，作为施工设计文件，它是＿＿＿＿＿＿、＿＿＿＿＿＿、＿＿＿＿＿＿的重要依据。

（3）接触网平面布置工作应掌握可靠的线路资料，并熟悉＿＿＿＿＿＿上进行。

（4）接触网平面图根据涉及的范围的明显不同，可分为＿＿＿＿＿＿、＿＿＿＿＿＿、＿＿＿＿＿＿等不同类型图纸。

（5）＿＿＿＿＿＿是针对车站范围内的接触网平面布置图。

（6）＿＿＿＿＿＿是针对线路上顺序相连的两个车站之间的范围绘制的接触网平面图，两个相邻车站管辖区域（以站界标为分界线）中间的部分，所以称为区间。

（7）＿＿＿＿＿＿是针对隧道这个特殊范围的接触网平面布置图。

（8）隧道的特点是＿＿＿＿＿＿、＿＿＿＿＿＿，该区段不设支柱，设备相对简单。

（9）一般城市轨道交通接触网都可以参照＿＿＿＿＿＿进行绘制，特殊情况另行设计。

（10）站场接触网平面布置的主要依据是＿＿＿＿＿＿，此外还应包括站场范围内的＿＿＿＿＿＿、＿＿＿＿＿＿、＿＿＿＿＿＿等图表，这些资料可从线路设计和工务部门获取。

2. 判断题

（1）在隧道内尽量采用最大允许跨距，跨距的大小在直线区段取决于允许的接触线弛度，曲线区段取决于接触线的允许弛度和接触线对受电弓中心的最大水平偏移。跨距越大则接触线弛度越大，在满足接触线最低高度的条件下，对隧道净空的要求也低。（   ）

（2）接触网平面布置图简称接触网平面图，它用接触网图例具体描述了接触网的设备位置、悬挂走向和线路情况，是接触网施工和运营维护的主要依据和主要技术文件，是将一个大范围接触网整体设备布置、走向采用俯视视角按比例缩小绘制在一起的图纸。（   ）

（3）平面图的作用类似普通地图，表达的是各部件之间的长度关系。（   ）

（4）接触网平面图综合了接触网结构、接触网设计计算、接触网平面图绘制等项内容。（   ）

（5）接触网平面布置工作应在掌握了可靠的线路资料，并熟悉了设计及运营管理规程、规范的基础上进行。（   ）

（6）站场接触网平面图是针对车站范围内的接触网平面位置图。（   ）

（7）区间一般只是要求车辆正常通行，通常为上、下行两个股道，接触网设备相对于车站要简单，但范围和距离要远大于车站，因此区间接触网平面图的特点是设备和布置相对简单，但距离远，宜采用1:1000或1:2000的比例绘制。（   ）

（8）常规情况下（如铁路局）有接触网站场平面图、接触网区间平面图、接触网隧道平面图。（   ）

（9）站场接触网平面布置的主要依据是站场平面图，此外还应包括站场范围内的桥梁、涵洞和隧道等图表，这些资料不可从线路设计和工务部门获取。（   ）

（10）平面布置图设计原则：首先进行支柱布置。应先从站场两端道岔集中的地段开始，向车站中心布置，最后完成两端咽喉道岔外侧的支柱布置。（   ）

3. 简答题

为什么接触网平面图中常用1:1000和1:2000这两个比例？它们分别常见于哪些图中？

五、任务实施

（1）学生分组并编号，各小组分别制定小组目标和任务安排。

（2）各小组展示本组图纸上所查找到的接触网设备数据和信息，并派一名小组代表进行解说。

（3）各小组对专业资料展示情况进行班级评价考核，学习完成后，各小组进行组内自评考核，并按照考核成绩进行排序。

六、任务评价

（1）每个小组代表一一叙述后，自己小组选派代表说出不足之处。
（2）其他小组根据评分表进行打分，再派代表说出叙述人员的不足之处。
（3）教师进行总体点评。
（4）每名学生写出在整个实训过程中自身或他人存在的问题或感悟，以便进一步提高。

评 分 表

序号	考核内容	分值	学生互评	教师点评	存在的问题或感悟
1	着装得体，语言表述清楚，说话自信大方，声音洪亮	20			
2	正确判断接触网平面图类型（正线车站、正线区间、车辆段）	10			
3	完整查找图纸的图名信息、比例、设计和审核人，会查阅技术说明等关键信息	10			
4	图纸上所查找到的接触线和承力索的条公里数、锚段数和锚段名称、长度、下锚方式正确	20			
5	能说出图上的支柱或者悬挂点数量，会判断其类型	10			
6	指出图上的设备名称和安装位置	20			
7	举例指出 3 个定位点处的之字值或拉出值及其方向	10			

七、学习反思

通过本单元的学习，请对自己在课堂及实训过程中的表现进行反思及评价。

自我反思：_____

自我评价：_____

实训 4.2　接触网供电分区识图

学　院		专　业		学生互评成绩（占50%）	
姓　名		学　号		教师评价成绩（占50%）	
组长姓名		小组序号		总成绩	

一、任务提出

请根据指定图纸，查找该接触网供电分区图上的接触网开关和供电线路编号等相关信息。

二、素质要求

接触网供电分区示意图，是对指定范围内的接触网电路连接情况的简要说明。接触网工作业过程中，需要确认停电范围和挂接地线位置，使作业范围小于停电范围且在地线保护范围内，以确保人身和设备安全。掌握分区示意图的识图技能，是接触网检修岗位人员能够安全完成检修作业的前提。

三、任务要求

学生分小组并编号，在笔记本上记录好本组收集的相关资料。各小组讨论接触网供电分区图上所查找到的接触网开关和供电线路编号等相关信息。

四、知识回顾

1. 填空题

（1）识读接触网供电分区示意图的主要目的是学会分析＿＿＿＿＿＿范围，其前提是要确认＿＿＿＿＿＿范围和＿＿＿＿＿＿位置。

（2）必须确认所有＿＿＿＿＿＿方向回路都停电方可开始作业。

（3）看接触网供电分区示意图必须从全局着手，不能只考虑作业回路，与电路有连接关系的其他回路也必须考虑，确认所有可能有电并影响作业回路的通路都已操作设备＿＿＿＿＿＿并挂了＿＿＿＿＿＿方可开始作业。

2. 简答题

（1）简述接触网供电分区示意图的两大应用原则。

（2）简述接触网供电分区示意图和接触网平面布置图的区别。

五、任务实施

（1）学生分组并编号，各小组分别制定小组目标和任务安排。

（2）各小组展示本组在接触网供电分区图上查找到的接触网开关和供电线路编号等相关信息，并派一名小组代表进行解说。

（3）各小组对专业资料展示情况进行班级评价考核，学习完成后，各小组进行组内自评考核，并按照考核成绩进行排序。

六、任务评价

（1）每个小组代表——叙述后，自己小组选派代表说出不足之处。

（2）其他小组根据评分表进行打分，再派代表说出叙述人员的不足之处。

（3）教师进行总体点评。

（4）每名学生写出在整个实训过程中自身或他人存在的问题或感悟，以便进一步提高。

评 分 表

序号	考核内容	分值	学生互评	教师点评	存在的问题或感悟
1	着装得体，语言表述清楚，说话自信大方，声音洪亮	30			
2	根据接触网供电分区图指出指定线路倒换时要用到的接触网开关编号	30			
3	根据接触网供电分区图指出在某定位点处进行检修时挂接地线的位置	40			

七、学习反思

通过本单元的学习，请对自己在课堂及实训过程中的表现进行反思及评价。

自我反思：＿＿

自我评价：＿＿

实训 4.3　接触网安装图识图

学　　院		专　　业		学生互评成绩（占50%）	
姓　　名		学　　号		教师评价成绩（占50%）	
组长姓名		小组序号		总成绩	

一、任务提出

请参考书中接触网安装图案例识图过程，识读指定的其他接触网安装图纸，并查找相关资料找出可指导设备安装作业的关键信息。

二、素质要求

接触网安装图是表述设备上各零件之间的方向与位置，以及各设备之间的相互位置关系，用以指导接触网设备安装、调试的图样。接触网检修作业需要按照接触网安装图所示进行安装及参数调整，熟练运用接触网安装图是接触网检修岗位必备的技能之一。

三、任务要求

学生分小组并编号，在笔记本上记录好本组收集的相关资料。各小组讨论所查找的接触网安装图纸的关键信息。

四、知识回顾

1. 填空题

（1）_____是沿钢轨架设的向电力机车提供电能的特殊的供电线路，前面我们已经学习了它的平面图，通过平面图查找到_____，就能查找到它对应的_____，从而可以针对该设备进行具体的_____。

（2）接触网安装图是指表述设备上各零件之间的方向与位置，以及各设备之间的_____，用于指导接触网设备安装、调试的图样。

（3）接触网安装图的内容包括_____、_____、_____。

（4）接触网的安装图种类众多，一般都是由平面图上查到具体设备位置后再查找安装图号，通过安装图号查到具体的_____。

2. 简答题

（1）简述接触网安装的一般方法和步骤。

(2) 其他专业的设备安装图一般有三视图，而接触网设备安装图大多只有主视图，最多配一些局部视图，这是为什么呢？

五、任务实施

(1) 学生分组并编号，各小组分别制定小组目标和任务安排。

(2) 各小组展示本组所查找的接触网安装图纸的关键信息，并派一名小组代表进行解说。

(3) 各小组对资料展示情况进行班级评价考核，学习完成后，各小组进行组内自评考核，并按照考核成绩进行排序。

六、任务评价

(1) 每个小组代表一一叙述后，自己小组选派代表说出不足之处。

(2) 其他小组根据评分表进行打分，再派代表说出叙述人员的不足之处。

(3) 教师进行总体点评。

(4) 每名学生写出在整个实训过程中自身或他人存在的问题或感悟，以便进一步提高。

评 分 表

序号	考核内容	分值	学生互评	教师点评	存在的问题或感悟
1	着装得体，语言表述清楚，说话自信大方，声音洪亮	30			
2	能完整查找图纸的图名信息、设备材料清单、设计和审核人，会查阅技术说明等关键信息	30			
3	能完整查找图纸的设备安装关键信息和参数	40			

七、学习反思

通过本单元的学习，请对自己在课堂及实训过程中的表现进行反思及评价。

自我反思：_____

_____

_____

自我评价：_____

_____

_____

实训4.4　接触网隔离开关电气识图

学　　院		专　　业		学生互评成绩（占50%）	
姓　　名		学　　号		教师评价成绩（占50%）	
组长姓名		小组序号		总成绩	

一、任务提出

请参考本单元接触网隔离开关电气原理图案例图纸，收集接触网隔离开关相关资料，并选定其电气原理图中某一功能进行动作原理分析。

二、素质要求

隔离开关是有着明显隔离断开点的开关设备，能起到隔离电源、保护人身和设备安全的作用。电动隔离开关的操作及排查故障能力，是接触网检修岗位工作人员应掌握的基础技能。隔离开关的检修有着严格的作业程序，是城市轨道交通供电系统安全运行的有力保障。

三、任务要求

学生分小组并编号，在笔记本上记录好本组收集的相关资料。各小组讨论所查找的隔离开关电气原理图中某一功能动作原理。

四、知识回顾

1. 填空题

（1）送电合闸操作应按照先合＿＿＿＿＿＿，再合负荷侧隔离开关（刀闸），再合断路器开关＿＿＿＿＿＿的顺序依次进行。

（2）间断后继续工作，若无＿＿＿＿＿＿带领，作业人员不得进入工作地点。

（3）变更工作负责人或增加工作单元，如工作票签发人和工作许可人无法当面办理，应通过电话联系，并在工作登记簿和＿＿＿＿＿＿上注明。

2. 简答题

阅读接触网隔离开关电气图，简述隔离开关为什么不能直接开断接触网电路。

五、任务实施

（1）学生分组并编号，各小组分别制定小组目标和任务安排。

（2）各小组展示本组所查找的隔离开关电气原理图中某一功能动作原理，并派一名小组代表进行解说。

（3）各小组对专业资料展示情况进行班级评价考核，学习完成后，各小组进行组内自评考核，并按照考核成绩进行排序。

六、任务评价

（1）每个小组代表一一叙述后，自己小组选派代表说出不足之处。

（2）其他小组根据评分表进行打分，再派代表说出叙述人员的不足之处。

（3）教师进行总体点评。

（4）每名学生写出在整个实训过程中自身或他人存在的问题或感悟，以便进一步的提高。

评 分 表

序号	考核内容	分值	学生互评	教师点评	存在的问题或感悟
1	着装得体，语言表述清楚，说话自信大方，声音洪亮	50			
2	隔离开关电气原理图中某一功能动作原理分析正确	50			

七、学习反思

通过本单元的学习，请对自己在课堂及实训过程中的表现进行反思及评价。

自我反思：_____

自我评价：_____

实训 5.1　接触网常用工、器具操作

学　　院		专　　业		学生互评成绩（占50%）	
姓　　名		学　　号		教师评价成绩（占50%）	
组长姓名		小组序号		总成绩	

一、任务提出

请结合书中所述内容，对城市轨道交通接触网常用工、器具进行初步了解，并选定其中一个常用工、器具查找相关资料。

二、素质要求

掌握常见接触网工器、仪器和仪表的种类、作用、使用方法及注意事项，是完成接触网维护与检修相关作业的工具保障。通过熟练使用工具，可提升使用熟练度，并根据现场环境对现有工具进行个性化改进，充分发扬工匠的钻研精神。

三、任务要求

学生分小组并编号，在笔记本上记录好本组收集的相关资料。各小组讨论所查找的常用工、器具的作业、使用方法及使用注意事项。

四、知识回顾

1. 填空题

（1）绝缘手套、绝缘鞋：每年进行一次_____试验，使用前应进行外观检查，有破损不得使用；使用前应进行鼓风测试，有漏气禁止使用。

（2）_____是专门用于"＋"极性高压1500V直流电气设备的验电。

（3）接地前注意确认接地线不得_____、_____和_____，接挂完地线后确认接地线夹连接牢固。

（4）DJJ-8多功能激光接触网检测仪对接触网的_____、_____、_____、锚段关节、线岔及超高、轨距等14个参数进行快速测量。

（5）游标卡尺一般用于接触线_____和受电弓厚度测量。塞尺主要用于测量刚性接触网汇流排接头，以及隔离开关动静触点间大小。水平尺主要用来检测或测量_____和_____，主要用于分段绝缘器、锚段关节、线岔检修。

（6）整弯器主要用来将弯曲的接触线_____。

（7）扭力扳手由压力弹簧、力矩释放关节、_____三部分组成。

（8）隧道内接触线平均高度是_____mm，所使用的维修梯车高度为2900mm；隧道外接触线高度达_____mm及以上，使用的维修梯车高度为3900mm。

（9）梯车作业平台一般只允许_____个人同时作业，推行速度不能超过_____km/h。

（10）地铁接触网中主要用 DJJ-8 激光测量仪来测量_____和_____。

2. 简答题

铁路和城市轨道交通接触网两个系统中常用工、器具有哪些相同之处？又有哪些不同之处呢？

五、任务实施

（1）学生分组并编号，各小组分别制定小组目标和任务安排。

（2）各小组展示本组所查找的常用工器具的作业、使用方法及使用注意事项，并分组进行工、器具的使用操作演示。

（3）各小组对工、器具操作演示情况进行班级评价考核，学习完成后，各小组进行组内自评考核，并按照考核成绩进行排序。

六、任务评价

（1）每个小组分组后，全体分别演示指定仪器、仪表的使用，并选派代表说出本组人员操作的错误之处。

（2）其他小组根据评分表进行打分，再派代表说出该组叙述人员或者演示操作人员的不足之处。

（3）教师进行总体点评。

（4）每名学生写出在整个实训过程中自身或他人存在的问题或感悟，以便进一步提高。

评 分 表

序号	考核内容	分值	学生互评	教师点评	存在的问题或感悟
1	着装得体，语言表述清楚，说话自信大方，声音洪亮	20			
2	所查找常用工器具的作业和使用方法、使用注意事项详尽、符合规范	50			
3	所演示的常用工器具的操作使用方法正确、遵守使用注意事项	30			

七、学习反思

通过本单元的学习，请对自己在课堂及实训过程中的表现进行反思及评价。

自我反思：_____

_____

自我评价：_____

_____

实训 5.2 接触网常用仪器、仪表操作

学　院		专　业		学生互评成绩（占50%）	
姓　名		学　号		教师评价成绩（占50%）	
组长姓名		小组序号		总成绩	

一、任务提出

请结合书中所述内容，对城市轨道交通接触网常用仪表、仪器进行初步了解，并选定其中一个常用仪表、仪器查找相关资料。

二、素质要求

掌握接触网常用仪器、仪表的种类、作用和使用方法、注意事项，是完成复杂的接触网维护与检修作业的基础。通过熟练使用仪表，可提升使用熟练度，并引导学生根据现场环境对现有仪表进行个性化改进，充分发扬工匠的钻研精神。

三、任务要求

学生分小组并编号，在笔记本上记录好本组收集的相关资料。各小组讨论所查找的常用仪表、仪器的作业和使用方法、使用注意事项。

四、知识回顾

1. 填空题

（1）被测数据大小不明时，应先将万用表量程开关置于最大值，而后由大量程往小量程挡处切换，使仪表指针指示在满刻度的　　　　　　以上处即可。

（2）万用表使用完毕后，应将万用表的转换开关置于交流电压的　　　　　挡。在测量某电路　　　　　时，必须切断被测电路的电源，不得带电测量。

（3）　　　　　　适用于测量接地电阻以及测量低电阻的导体电阻值，还可测量土壤电阻率及地电压。

（4）兆欧表主要用来检查电气设备、供电臂线路对地短路情况的测量，接触网专业主要用于　　　　　　查找。使用时，摇动的速度应由慢而快，当转速达到　　　　　　时（ZC-25 型），保持匀速转动　　　　　　min 后读数，并且要边摇边读数，不能停下来读数。读数完毕将　　　　　　放电。

（5）受电弓滑板作用于接触线的垂直力（静态接触力）即　　　　　　。

（6）由于接触悬挂或接触线上的某些部分如在跨距两端的定位点处弹性变差或有附加重量时，在机车受电弓高速运行通过的情况下，这些部分会出现不正常的升高（或降低），甚至出现撞弓、碰弓现象，形成这种现象的本征状态即为　　　　　　。

2. 简答题

请简述城市轨道交通接触网系统中常用的仪器、仪表的发展趋势。

五、任务实施

（1）学生分组并编号，各小组分别制定小组目标和任务安排。

（2）各小组展示本组所查找的常用仪表、仪器的作业和使用方法及使用注意事项，并逐一说出仪器或仪表名称、作用和使用注意事项。

（3）各小组对专业资料展示情况进行班级评价考核，学习完成后，各小组进行组内自评考核，并按照考核成绩进行排序。

六、任务评价

（1）每个小组分组后，全体分别演示指定仪器、仪表的使用，并选派代表说出本组人员操作过程中的错误之处。

（2）其他小组根据评分表进行打分，再派代表说出该组叙述人员或者演示操作人员的不足之处。

（3）教师进行总体点评。

（4）每名学生写出在整个实训过程中自身或他人存在的问题或感悟，以便进一步提高。

评 分 表

序号	考 核 内 容	分值	学生互评	教师点评	存在的问题或感悟
1	着装得体，语言表述清楚，说话自信大方，声音洪亮	20			
2	自主选定查找至少一种常用仪器、仪表的作业和使用方法，使用注意事项讲述详尽、符合规范	50			
3	自主选定演示的常用仪器仪表的操作使用方法正确，遵守使用注意事项	30			

七、学习反思

通过本单元的学习，请对自己在课堂及实训过程中的表现进行反思及评价。

自我反思：_____

自我评价：_____

实训 6.1　架空柔性接触网典型零件的安装

学　院		专　业		学生互评成绩（占50%）	
姓　名		学　号		教师评价成绩（占50%）	
组长姓名		小组序号		总成绩	

一、任务提出

请结合书中所述内容，对架空柔性接触网零部件进行深入了解，查找相关各典型零件的作用和安装注意事项等资料，并能根据查找的资料指导完成指定零部件的安装任务。

二、素质要求

架空接触网零件种类繁多，每个单独的零部件作用是有限的，只有组合在一起才能持续稳定向机车提供牵引电能。一名接触网检修人员，同样也是牵引供电系统中的重要组成部分，工作中只有团结合作，方能实现"安全运维"！

三、任务要求

学生分小组并编号，在笔记本上记录好本组收集的相关资料。各小组讨论查找各典型架空柔性接触网零件的作用和安装注意事项。选定一种典型零件安装，准备好防护用品、工器具和材料。

四、知识回顾

1. 填空题

（1）架空柔性接触网支持装置主要应用于高架线路、地面线路，其主要组成部分有支持装置框架底座、＿＿＿＿＿＿、T形旋转腕臂底座、＿＿＿＿＿＿、＿＿＿＿＿＿、套管双耳（腕臂连接使用）、套管双耳（腕臂支撑使用）、承力索支座、斜腕臂等组成。

（2）将接触线固定在受电弓取流所必要的空间位置的装置称为＿＿＿＿＿＿。

（3）定位装置的＿＿＿＿＿＿特性（空间姿态与位置、振动特性、稳定性）对弓网运营安全和受流质量有决定性影响，其结构应稳定、安全可靠，零件少而轻且无集中荷载，防腐性能好，便于装配和调整。

（4）接触网接触悬挂包括＿＿＿＿＿＿及其连接零件。主要的接触线索有＿＿＿＿＿＿、＿＿＿＿＿＿、供电线、回流线、架空地线、电连接线、吊弦、汇流排等。

（5）城市轨道交通接触网＿＿＿＿＿＿设备主要采用锰铜合金材质制成（CTM、CTMH）

（6）补偿装置的作用是在温度变化时，补偿线索＿＿＿＿＿＿。

（7）棘轮装置主要由棘轮底座、棘轮、补偿绳、＿＿＿＿＿＿、＿＿＿＿＿＿、＿＿＿＿＿＿等部分组成。

(8) 将接触线固定在受电弓取流所必要的空间位置的装置称为_____。

(9) 定位装置主要包括定位管和定位器，由_____、_____、_____、定位线夹及附件组成。

(10) 定位装置的机械特性，（_____、振动特性、_____）对弓网运营安全和受流质量有决定性影响。

2. 简答题

很多典型架空柔性接触网零件能直接从名称上看出其用途，你能举几个例子吗？

五、任务实施

(1) 学生分组并编号，各小组分别制定小组目标和任务安排。

(2) 各小组展示本组查找的各典型架空柔性接触网零件的作用和安装注意事项等资料，并根据查找的资料指导分组完成指定零部件的安装任务。

(3) 各小组对安装情况进行班级评价考核，学习完成后，各小组进行组内自评考核，并按照考核成绩进行排序。

六、任务评价

(1) 每个小组代表一一叙述后，自己小组选派代表说出安装过程中的不足之处。

(2) 其他小组根据评分表进行打分，再派代表说出叙述人员的不足之处。

(3) 教师进行总体点评。

(4) 每名学生写出在整个实训过程中自身或他人存在的问题或感悟，以便进一步提高。

评 分 表

序号	考核内容	分值	学生互评	教师点评	存在的问题或感悟
1	着装得体，语言表述清楚，说话自信大方，声音洪亮	10			
2	查找的典型架空柔性接触网零件的作用和安装注意事项等资料内容明确、条理清晰	20			
3	典型架空柔性接触网零件选料正确、安装过程正确	20			
4	遵守安全作业规程，团队分工合理，协作情况好，无违规现象	50			

七、学习反思

通过本单元的学习，请对自己在课堂及实训过程中的表现进行反思及评价。

自我反思：_____

自我评价：_____

实训6.2 架空刚性接触网的典型零件的安装

学　院		专　业		学生互评成绩（占50%）	
姓　名		学　号		教师评价成绩（占50%）	
组长姓名		小组序号		总成绩	

一、任务提出

请结合书中所述内容，对架空刚性接触网零部件进行深入了解，查找相关各典型零件的作用和安装注意事项等资料，并能根据查找的资料指导完成指定零部件的安装任务。

二、素质要求

很多架空刚性接触网零件与柔性接触网零件在外形上有明显区别，但它们的作用都是一样的，都是为了维持接触线在指定的空间，稳定持续地与电力机车的受电弓接触，传递电能。大家在学习各种类型零件时要注意对比和联系记忆！

三、任务要求

学生分小组并编号，在笔记本上记录好本组收集的相关资料。各小组讨论所查找的各典型架空刚性接触网零件的作用和安装注意事项等资料。选定一种典型零件安装，准备好防护用品、工器具和材料。

四、知识回顾

1. 填空题

（1）＿＿＿＿＿＿的主要作用是实现接触线不同供电臂及不同线路的电气分段。

（2）刚性悬挂锚段长度一般为＿＿＿＿＿＿ m。有电连接的就是＿＿＿＿＿＿锚段关节。

（3）＿＿＿＿＿＿主要用于刚性悬挂接触网汇流排的曲线地段，其功能是能在一定范围内自由伸缩，同时又能满足电气性能的要求。

（4）刚柔过渡部件有两种形式：＿＿＿＿＿＿式刚柔过渡和＿＿＿＿＿＿式刚柔过渡。

2. 简答题

刚性悬挂零件相对于柔性悬挂零件有了很多变化，但实际上两者在功能上有很多类似的零部件，你能举几个例子吗？

五、任务实施

（1）学生分组并编号，各小组分别制定小组目标和任务安排。

（2）各小组展示本组查找的各典型架空刚性接触网零件的作用和安装注意事项等资料，并根据查找的资料指导分组完成指定零部件的安装任务。

（3）各小组对安装情况进行班级评价考核，学习完成后，各小组进行组内自评考核，并按照考核成绩进行排序。

六、任务评价

（1）每个小组代表——叙述后，自己小组选派代表说出安装过程中的不足之处。

（2）其他小组根据评分表进行打分，再派代表说出叙述人员的不足之处。

（3）教师进行总体点评。

（4）每名学生写出在整个实训过程中自身或他人存在的问题或感悟，以便进一步提高。

评 分 表

序号	考核内容	分值	学生互评	教师点评	存在的问题或感悟
1	着装得体，语言表述清楚，说话自信大方，声音洪亮	10			
2	查找的典型架空刚性接触网零件的作用和安装注意事项等资料内容明确、条理清晰	20			
3	典型架空刚性接触网零件选料正确、安装过程正确	20			
4	遵守安全作业规程，团队分工合理，协作情况好，无违规现象	50			

七、学习反思

通过本单元的学习，请对自己在课堂及实训过程中的表现进行反思及评价。

自我反思：_____

_____

_____

自我评价：_____

_____

_____

实训6.3 接触轨式接触网典型零件的安装

学　　院		专　　业		学生互评成绩（占50%）	
姓　　名		学　　号		教师评价成绩（占50%）	
组长姓名		小组序号		总成绩	

一、任务提出

请结合书中所述内容，对接触轨式接触网的零部件进行深入了解，查找相关各典型零件的作用和安装注意事项等资料，并能根据查找的资料指导完成指定零部件的安装任务。

二、素质要求

接触网相关零件的名称、作用和安装注意事项等知识，是接触网维护与检修作业的理论知识。通过学习，有助于提高在实践过程中的动手能力，"学以致用、用以促学、学用相长"。

三、任务要求

学生分小组并编号，在笔记本上记录好本组收集的相关资料。各小组讨论所查找的各典型接触轨式接触网零件的作用和安装注意事项等资料。选定一种典型零件安装，准备好防护用品、工器具和材料。

四、知识回顾

1. 填空题

(1) 更换线夹时，操作人员应站在接触线线夹＿＿＿＿＿＿一侧，防止接触线回弹危及人身安全。

(2) 为抬起膨胀接头组件，应安排3个人，每边安排一个人抬起，第三个人则在＿＿＿＿＿＿处协助抬组件。

(3) 将安装到位的复合轨末端及落位处的相近复合轨末端清理干净，然后在复合轨末端的轨腹两侧涂上＿＿＿＿＿＿。

(4) 端部弯头螺栓紧固力矩为＿＿＿＿＿＿ N·m。

2. 简答题

接触轨式接触网架设在地面，那么它的结构特点随之发生了哪些显著的变化呢？

五、任务实施

（1）学生分组并编号，各小组分别制定小组目标和任务安排。

（2）各小组展示本组查找的各典型接触轨式接触网零件的作用和安装注意事项等资料，并根据查找的资料指导分组完成指定零部件的安装任务。

（3）各小组对安装情况进行班级评价考核，学习完成后，各小组进行组内自评考核，并按照考核成绩进行排序。

六、任务评价

（1）每个小组代表一一叙述后，自己小组选派代表说出安装过程中的不足之处。

（2）其他小组根据评分表进行打分，再派代表说出叙述人员的不足之处。

（3）教师进行总体点评。

（4）每名学生写出在整个实训过程中自身或他人存在的问题或感悟，以便进一步提高。

评 分 表

序号	考 核 内 容	分值	学生互评	教师点评	存在的问题或感悟
1	着装得体，语言表述清楚，说话自信大方，声音洪亮	10			
2	查找的典型接触轨式接触网零件的作用和安装注意事项等资料内容明确、条理清晰	20			
3	典型接触轨式接触网零件选料正确、安装过程正确	20			
4	遵守安全作业规程，团队分工合理，协作情况好，无违规现象	50			

七、学习反思

通过本单元的学习，请对自己在课堂及实训过程中的表现进行反思及评价。

自我反思：_____

_____

_____

_____

自我评价：_____

_____

_____

_____

实训 7.1 架空柔性接触网的维护与检修

学　　院		专　　业		学生互评成绩（占50%）	
姓　　名		学　　号		教师评价成绩（占50%）	
组长姓名		小组序号		总成绩	

一、任务提出

请结合书中所述内容，对架空柔性接触网的维护与检修进行深入了解，并能选定一种典型架空柔性接触网进行维护与检修任务，开展实践活动。

二、素质要求

架空柔性接触网的维护与检修是接触网维护作业中的重要工作内容，通过学习，可掌握架空柔性接触网的维护与检修各项标准，养成遵章守纪、团队协作等良好的工作作风。

三、任务要求

学生分小组并编号，在笔记本上记录好本组收集的相关资料。各小组选定一种典型架空柔性接触网进行维护与检修，并准备好防护用品、工器具和材料。

四、知识回顾

1. 填空题

（1）作业结束后，＿＿＿＿＿＿要确认机具、材料等收集完毕，无危及行车和设备安全，出清线路，方可＿＿＿＿＿＿。

（2）简单悬挂的平腕臂要水平安装，其端部允许抬高不超过＿＿＿＿＿＿。

（3）绝缘子的瓷釉剥落面积不大于＿＿＿＿＿＿。

（4）中心锚结安装形式有很多，不同的悬挂方式，其结构形式也不同，一般分为：半补偿中心锚结、＿＿＿＿＿＿、＿＿＿＿＿＿、＿＿＿＿＿＿和隧道内中心锚结等形式。

（5）柔性接触网线岔在两接触线500mm处，当一支为非工作支时，非工作支接触线比工作支接触线抬高＿＿＿＿＿＿。

2. 简答题

（1）架空柔性接触网检修任务最常见的有哪些呢？

(2）简述架空柔性接触网维护与检修的安全注意事项。

五、任务实施

（1）学生分组并编号，各小组分别制定小组目标和任务安排。
（2）各小组选定一种典型架空柔性接触网进行维护与检修，开展实践活动。
（3）各小组对作业情况进行班级评价考核，学习完成后，各小组进行组内自评考核，并按照考核成绩进行排序。

六、任务评价

（1）每个小组代表一一叙述后，自己小组选派代表说出作业过程中的不足之处。
（2）其他小组根据评分表进行打分，再派代表说出叙述人员的不足之处。
（3）教师进行总体点评。
（4）每名学生写出在整个实训过程中自身或他人存在的问题或感悟，以便进一步提高。

评 分 表

序号	考核内容	分值	学生互评	教师点评	存在的问题或感悟
1	着装得体，语言表述清楚，说话自信大方，声音洪亮	10			
2	选定一种典型架空柔性接触网的维护与检修任务开展实践活动，过程正确	20			
3	典型接触网检修项目内容正确，周期判断正确	20			
4	遵守安全作业规程，团队分工合理，协作情况好，无违规现象	50			

七、学习反思

通过本单元的学习，请对自己在课堂及实训过程中的表现进行反思及评价。

自我反思：_____

_____

自我评价：_____

_____

实训 7.2　架空刚性接触网的维护与检修

学　院		专　业		学生互评成绩（占 50%）	
姓　名		学　号		教师评价成绩（占 50%）	
组长姓名		小组序号		总成绩	

一、任务提出

请结合书中所述内容，对架空刚性接触网的维护与检修进行深入了解，并能选定一种典型架空刚性接触网进行维护与检修，开展实践活动。

二、素质要求

架空刚性接触网的维护与检修是接触网维护作业中的重要工作内容，我们通过学习，可掌握架空刚性接触网的维护与检修各项标准，养成遵章守纪、团队协作等良好的工作作风。

三、任务要求

学生分小组并编号，在笔记本上记录好本组收集的相关资料。各小组选定一种典型架空刚性接触网的维护与检修任务，并准备好防护用品、工器具和材料。

四、知识回顾

1. 填空题

（1）中间连接板适用于刚性悬挂每根汇流排之间的＿＿＿＿＿＿安装，由左右两个长 400mm、宽 90mm 的鱼尾板组成，通过无螺母式螺栓与汇流排连接，将相邻两＿＿＿＿＿＿连接成为一个整体。

（2）单开线岔，悬挂点的拉出值距正线汇流排中心线一般为＿＿＿＿＿＿ mm，允许误差为 ±20mm。

（3）检查发现线面有＿＿＿＿＿＿痕迹，首先对工作支与非工作支导高进行测量，根据数据进行调整导高。

（4）锚段关节处的两支接触线在关节中间悬挂点处应＿＿＿＿＿＿，转换悬挂点处非工作支不得＿＿＿＿＿＿工作支。

（5）检查中心锚结绝缘棒与汇流排的夹角不得大于＿＿＿＿＿＿。

2. 简答题

架空刚性接触网如何通过检修和维护来更好地保证良好的弓网关系？

五、任务实施

（1）学生分组并编号，各小组分别制定小组目标和任务安排。

（2）各小组选定一种典型架空刚性接触网进行维护与检修，开展实践活动。

（3）各小组对作业情况进行班级评价考核，学习完成后，各小组进行组内自评考核，并按照考核成绩进行排序。

六、任务评价

（1）每个小组代表一一叙述后，自己小组选派代表说出作业过程中的不足之处。

（2）其他小组根据评分表进行打分，再派代表说出叙述人员的不足之处。

（3）教师进行总体点评。

（4）每名学生写出在整个实训过程中自身或他人存在的问题或感悟，以便进一步提高。

评 分 表

序号	考核内容	分值	学生互评	教师点评	存在的问题或感悟
1	着装得体，语言表述清楚，说话自信大方，声音洪亮	10			
2	选定一种典型架空刚性接触网进行维护与检修，开展实践活动，过程正确	20			
3	典型接触网检修项目内容正确，周期判断正确	20			
4	遵守安全作业规程，团队分工合理，协作情况好，无违规现象	50			

七、学习反思

通过本单元的学习，请对自己在课堂及实训过程中的表现进行反思及评价。

自我反思：_____

_____

_____

_____

自我评价：_____

_____

_____

_____

实训 7.3　接触轨式接触网的维护与检修

学　院		专　业		学生互评成绩（占50%）	
姓　名		学　号		教师评价成绩（占50%）	
组长姓名		小组序号		总成绩	

一、任务提出

请结合书中所述内容，对接触轨式接触网的维护与检修进行深入了解，并能选定一种典型接触轨式接触网进行维护与检修，开展实践活动。

二、素质要求

接触轨式接触网的维护与检修是接触网维护作业中的重要工作内容，通过学习，可掌握接触轨式接触网各项标准，养成遵章守纪、团队协作等良好的工作作风。

三、任务要求

学生分小组并编号，在笔记本上记录好本组收集的相关资料。各小组选定一种典型接触轨式接触网进行维护与检修，并准备好防护用品、工器具和材料。

四、知识回顾

1. 填空题

（1）钢铝复合轨不锈钢带磨耗严重点测量周期设置为＿＿＿＿＿＿个月，不锈钢带磨耗全面测量周期为＿＿＿＿＿＿年。

（2）在直线段，膨胀接头应尽量安装在两根绝缘支架装置的＿＿＿＿＿＿部位，最少膨胀接头的每一端距相邻的绝缘支架装置的距离不小于＿＿＿＿＿＿。

2. 简答题

（1）一般来说，接触轨式接触网的维护与检修任务比架空柔性接触网要少，这是为什么？

（2）简述接触轨式接触网绝缘部件清扫标准及内容。

五、任务实施

（1）学生分组并编号，各小组分别制定小组目标和任务安排。

（2）各小组选定一种典型接触轨式接触网进行维护与检修，开展实践活动。

（3）各小组对作业情况进行班级评价考核，学习完成后，各小组进行组内自评考核，并按照考核成绩进行排序。

六、任务评价

（1）每个小组代表一一叙述后，自己小组选派代表说出作业过程中的不足之处。

（2）其他小组根据评分表进行打分，再派代表说出叙述人员的不足之处。

（3）教师进行总体点评。

（4）每名学生写出在整个实训过程中自身或他人存在的问题或感悟，以便进一步提高。

评 分 表

序号	考核内容	分值	学生互评	教师点评	存在的问题或感悟
1	着装得体，语言表述清楚，说话自信大方，声音洪亮	10			
2	选定一种典型接触轨式接触网进行维护与检修，开展实践活动，过程正确	20			
3	典型接触网检修项目内容正确，周期判断正确	20			
4	遵守安全作业规程，团队分工合理，协作情况好，无违规现象	50			

七、学习反思

通过本单元的学习，请对自己在课堂及实训过程中的表现进行反思及评价。

自我反思：

自我评价：

实训8.1 接触网检修组织以及周期认知

学　院		专　　业		学生互评成绩（占50%）	
姓　名		学　号		教师评价成绩（占50%）	
组长姓名		小组序号		总成绩	

一、任务提出

请结合书中所述内容，对接触网检修组织以及周期进行深入了解，并能选定一种典型接触网检修作业，开展实践活动。

二、素质要求

接触网检修作业是一项团队作业，必须强调分工与合作，组织实施程序和流程缺一不可，各种安全措施都是为了保证作业的安全实施！

三、任务要求

学生分小组并编号，在笔记本上记录好本组收集的相关资料。各小组选定一种典型接触网检修作业，确认该接触网项目的内容和周期，并准备好防护用品、工器具和材料。

四、知识回顾

1. 填空题

（1）各城市轨道交通系统的＿＿＿＿＿＿、组织架构不尽相同，但设备维修的单元与原则、维修计划的编制及调整却大致相同。

（2）在城市轨道交通供电系统接触网的运行管理工作中应贯彻落实"质量第一、修养并重、预防为主"的方针，实行"三定、四化、记名检修"，并逐步向"＿＿＿＿＿＿、状态维修、＿＿＿＿＿＿、＿＿＿＿＿＿"过渡。

（3）"三定"，就是＿＿＿＿＿＿、定人（或班组）、定检修周期和范围。

（4）"四化"，就是作业制度化、＿＿＿＿＿＿、检修工艺化、检修机具和检测手段现代化。

（5）"记名检修"，就是记录检修者和验收者的姓名，要求检修者根据设备的技术状态提出检修依据，采取＿＿＿＿＿＿，按工艺检修，并做到修前有计划，修中有措施，修后有结语。

(6) 正常运行工作即按规定周期对接触网进行检测，包括巡视、检测、_____和非常规检查四个方面的内容。

　　(7) 接触网检测包括_____和动态检测两部分。

　　(8) 设备的异常状态是指设备在规定的外部条件下，部分或全部_____的状态，它是相对设备的正常工作状态而言的。

　　(9) 在发生故障时，运行人员要迅速、准确地判断和处理。在事故处理中必须牢固树立"安全第一"的思想，遵循"_____"的原则。

　　(10) 接触网的检修分为_____、_____、故障修和临时修。

2. 简答题

　　(1) 接触网发生异常情况该如何处理？

　　(2) 简述正常运行检修工作的具体内容。

　　(3) 为什么接触网检修周期有长有短呢？

五、任务实施

　　(1) 学生分组并编号，各小组分别制定小组目标和任务安排。

　　(2) 各小组根据本组选定的典型接触网检修作业及该项目的内容和周期，合理分工，模拟实施检修作业组织流程。

　　(3) 各小组对作业情况进行班级评价考核，学习完成后，各小组进行组内自评考核，并按照考核成绩进行排序。

六、任务评价

（1）每个小组代表一一叙述后，自己小组选派代表说出作业过程中的不足之处。

（2）其他小组根据评分表进行打分，再派代表说出叙述人员的不足之处。

（3）教师进行总体点评。

（4）每名学生写出在整个实训过程中自身或他人存在的问题或感悟，以便进一步提高。

评 分 表

序号	考核内容	分值	学生互评	教师点评	存在的问题或感悟
1	着装得体，语言表述清楚，说话自信大方，声音洪亮	10			
2	选定一种典型接触网检修作业，模拟组织实施，过程正确	20			
3	典型接触网检修项目内容正确，周期判断正确	20			
4	遵守安全作业规程，团队分工合理，协作情况好，无违规现象	50			

七、学习反思

通过本单元的学习，请对自己在课堂及实训过程中的表现进行反思及评价。

自我反思：_____

_____

_____

_____

_____

自我评价：_____

_____

_____

_____

实训8.2　接触网检修作业方式及程序认知

学　院		专　业		学生互评成绩（占50%）	
姓　名		学　号		教师评价成绩（占50%）	
组长姓名		小组序号		总成绩	

一、任务提出

请结合书中所述内容，对接触网作业方式及程序进行深入了解，并能选定一种典型接触网检修作业，按流程开展实践活动。

二、素质要求

接触网检修作业是城市轨道交通供电系统中的重要的检修作业任务。接触网运营管理涉及的基础理论、工作流程、安全知识和生产管理是城市轨道交通供电系统安全运营的重要构成部分。遵章守纪、严守接触网检修作业程序是岗位技术人员安全作业的重要保障。

三、任务要求

学生分小组并编号，在笔记本上记录好本组关于任务项目收集的相关资料。各小组选定一种典型接触网检修作业，并准备好防护用品、工器具和材料。

四、知识回顾

1. 填空题

（1）城市轨道交通接触网一般采用停电检修和＿＿＿＿＿＿＿作业两种检修方式。

（2）遇有特殊检修单元或紧急情况下的设备缺陷故障处理，由接触网专业组向调度部提报临时计划或＿＿＿＿＿＿＿，进行设备维修的实施。

（3）在停电的接触网设备上进行的作业称为＿＿＿＿＿＿＿。

（4）在距离接触网带电体足够安全距离的设备上进行的作业，接触网1m及以外作业工作票，用于距带电部分1m及其以外的高空作业和较复杂的地面作业即为＿＿＿＿＿＿＿。

（5）接触网工班根据"接触网设备年度检修计划表"中制定的月度工作单元，进行合理统筹安排月中＿＿＿＿＿＿＿接触网检修工作。

（6）接触网设备检修作业的准备中，接触网工班工作票签发人在作业前＿＿＿＿＿＿＿签发接触网检修工作票。

（7）接触网设备检修作业出工前，由接触网工班施工负责人召开检修作业的预想会，向作业组全体成员宣读＿＿＿＿＿＿＿内容，布置安全措施。

(8) 接触网设备检修作业的准备中,接触网工班施工负责人审核_____。

(9) 接触网设备检修作业中的 OCC 指_____。

(10) 接触网专业生产管理组制定_____,按照设备检修周期和检修内容及要求,将接触网设备全年的检修工作计划细分至每月,形成月度检修单元下达到工班。

2. 简答题

(1) 简述接触网设备检修作业的准备。

(2) 简述接触网设备检修作业的实施。

(3) 为什么要提前报接触网检修生产计划?

五、任务实施

(1) 学生分组并编号,各小组分别制定小组目标和任务安排。

(2) 各小组根据本组选定的典型接触网检修作业,按流程进行合理分工,执行检修作业组织程序。

(3) 各小组对作业情况进行班级评价考核,学习完成后,各小组进行组内自评考核,并按照考核成绩进行排序。

六、任务评价

（1）每个小组代表——叙述后，自己小组选派代表说出作业过程中的不足之处。

（2）其他小组根据评分表进行打分，再派代表说出叙述人员的不足之处。

（3）教师进行总体点评。

（4）每名学生写出在整个实训过程中自身或他人存在问题或感悟，以便下一步的提高。

评 分 表

序号	考 核 内 容	分值	学生互评	教师点评	存在的问题或感悟
1	着装得体，语言表述清楚，说话自信大方，声音洪亮	10			
2	选定典型接触网检修作业，流程正确，实践活动内容分配合理	20			
3	选定的典型接触网检修作业实践过程正确	20			
4	遵守安全作业规程，团队分工合理，协作情况好，无违规现象	50			

七、学习反思

通过本单元的学习，请对自己在课堂及实训过程中的表现进行反思及评价。

自我反思：_____

_____

_____

_____

_____

_____

自我评价：_____

_____

_____

_____

_____

_____

实训 8.3　接触网安全工作知识考核

学　　院		专　　业		学生互评成绩（占50%）	
姓　　名		学　　号		教师评价成绩（占50%）	
组长姓名		小组序号		总成绩	

一、任务提出

请结合书中所述内容，对接触网安全作业的相关概念和规定进行深入了解，并能列举一个接触网作业应用安全规定的实例。

二、素质要求

安全规章大多来源于血泪教训里积累的经验，"安全运维"是接触网工作业的目标！

三、任务要求

学生分小组并编号，在笔记本上记录好本组收集的相关资料。各小组列举一个接触网作业应用安全规定的实例。

四、知识回顾

1. 填空题

（1）接触网工作业的"三高"作业特征是：高＿＿＿＿＿＿、高＿＿＿＿＿＿、高＿＿＿＿＿＿。

（2）安全电压是指＿＿＿＿＿＿、＿＿＿＿＿＿、不危及生命安全的电压。

（3）根据欧姆定理，可以把加在人身上的电压限制在某一范围之内，使得在这种电压下，通过人体的电流不超过允许的范围，这一电压就叫作＿＿＿＿＿＿。

（4）工频安全电压有效值的限值为＿＿＿＿＿＿，这一限值是根据人体电流30mA和人体电阻1700Ω的条件确定的。

（5）凡特别危险环境使用的携带式电动工具，应采用＿＿＿＿＿＿安全电压。

（6）一般1mA的电流通过时即有感觉，25mA以上人体就很难摆脱，＿＿＿＿＿＿即有生命危险，会导致心脏停止和＿＿＿＿＿＿。

（7）从事接触网工作的职工，必须牢固树立"＿＿＿＿＿＿"的安全工作方针，在运行、检修工作中确保人身及设备安全。

（8）为保证接触网运行和检修作业的安全，对从事接触网运行和检修工作的有关现职人员，要＿＿＿＿＿＿进行一次安全考试，成绩合格后，方能参加相应的接触网运行和检修工作。

（9）城市轨道交通接触网使用两种工作票：第一种为停电接触网工作票，第二种为_____。

（10）隔离开关操作遇有危及人身或设备安全的紧急情况，可以不经电力调度批准，先行操作_____或隔离开关并立即报告电力调度；但再闭合时必须有电力调度员的命令。

2. 简答题

（1）安全电压应满足哪三个条件？

（2）事故抢修作业前必须采取哪些措施做好施工地点的安全防护？

（3）为什么接触网检修周期有长有短呢？

五、任务实施

（1）学生分组并编号，各小组分别制定小组目标和任务安排。

（2）各小组根据本组列举的接触网作业应用安全规定的事例，合理分工，演示安全作业流程。

（3）各小组对作业情况进行班级评价考核，学习完成后，各小组进行组内自评考核，并按照考核成绩进行排序。

六、任务评价

（1）每个小组代表一一叙述后，自己小组选派代表说出作业过程中的不足之处。
（2）其他小组根据评分表进行打分，再派代表说出叙述人员的不足之处。
（3）教师进行总体点评。
（4）每名学生写出在整个实训过程中自身或他人存在的问题或感悟，以便进一步提高。

评 分 表

序号	考核内容	分值	学生互评	教师点评	存在的问题或感悟
1	着装得体，语言表述清楚，说话自信大方，声音洪亮	10			
2	列举一个接触网作业应用安全规定的实例，内容合理，安全分析到位	20			
3	典型接触网相关安全操作实践过程正确	20			
4	遵守安全作业规程，团队分工合理，协作情况好，无违规现象	50			

七、学习反思

通过本单元的学习，请对自己在课堂及实训过程中的表现进行反思及评价。

自我反思：_____

自我评价：_____

实训 8.4 接触网生产管理制度认知

学　　院		专　　业		学生互评成绩（占 50%）	
姓　　名		学　　号		教师评价成绩（占 50%）	
组长姓名		小组序号		总成绩	

一、任务提出

请结合书中所述内容，对接触网生产管理制度进行深入了解，并能列举一种典型接触网生产管理制度的具体内容。

二、素质要求

接触网相关生产管理制度是接触网各项工作安全的制度保障，熟知接触网相关生产管理制度，做到遵章守纪，是接触网检修岗位的基本要求。遵章守纪，杜绝违章作业是每个岗位人员应尽的义务。接触网相关生产管理制度也是城市轨道交通供电系统安全运营的制度保障。

三、任务要求

学生分小组并编号，在笔记本上记录好本组收集的相关资料。各小组列举一种典型接触网生产管理制度的具体内容。

四、知识回顾

1. 填空题

（1）接触网接班人员必须提前＿＿＿＿＿＿到岗。

（2）施工负责人出工前召集作业组员列队宣读＿＿＿＿＿＿，检查作业组成员精神状态，布置工作单元，填写分工单。

（3）接触网值班为＿＿＿＿＿＿值班，值班员应根据上级命令和当值工班长的安排进行工作。

（4）临时抢修时不填写工作票，只填写"临时抢修计划申报单"传真到＿＿＿＿＿＿，在车场范围内但影响列车出入车场的抢修需报 OCC 确认。

（5）工作票有效期不得超过＿＿＿＿＿＿，作业结束后，工作票、分工单、命令票、施工作业令订在一起统一交由工班保管 3 个月。

（6）倒闸作业由＿＿＿＿＿＿人完成。

（7）高空作业扎好＿＿＿＿＿＿，不得扎在将要卸载的线索或梯车框架上。

（8）梯车推行速度不得超过 5km/h，推扶梯车人员听从台上作业人员指挥。曲线及坡道作业采取可靠的＿＿＿＿＿＿。

（9）接触网巡视检查梯车巡视每 2 个月一次，乘车巡视_____，检测车检测每 3 个月一次。

（10）接触网巡视检查按下发的巡视重点逐项进行，以脱落、烧伤、电地距离、_____、_____、打碰弓为主。

2. 简答题

（1）简述接触网验电接地线制度。

（2）简述接触网巡视检查制度。

（3）各城市轨道交通企业的接触网作业相关制度均有所不同，但核心的要求基本一致，你能举例说出哪些一样的关键规定吗？

五、任务实施

（1）学生分组并编号，各小组分别制定小组目标和任务安排。

（2）各小组列举一种典型接触网生产管理制度的具体内容。

（3）各小组对列举情况进行班级评价考核，学习完成后，各小组进行组内自评考核，并按照考核成绩进行排序。

六、任务评价

（1）每个小组代表一一叙述后，自己小组选派代表说出作业过程中的不足之处。

（2）其他小组根据评分表进行打分，再派代表说出叙述人员的不足之处。

（3）教师进行总体点评。

（4）每名学生写出在整个实训过程中自身或他人存在的问题或感悟，以便进一步的提高。

评 分 表

序号	考核内容	分值	学生互评	教师点评	存在的问题或感悟
1	着装得体，语言表述清楚，说话自信大方，声音洪亮	50			
2	列举一种典型接触网生产管理制度内容，内容正确、条理清晰	50			

七、学习反思

通过本单元的学习，请对自己在课堂及实训过程中的表现进行反思及评价。

自我反思：_____

_____

_____

_____

_____

_____

_____

自我评价：_____

_____

_____

_____

_____

_____

_____